CÓMO
RESTAURAR
Y REPARAR
CASI TODO

Lorraine Johnson

CÓMO RESTAURAR Y REPARAR CASI TODO

CASI TODO

Libros CUPULA

ediciones **ceac**

Perú, 164 - 08020 Barcelona - España

Traducción autorizada de la obra:
HOW TO RESTORE & REPAIR PRACTICALLY EVERYTHING

Editado en lengua inglesa por
Michael Joseph Ltd.

© 1984 LORRAINE JOHNSON

ISBN 07181-24898

© EDICIONES CEAC, S.A. - 1990
Perú, 164 - 08020 Barcelona (España)

Primera edición: Marzo 1990

ISBN 84-329-1631-5

Depósito Legal: B-13213 - 1990

Impreso por
GERSA, Industria Gráfica
Tambor del Bruc, 6
08970 Sant Joan Despí (Barcelona)

Printed in Spain
Impreso en España

Introducción

Este libro está proyectado y escrito para los aficionados en el campo de la restauración, y aunque presupone alguna destreza manual, no está destinado a los expertos. Es también un manual sobre el cuidado de las antigüedades y una guía para la clase de reparaciones posibles, tanto sin un equipo especial como sin conocimiento especializado.

Aunque el libro se titula COMO RESTAURAR Y REPARAR CASI TODO y trata de ambas cuestiones, así como de la conservación, es necesario aclarar la diferencia entre los términos. Restauración significa intentar hacer que un objeto sea tan bueno como nuevo y puede incluir la construcción o compra de piezas o acoplamientos nuevos, el retoque de la pintura, etc. La reparación, por el contrario, implica generalmente remendar lo que hay, tal como encolar juntas, pero sin retocar la madera circundante o reacabar la unión después.

La conservación es muy diferente; significa rescatar lo que ha quedado y protegerlo para el futuro, sin intentar que el objeto aparezca como originalmente. Este término se aplica a menudo a textiles cuando un retejido completo es sencillamente impracticable, lo más frecuente, y en su lugar es aconsejable un reforzamiento.

La distinción anterior hace surgir otra seria pregunta ante el restaurador aficionado: ¿Debe restaurarse siempre un objeto? Para lograr una respuesta, el restaurador debe tener en mente que el proceso de restauración no debe realizarse nunca para tapar una falta o un defecto o afectar a una fecha que dé la relación con la autenticidad. Sin embargo, el polvo y el deterioro son otra cuestión y hay muy pocas cosas que no puedan mejorarse con una limpieza cuidadosa. Como regla práctica el restaurador potencial puede hacer cualquier cosa para detener los estragos del tiempo, empleando todos los medios, con tal de que el tratamiento sea sensible a lo que le ha sucedido a la pieza durante su vida; más antigüedades se deprecian por una restauración inepta que por cualquier otra desgracia; así, cuando trabaje con cualquier cosa de valor, recuerde que ya ha sobrevivido muchos años y que sólo está a su cuidado por un tiempo relativamente corto; dele, pues, el mejor hogar posible cuidándola adecuada y sensiblemente.

Cada uno de los catorce capítulos siguientes comienza con un breve resumen histórico del material en cuestión, luego trata la limpieza y progresa a través de las técnicas de restauración, reparación y/o conservación. Sin embargo, antes de hacer algo en cualquier objeto, mire cuidadosamente que no esté firmado o marcado de alguna manera. Si fuese así puede ser demasiado valioso para las atenciones del aficionado y puede requerir un cuidado de experto. (A medida que adquiera experiencia será capaz de habérselas con piezas cada vez mejores, pero al principio limítese a los objetos menos valiosos). Además, antes de comenzar, es una buena idea fechar la pieza, consultando libros de estilos decorativos y/o visitando los museos más cercanos con una colección de piezas similares.

Después de una pequeña investigación puede descubrir que una pieza es valiosa aunque no esté firmada. En tal caso consulte a un experto del museo o a un restaurador cualificado antes de realizar incluso la más delicada limpieza.

Una vez se haya asegurado de que el artículo no puede devaluarse por sus atenciones, organice su lugar de trabajo, teniendo en cuenta que aunque muchos de los pasos descritos en las páginas siguientes implican un tiempo pequeño, el proceso se extiende a veces durante varios días y es esencial que el trabajo se deje sin perturbaciones. Recuerde también que algunos de los productos químicos utilizados son potencialmente peligrosos, y debe ejercerse el cuidado apropiado, especialmente si hay alrededor niños o animales domésticos. Finalmente tómese tiempo; la restauración puede implicar la dedicación de toda una vida, e independientemente del valor monetario de un objeto, es merecedor de sus mejores esfuerzos.

Deseo dar las gracias a las siguientes personas que contribuyeron inestimablemente a este libro. En primer lugar, a todos los restauradores consejeros que dieron tan generosamente su tiempo y experiencia; en segundo lugar, al equipo editorial que perfeccionó el texto: Penny Clarke, Georgina Harding y Gabrielle Townsed; el fotógrafo Stanli Opperman que tomó las inspiradas e informativas fotografías en color, Ray Gautier que hizo la maqueta, Clare Finlaison que hizo la composición, Richard Hayes que dirigió la producción y los cuatro ilustradores que de algún modo se las arreglaron para hacer los 800 dibujos necesarios: Aziz Khan, Janos Marffy, Pavel Kostal y Graham Rosewarne.

CONTENIDO

Herramientas y accesorios ⎯⎯⎯⎯⎯⎯⎯⎯⎯⎯⎯⎯⎯⎯⎯⎯⎯⎯⎯⎯⎯⎯⎯ 8-15

Madera ⎯⎯⎯⎯⎯⎯⎯⎯⎯⎯⎯⎯⎯⎯⎯⎯⎯⎯⎯⎯⎯⎯⎯⎯⎯⎯⎯⎯⎯⎯⎯⎯⎯ 16-46
Restaurador consejero: Tristan Salazar

Acabados decorativos ⎯⎯⎯⎯⎯⎯⎯⎯⎯⎯⎯⎯⎯⎯⎯⎯⎯⎯⎯⎯⎯⎯⎯⎯⎯ 47-82

Bambú ⎯⎯⎯⎯⎯⎯⎯⎯⎯⎯⎯⎯⎯⎯⎯⎯⎯⎯⎯⎯⎯⎯⎯⎯⎯⎯⎯⎯⎯⎯⎯⎯⎯⎯ 83-86

Vidrio ⎯⎯⎯⎯⎯⎯⎯⎯⎯⎯⎯⎯⎯⎯⎯⎯⎯⎯⎯⎯⎯⎯⎯⎯⎯⎯⎯⎯⎯⎯⎯⎯⎯⎯ 87-96
Restauradores consejeros: Jasper y Molly Kettlewell

Caña, junco, rafia y mimbre ⎯⎯⎯⎯⎯⎯⎯⎯⎯⎯⎯⎯⎯⎯⎯⎯⎯⎯⎯ 97-112
Restaurador consejero: Olivia Elton Barratt

Cuero ⎯⎯⎯⎯⎯⎯⎯⎯⎯⎯⎯⎯⎯⎯⎯⎯⎯⎯⎯⎯⎯⎯⎯⎯⎯⎯⎯⎯⎯⎯⎯⎯⎯⎯ 113-116
Restaurador consejero: Judith Doré

Piedra ⎯⎯⎯⎯⎯⎯⎯⎯⎯⎯⎯⎯⎯⎯⎯⎯⎯⎯⎯⎯⎯⎯⎯⎯⎯⎯⎯⎯⎯⎯⎯⎯⎯⎯ 117-123
Restaurador consejero: Voitek Sobczynski

Plásticos _____ 124-126
Restauradores consejeros: Peter Reboul y John Acres

Textiles y tapicería _____ 127-144
Restauradores consejeros: Judith Doré y Nathalie Rothstein

Alfombras y esteras _____ 145-155
Restaurador consejero: Vigo Carpet Gallery

Cerámica y porcelana _____ 156-160
Restaurador consejero: Brett Manley

Metal _____ 161-176
Restauradores consejeros: Richard Quinnell y Peter Knowles-Brown

Papel _____ 177-182
Restaurador consejero: Elizabeth Sobczynsky

Indice general _____ 187-192

Herramientas y suministros

Una guía de trabajos manuales de 1902 da la opinión de que la mano sin herramientas sería impotente. Fue hace unos 500.000 años cuando se usaron los primeros instrumentos, probablemente raspadores de piedra o hueso, tomados del suelo en un momento de desaliento. En la actualidad nuestras herramientas son altamente especializadas y costosas, pero una herramienta bien hecha hará siempre el trabajo más fácil y más divertido.

En las páginas siguientes las herramientas están clasificadas en grupos según su uso; encontrará herramientas para martillear, agarrar, serrar, etc.; con las herramientas similares ilustradas en cerrada proximidad.

Las herramientas deben guardarse limpias y afiladas en un contenedor adecuado tal como una caja de herramientas o colocarse en la pared cerca del lugar de trabajo. Probablemente los elementos más importantes después de las pocas herramientas esenciales relacionadas más abajo son los trapos limpios de algodón y los recipientes con tapa; parece que de ellos nunca se tienen bastantes. Acostúmbrese a recoger todos los recortes limpios de algodón puro, de ropas, sábanas, etc. y guárdelos a mano. Atesore también tarros de vidrio y otros recipientes con tapa, pero tenga siempre presente que algunos productos químicos, tales como los basados en alcohol, tienden a disolver el plástico mientras que algunos reaccionan con los ácidos. Finalmente guarde todas las herramientas y suministros adecuadamente etiquetados.

Aceite de linaza
Agua destilada
Alcohol desnaturalizado
Algodón, en rama, absorbente
Amoníaco
Baño María
Barniz
Cartón, blanco
Cera de abejas
Cinta de enmascarar, sin ácido
Colador de malla metálica (pequeño)
Cordeles
Disolvente (substituto de trementina)
Fosforos de madera
Gamuza
Gasolina
Goma laca
Lápices, duros y bien afilados
Parafina
Pegamento de uso general ó PVA
Pigmentos en polvo, especialmente sombra natural
Pastillas de tinta china
Pinzas
Rojo de joyeros o polvo de pómez
Tarros de vidrio, latas y pulverizadores vacíos
Termómetro de cocina
Tiza, pulverizada o en barra
Trapos blandos de algodón
Trementina
Vinagre

Juego de herramientas básico

Papel abrasivo, taco de lijar y papeles abrasivos variados.
Alicates de combinación (15 centímetros) del tipo de puntas cuadradas con cortadores laterales.
Cuchillo con hojas cambiables, que monte también hojas de sierra.
Regla metálica (30 a 45 cm) para utilizarla cuando corte a lo largo de un borde recto.
Destornillador (15 cm) y lezna para comenzar los agujeros.
Escuadra de talón (15 cm) para asegurar los ángulos rectos.
Es bonito tener las herramientas siguientes pero no son esenciales para el principiante:
Tornillo de banco.
Lima, combinada, para utilizarla sobre madera o metal.
Taladro de mano, brocas y broca de avellanar, serrucho para paneles o serrucho para espigas.
Taladro eléctrico y accesorios (discos para lijar y pulir, brocas para albañilería, etc.).
Piedra de aceite para afilar las hojas de corte.
Formón para madera (2 cm), escoplo biselado (2 cm) y maza (11 cm).

Papeles abrasivos

Almacene los papeles abrasivos en un lugar cálido y seco y no intente nunca utilizarlos sobre madera mojada. Cuando trate de obtener un acabado verdaderamente fino utilice siempre por lo menos 2 grados de papel; el papel grueso desgastado nunca produce el mismo efecto que un papel más fino. Mientras trabaja sacuda el papel abrasivo para desatascarlo. Diremos de paso que los papeles llamados de lija no contienen ésta y aunque se sientan ásperos la lija ha sido sustituida por agentes alisadores más eficaces.

Los cinco tipos de papel abrasivo utilizados para alisar maderas son los siguientes: Papel de vidrio, con granos hechos de vidrio machacado (en un tiempo fue famoso el derivado de botellas de Oporto machacadas); se encuentra con base de tela o papel y se usa corrientemente para el lijado a mano. El papel de granate o esmeril con granos hechos de granate o esmeril machacados por lo que cuesta un poco más pero es muy duradero y recomendado para alisar a mano. El papel de óxido de aluminio, utilizado cuando se desea una acción de corte verdaderamente fuerte; sus granos sintéticos son muy tenaces. El papel de carburo de silicio o carborundum, también conocido como papel para lijado al agua, porque puede utilizarse húmedo (no mojado) para alisar finamente la pintura o en seco como los otros papeles abrasivos; cuando se moja suelta un barrillo gris negruzco que se ha de quitar por lavado, pero cuando se lubrifica con agua dura largo tiempo; puede utilizarse sobre metal y madera y se encuentra también sobre base de tela. El papel de pedernal o cuarzo, rara vez utilizado ahora, aunque es barato no es recomendable porque sus granos son más blandos que los de vidrio o granate y es de corta vida.

La lana de acero puede utilizarse para alisar madera y se recomiendan los grados más finos después de alisar con papel abrasivo fino para dar un acabado final perfecto; como con los papeles abrasivos trabaje siempre en favor de la veta.

Pegamentos y pegado

El pegado debe ser la reparación más sencilla de hacer. Extrañamente se descuida a menudo, lo cual es una desgracia ya que un poco de pegamento aplicado después de un ligero daño puede evitar problemas mayores. A continuación se trata de los pegamentos adecuados para materiales porosos tales como madera, papel, textiles, algunos plásticos y goma. El palito de un fósforo de madera es a menudo perfecto para aplicar pegamentos no solubles en agua. Recoja siempre incluso los trocitos y astillas más pequeños de un objeto roto, y encólelos en su lugar después de que la pegadura de la pieza más grande se haya endurecido. Para pegar vidrio y cerámica vea los capítulos detallados en relación con esto.

En la actualidad hay seis tipos básicos de pegamentos de uso corriente.

Las colas tradicionales tales como la de animales, de pescado o de caseína van siendo sustituidas gradualmente, pues no son resistentes ni al calor ni a la humedad. Aunque generalmente no son recomendables, algunos artesanos las prefieren, tales como los doradores que usan cola de conejo.

Los pegamentos de uso general a base de celulosa o acetato, vendidos usualmente en tubos, son resistentes al agua, libres de manchado y excelentes para fijar plásticos, metales y mayoría de las incrustaciones en la madera. No trabaje con ellos cerca de una llama, son inflamables, y evite inhalar sus vapores.

Las resinas epoxi son pegamentos modernos de base sintética. Son fuertes y adaptables, perfectos para uso casero, y usualmente se presentan en juegos de dos partes: una resina y un endurecedor. La mayoría tardan unas seis horas para fraguar, pero un ambiente cálido acelera el fraguado. Siga las instrucciones del envasado pues las mezclas varían ligeramente. Precaución: los pegamentos de resina sintética se vuelven gomosos si se guardan sin usar. No deben utilizarse para encolar madera pues son más duros que ésta y no permiten sus movimientos naturales lo cual puede producir astilladuras.

El pegamento de acetato de polivinilo (PVA) es un pegamento a base de resinas; espeso, blanco, de fraguado en frío, barato y puede usarse ampliamente aunque no es resistente al agua. Puede guardarse varios meses (aunque no en un lugar frío) pero puede teñir las maderas más claras y tiende a retraerse un poco.

Los adhesivos de contacto, que usualmente son de base de goma, se recomiendan solamente cuando el apriete es difícil pero se desea una unión fuerte. El pegamento se aplica a ambas superficies y cuando están casi secas se lleva una sobre otra. Al ponerse en contacto las dos piezas quedan inmóviles por lo que el ajuste es imposible.

Los pegamentos de látex se derivan del fluido lechoso del árbol de caucho, aunque actualmente se fabrica látex sintético. Pueden aplicarse bien sea a una superficie o a ambas y se diluyen con agua. Su olor es molesto. Los pegamentos de látex son perfectos cuando se trabaja con textiles.

Cuidado de las herramientas

Las herramientas deben guardarse en una atmósfera seca y lejos del alcance de los niños. Después de utilizar las herramientas sobre una pieza metálica es una buena idea extender una película de aceite de máquinas ligero sobre la superficie metálica para evitar la oxidación. Con esta finalidad guarde cerca de la zona de trabajo una almohadilla en un recipiente cerrado herméticamente. En las herramientas con mango de madera éstos deben mantenerse lisos y bien lijados para evitar astillas.

Brochas

En el trabajo de la restauración se utilizan muchos tipos diferentes de brochas y es prudente elegirlas con cuidado. Una brocha para pintar tiene tres partes: mango (1), virola (2) y pelo (3). El pelo o cerdas puede estar hecho de jabalí (utilizado en las brochas de mejor calidad); pelo de caballo (utilizado para dar mayor volumen a un pelo mejor); pelo de buey, de ardilla y de marta (es utilizado para los pinceles finos de artista); fibra (del tronco de la palmera), o, recientemente, fibras sintéticas (de filamentos tales como el nylón). Si es posible invierta siempre en una brocha de buena calidad; puede tomar más pintura y aplicarla mejor que una brocha barata y es menos probable que suelte pelo. Antes de comprarlas pruebe las brochas asegurándose de que las cerdas se abaniquen uniformemente y que están firmemente asentadas en la virola. Manténgalas en buenas condiciones limpiándolas y guardándolas según se indica en los pasos 1 a 6.

Tres brochas útiles para el restaurador son: una brocha plana (A), una brocha de tampón o estarcir (B) y una brocha encamisada (C). Otro cepillo útil para muchos trabajos es un cepillo de alambre (E).

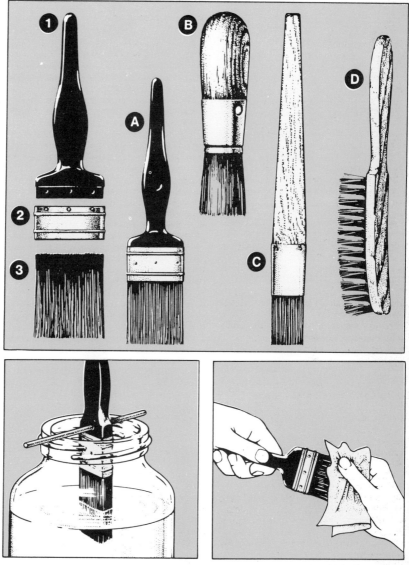

Limpieza de las brochas

1. Cuando haya acabado de utilizarlas es imperativo limpiar las brochas o remojarlas, si se deja el trabajo durante unas pocas horas. (Si usted olvida remojar la brocha la pintura se endurecerá sobre las cerdas, solamente un quitapinturas muy fuerte puede devolver a la brocha su utilidad y nunca será la misma otra vez). Quite siempre primero el exceso de pintura de las cerdas, pasándolas sobre periódicos viejos.

2. Para mantener empapadas las brochas prepárelas taladrando un agujero en el mango como se muestra y luego introduzca una varilla que sostendrá la brocha en agua hasta los primeros 10 mm de la virola. (Utilice un recipiente suficientemente profundo para que las cerdas no se apoyen en el fondo). Algunos expertos recomiendan almacenar las brochas en espíritu de petróleo, pero esto parece resecar las cerdas innecesariamente.

3. Cuando necesite utilizar la brocha de nuevo quite el exceso de agua de las cerdas estrujándolas en un trapo blando o toallas de papel.

Limpieza de las brochas. Continuación

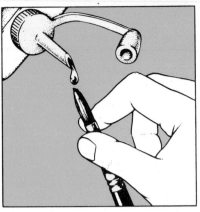

4. Para quitar de la brocha la pintura a base de aceite, llene un recipiente de vidrio o metal hasta los dos tercios de su altura con disolvente sustitutivo de la trementina. Agite la brocha en el líquido presionando contra la pared del recipiente para forzar a que salga la pintura. Cuando el líquido ya no pueda absorber más pintura repita la operación hasta que la mayoría de la pintura se haya eliminado. Para quitar las pinturas a base de agua utilice el mismo procedimiento en un jarro con agua caliente.

5. Inspeccione las cerdas cerca de la virola para ver si la pintura se ha eliminado, luego lave las cerdas en agua jabonosa caliente. Aclare al chorro y repita el paso 4 si es necesario antes de lavar y aclarar otra vez.

Quite la humedad sacudiendo o absorbiéndola con papel secante y deje la brocha a secar naturalmente, separada de cualquier fuente de calor que solamente secaría los aceites naturales de las cerdas. Guarde la brocha envolviéndola en papel de envolver, asegurándola con una banda de goma como se muestra y dejándola plana si es posible. Guarde separadamente las brochas utilizadas para pintura al agua y pinturas al aceite y reserve una brocha de 5 a 8 cm especialmente para el barniz y la laca.

6. Para mantener los pinceles pequeños de artista en buenas condiciones límpielos como se ha indicado en los pasos 4 y 5. Luego haga punta al pincel colocando una gota de aceite ligero de máquina de coser o aceite de linaza sobre las cerdas y haciendo rodar éstas lentamente entre los dedos pulgar e índice.

Herramientas de tallar

Los formones y gubias tienen filos de corte estrechos y cada uno está diseñado teniendo en cuenta una finalidad concreta, así que compre los distintos tipos según los vaya necesitando.

Los principales tipos de herramientas de tallar son: el escoplo (A) que se encuentra con hojas de distinto ancho, se impulsa a menudo con una maza de madera o cabezas blandas aunque con los de mango de plástico puede utilizarse un martillo; el formón (B) de bordes biselados con una hoja ligeramente menos rígida utilizado para tareas de trabajo de la madera más ligeras, tales como recortar los encajes de las uniones de cola de milano, no está diseñado para utilizarlo con maza, pero resiste un golpeteo suave; el formón de recortar (C) con una hoja más larga utilizado para recortar entallas largas; las gubias (D) con hojas curvas de dos tipos: una con el bisel de corte en el exterior utilizada para hacer formas cóncavas y la otra afilada por el interior para hacer cortes rectos de sección transversal curva, ambas se usan con maza; la gubia de recortar (E) para recortar a mano (sin maza), ideal para cortar formas curvas de todas clases; el cortafríos (F) utilizado para cortar metal (por ejemplo eslabones de cadena, plancha metálica o cabezas de pernos o remaches) se golpea con un martillo pesado.

La parte metálica está corrientemente acoplada a un mango bulboso hecho de madera de boj o plástico resistente al golpe.

Los escoplos están diseñados para cortar a favor y a través de la veta mientras que los formones y gubias se usan para una acción menos dura sobre la madera.

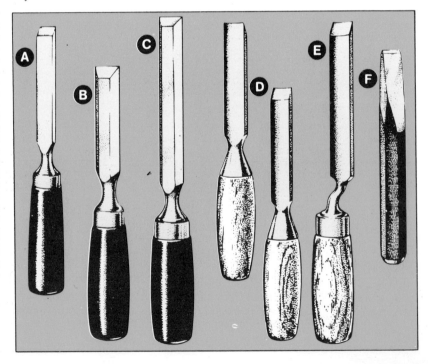

Herramientas de cortar

Probablemente las herramientas de cortar más útiles y universales son las cuchillas de hoja reemplazable. Hay tres tipos de éstas, todas con hojas desechables que vienen afiladas. Las hojas son terroríficamente afiladas y deben guardarse y utilizarse con gran cuidado. Los tres tipos son: la cuchilla de uso general de hoja reemplazable (A) a veces con hojas retráibles que se guardan en el mango; la cuchilla de secciones desechables (B) también retráible; y el bisturí o escalpelo (C) con hojas que se cambian manualmente.

Distintos tipos de tijeras útiles son: las tijeras de aviación o tijeras de acción compuesta (D) que darán cortes rectos o curvos en el metal, tienen mandíbulas especialmente fuertes y empuñaduras de plástico cómodas; tijeras dentadas (E) con borde cortante en zigzag que hacen menos deshilachable el borde cortado de las telas; las tijeras de bordar de hojas alargadas terminadas en punta fina, útiles para el trabajo en alfombras y tejidos; tijeras de manicura (G) de hoja curvada utilizadas para recortar.

Un cortador de vidrio (H) tiene una ruedecilla de acero endurecido montada en un soporte y puede utilizarse para rayar una línea a través de una lámina de vidrio. Los trozos pequeños pueden chascarse hacia atrás de la raya usando las entallas laterales (al corte se ayuda desengrasando el vidrio con disolvente y aceitando la ruedecilla de corte antes de comenzar).

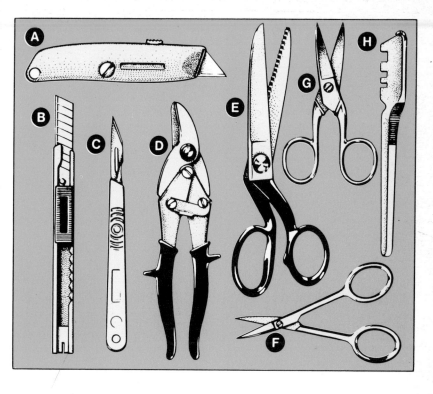

Herramientas de taladrar

Cuando utilice cualquier taladro trate de mantener la presión constante. Si el taladro se bambolea la broca puede chascarse. Cuando taladre metal seleccione la broca adecuada y lubrifique ligeramente antes de comenzar; también puede ayudar, hacer un pequeño agujero en el metal con un punzón o lezna. Cuando utilice un taladro eléctrico tenga cuidado de desconectarlo antes de hacer cualquier ajuste y asegúrese de examinar el cable periódicamente.

Un taladro de mano (A) tiene una carcasa del portabrocas en un extremo que se gira hacia la izquierda para abrir las mordazas que sostienen la broca. Se encuentran distintos tipos de broca para tareas especiales: la broca helicoidal (B) para metal y madera; las brocas de enclavijar (C) para madera en sentido frontal transversalmente a la veta; la broca de avellanar (D) para hacer un rebaje en un agujero para alojar un tornillo de cabeza avellanada; la broca para vidrio (E) para utilizarla a baja velocidad para taladrar agujeros en el vidrio, espejo y porcelana; la broca para albañilería (F) para taladrar agujeros en ladrillo, piedra y cerámica. Para hacer pequeños agujeros en madera o plástico puede utilizarse un taladro de bomba (G) utilizando brocas especiales. La herramienta más adaptable es un taladro mecánico (H); los accesorios incluyen sierras circulares, discos de lijar, pulidoras, etc. Para taladrar agujeros en la madera pueden utilizarse también pequeñas herramientas de mano tales como las barrenas y gusanillos (I); las barrenas taladran agujeros bastante grandes y los gusanillos agujeros superficiales a menudo para recibir un tornillo. Perfore los agujeros taladrando sólo en una dirección. Las leznas (J) se usan para comenzar los agujeros en la madera para clavos y tornillos y hacer agujeros en el cuero.

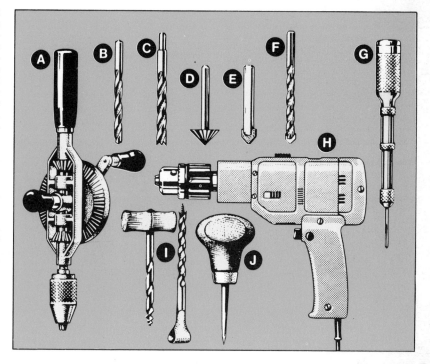

Herramientas de agarrar

Los profesionales obtarán por un tornillo de banco o una mordaza paralela (A) pero estos requieren una mesa robusta y estable o un banco de trabajo. El restaurador aficionado puede arreglárselas con una variedad de herramientas de agarre compradas a medida que se necesitan. Estas incluyen: gatos en G o C (B) para apretar trabajos de metal o madera utilizando un taco de madera entre el gato y la madera para evitar marcarla; pinzas de muelle (C), un dispositivo manual que proporciona una presión ligera sobre un objeto mientras se encola; la mordaza de ingletes (D) para sostener uniones en inglete juntas mientras fragua la cola; alicates de puntas (E) para agarrar pequeños objetos en lugares estrechos, que se encuentran en distintas formas y dimensiones todos con las mandíbulas dentadas; alicates universales (F) con una unión pivotante que proporciona dos anchuras de abertura de las mandíbulas; tenazas de carpintero (G) con mandíbulas curvas que se juntan en un borde biselado cortante, diseñadas para sacar clavos y tachuelas de la madera; tenazas de tapicero (H) utilizadas para estirar las cinchas a través del bastidor de la silla, agarrando el extremo doblado de la cincha mientras la mandíbula inferior toca el bastidor.

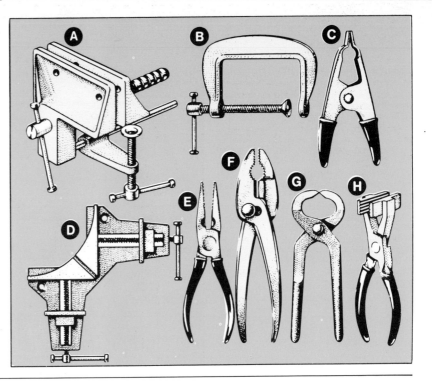

Martillos

El martillo más útil es el martillo de orejas (A) que puede usarse tanto para clavar clavos como para extraer los clavos doblados. (Cuando saque clavos proteja siempre la superficie con un pequeño taco de madera colocado debajo del extremo frontal del martillo). Otros son: el martillo de pena ligero o martillo de bola (B) utilizado para clavar clavos o tachuelas; el martillo de tapicero (C) con una cara pequeña y redondeada para impulsar tachuelas en un espacio reducido y magnetizado de tal manera que mantenga la tachuela en su lugar mientras se dirige a su sitio; maza de cabezas blandas (D) utilizada para martillear o conformar materiales tales como metales blandos, que de otra forma podrían dañarse, corrientemente éstas tienen una cabeza con asientos en los que se atornillan las caras blandas; similares a estas son las mazas de caras blandas (E) con cabezas de goma o cuero; por último la maza pesada de tallista (F) diseñada para impulsar los diferentes formones y gubias.

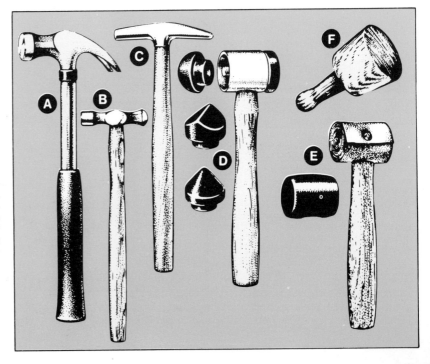

Colocación de un mango nuevo en la cabeza de un martillo

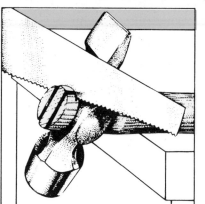

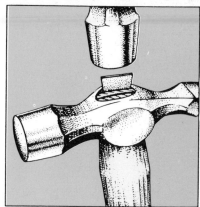

1. Elija el nuevo mango con la veta de la madera recta y uniforme. Comience por cortar dos entallas igualmente espaciadas a través de la cabeza del nuevo mango y de dos tercios de la profundidad de agujero. Introduzca la cabeza del martillo sobre el mango utilizando la parte lateral de otro martillo.

2. Corte el mango a ras de la parte alta de la cabeza del martillo.

3. Si se usan cuñas de acero introdúzcalas con otro martillo hasta que estén a nivel con la parte alta del mango. Si no se tienen cuñas de acero haga algunas de un trozo de madera dura. Finalmente amuele o lime las cuñas a nivel y barnice la madera al descubierto.

Herramientas de medir

Cuando tome medidas evite utilizar la vara corriente de medir de madera demasiado imprecisa. En su lugar utilice una regla de acero de mecánico (A), un metro plegable (B); una cinta métrica enrollable (C); y (sólo para tela) una cinta de medir o una nueva regla digital (D) que se hace correr sobre la superficie e indica la longitud en su mirilla. Para lograr ángulos rectos precisos utilice una escuadra de comprobación (E) o una escuadra de acero. (La regla metálica es altamente recomendable porque no solamente sirve para medir sino que también sirve como regla para guiar una cuchilla a lo largo cuando se cortan chapas, plástico, cuero, etc.).

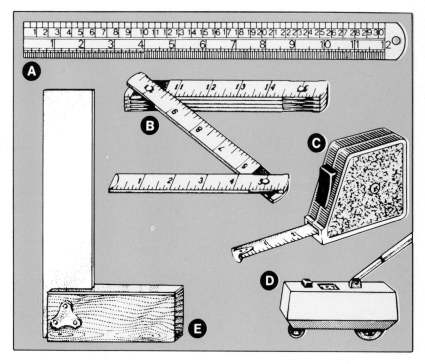

Herramientas de serrar

Hay tres clases principales de sierras: los serruchos corrientes, los serruchos con el dorso rígido y los serruchos o sierras especiales. En todos los tipos cuanto mayor es el número de dientes por centímetro o por pulgada más fino es el corte. Si una hoja de sierra está oxidada límpiela frotando con lana de acero mojada en disolvente. Si la hoja se pega frótela con cera de velas; pero si persiste el problema la hoja puede necesitar afilarse y volverse a triscar o cambiarse.

Los serruchos corrientes (A) incluyen: los serruchos para paneles, para cortar al hilo y a través de la veta, los serruchos de cortar al través y los serruchos de cortar al hilo para cortar en la dirección de la veta.

Todos los serruchos deben cortar libremente sobre su propio peso y el empuje hacia adelante del operador. Los serruchos de dorso rígido incluyen el serrucho de costilla (B) para cortar espigas o ensambles. Algunas sierras especiales son: la sierra de copiar (C) para cortar curvas en plástico o madera; la sierra de calar o de pelo (D) para curvas más cerradas en madera o plástico; las sierras de arco para metales (E y F); y el serrucho de punta (G) para cortar agujeros en tableros. Las cuchillas de hojas reemplazables pueden también equiparse con hojas de sierra aunque éstas están destinadas solamente a cortar materiales ligeros.

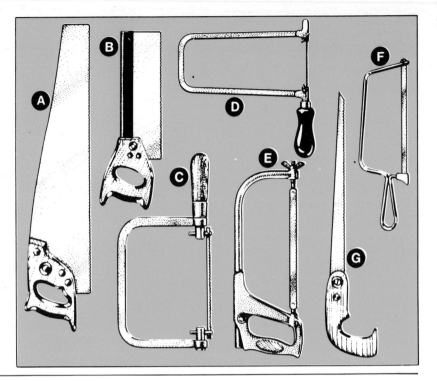

Herramientas de rascar y empastar

Las rasquetas son indispensables para el restaurador y no son intercambiables aunque tengan un aspecto similar a algunas espátulas de empastar. Algunas herramientas de rascar y empastar son: la rasqueta de pintura (A) con una hoja rígida para quitar pintura ablandada; la rasqueta de empastar (B) con una hoja más ancha y flexible; el cuchillo de vidriero (C) empleado para dar forma y alisar masilla, que se encuentra con tres formas de hojas según la preferencia del usuario; la espátula (D), utilizada para rascar pigmentos y mezclar pastas; cuchilla (E), para alisar la madera y quitar pintura; el rasquete de gancho combinado (F), el más útil de los rasquetes acodados, con sus hojas en rectas y curvas para rascar superficies de formas complicadas.

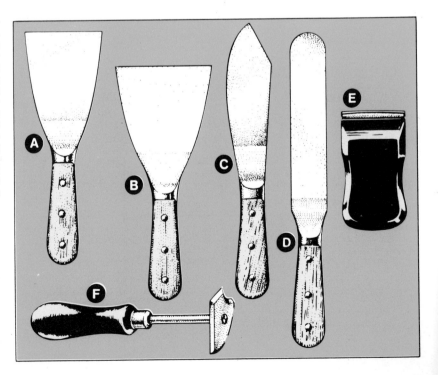

Destornilladores

Los destornilladores se presentan con mangos de madera, plástico o goma y con diferentes puntas, diseñada cada una para adaptarse a los distintos tipos de tornillos; las más corrientes son la biselada normal y la de cruz Phillips. Lo más importante es que la hoja del destornillador se acople exactamente al corte de la cabeza del tornillo; no debe ser demasiado grande o dañará el alrededor del trabajo ni demasiado pequeña o no agarrará el tornillo correctamente. En conjunto los destornilladores con mango estriado son más fáciles de agarrar que los de mango de madera lisa y los que tienen mecanismo de trinquete son más fáciles de usar. Algunos destornilladores son: el destornillador de ebanistería (A), una herramienta tradicional de los trabajadores de la madera; el destornillador espiral automático (B), que introduce el tornillo más fácilmente presionándolo; el destornillador de trinquete (C), que introduce el tornillo sin variar el agarre del mango; los destornilladores descentrados o acodados (D) para tornillos en lugares inaccesibles; y el destornillador de joyero (E) para tornillos muy pequeños.

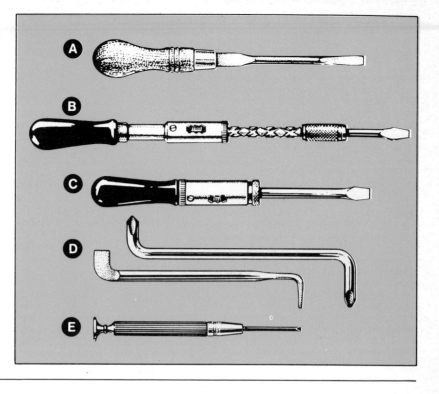

Afilado de herramientas

Las piedras de aceite son bloques rectangulares de piedras artificiales abrasivas, utilizadas para esmerilar las herramientas afilando su borde de corte. Se encuentran disponibles de grano grueso, medio y fino, las más útiles son una combinación de grano medio por un lado y grano fino por el otro. Aceite siempre la piedra, antes de usarla, con una gotita de aceite de máquinas ligero y trate de utilizar toda la superficie para evitar un desgaste irregular.

1. Si la piedra se embota con aceite, polvo o partículas de metal, barra la superficie con una brocha de cerdas duras, empapada en aceite de parafina o queroseno.

2. Para reafilar la piedra, espolvoree carborundum, en polvo sobre una lámina de cristal y, manteniendo la superficie de la piedra humedecida con agua, frótela sobre el cristal hasta que esté otra vez perfectamente plana.

3. Para afilar la hoja de un cepillo o un formón nuevos, debe esmerilarse un segundo ángulo de 30° en el filo utilizando la piedra de aceite. (Ya tienen el filo amolado de 25° pero debe esmerilarse formando un ángulo más agudo). Ponga una gota de aceite en la piedra y frote la hoja con un ángulo apropiado arriba y abajo de la piedra en un trazado en «X», manteniendo la presión constante. Cuando se forma una rebaba rugosa en la parte plana vuelva la hoja y quite la rebaba frotando de una sola pasada. Compruebe el filo pasando la hoja de arriba a abajo cortando una hoja de papel sostenida verticalmente, debe producir un corte liso.

ESTILOS DE MOBILIARIO

Hablando en general los estilos de mobiliario, como la mayoría de otras formas de arte, han seguido tendencias de conjunto, con diferentes países desarrollando sus propias variantes. En la mayoría de las comunidades uno de los primeros elementos de mobiliario fue una caja o cofre para almacenaje. Luego, lo más probable, es que alguien se sentase sobre él o pusiese algo encima en vez de dentro o incluso pusiese a dormir el bebé en él. Así, gradualmente, otros tipos de mobiliario se desarrollaron para satisfacer las necesidades cambiantes del hombre, resultantes de sus actividades cada vez más complejas. Sin embargo, durante siglos cualquier cosa más allá de los objetos más básicos fue un signo de estatus. Tan tarde como en el siglo XVI, incluso las grandes mansiones estaban parcamente amuebladas y solamente en los últimos cien años, con el advenimiento de la producción en masa, nuestras casas de Occidente se llenaron de posesiones, como están ahora. Hasta entonces solamente los acomodados podían proporcionarse el mobiliario «urbano» de moda; éste se copiaba con variaciones, corrientemente en maderas más humildes, para los menos bien nacidos; los campesinos hacían sus propios pocos modestos muebles o los compraban a los carpinteros locales que prestaban poca atención a las tendencias corrientes. El mobiliario provincial podía estar hecho en un estilo que había estado de moda décadas antes, o establecido en tradiciones regionales, o incluso según idiosincrasias personales.

Dejando de lado el elegante y bello mobiliario de las antiguas civilizaciones, la tradición del mobiliario comienza en Occidente en Europa medieval. Arcas de madera, bancos, banquetas, sillas con brazos, camas, mesas de caballetes y aparadores sobreviven en muchas formas desde este período, desde las construcciones primitivas de tablones corrientes y clavos a los ejemplos más complicados de paneles decorados con tallas, pinturas o incrustaciones de madera. La aristocracia, iglesias y monasterios fueron los mayores usuarios de mobiliario en este tiempo. La talla y la incrustación se hicieron más y más magníficas para quienes podían costeárselos, y a principios del siglo diecisiete, artesanos altamente hábiles producían sobresalientes obras de arte tales como los muebles hechos en Amberes con paneles pintados y chapas de carey y marfil, y los de Augsburg y Nuremberg con su marquetería finamente ejecutada.

En el siglo XVI, los principales elementos de mobiliario de las casas solariegas inglesas eran mesas extensibles, mesas plegables pequeñas, estanterías abiertas o bufetes coperos (antecesores de los tocadores y aparadores), aparadores cerrados, bancos, muchos taburetes y camas de cuatro columnas. Los criados tenían pequeñas camas baúl. Todos estos muebles eran de roble. Los sillones, generalmente reservados al cabeza de familia, evolucionaron desde una estructura de paneles en forma de caja con respaldo y brazos, a través de formas más ligeras que mantenían las patas rectas del armazón original prescindiendo de los paneles, hasta sillones de carpintería con patas torneadas en balustre. Las sillas comunes de armazón en X eran de haya. La tapicería, cuando había, era de terciopelo liso o de lana trabajada.

Los carpinteros de la Edad Media, a menudo, simplemente clavaban entre sí unas pocas tablas para hacer el mobiliario básico; pero el desarrollo de la artesanía de los ensambles trajo el tipo de construcción de armazón y paneles. Como resultado los muebles se hicieron más ligeros y transportables y se evitaron en cierta extensión los problemas de deformación y rajado, ya que los paneles no estaban clavados, sino simplemente descansando en el armazón ranurado. La talla de «paños plegados» fue muy usada en arcas, sillones y paneles de las paredes; como decoración se usaron a menudo motivos renacentintas, tales como cabezas de perfil en medallones. Al final del siglo XVI se hicieron comunes los macizos y bulbosos «jarrón y tapa» y otros motivos pesados para los soportes tallados, tales como las patas de mesa y columnas de camas, y muchos bordes estaban adornados con molduras talladas en cordón o en perlas. Durante los años siguientes los estilos se mantuvieron bastante sólidos y a menudo algo más simples que antes, especialmente durante la Commonwealth. Con la restauración de la monarquía en 1660 se hizo aparente una cierta frivolidad y se usaron muchos más adornos sobre el mobiliario, debido a influencias continentales. El torneado salomónico se utilizó en las patas y respaldos de las sillas, patas de mesa y en todas partes, y figuras de volutas talladas eran muy populares. En este tiempo se introdujo la cama de día, antecesora de chaise longue y el sofá, a menudo la caña se utilizaba en los asientos. Eran usuales los pies de bola o abollonados.

En este tiempo el roble era aún la madera más utilizada en Inglaterra; en otros países europeos el nogal era empleado más extensamente para muebles macizos tallados. Pero acabados más ornamentales cautivaban en todas partes la mirada de patronos ricos. Las incrustaciones, chapeados y técnicas de marquetería avanzaron crecientemente en toda Europa y después se vieron más las maderas finas. Las lacas orientales alcanzaron Europa en la primera parte del siglo XVII, y por los 1680 tenían muchos imitadores. Las arquetas sobre soporte laqueadas japonesas eran sobresalientes obras de artesanía, coronadas por jarrones de porcelana azul y blanca. En los Países Bajos se hacían excelentes en marquetería floral. El francés André-Charles Boulle desarrolló su complicada técnica de marquetería utilizando latón, carey y peltre; la apariencia ricamente ornamentada de sus grandes aparadores y armarios fue muy admirada. Los italianos perfeccionaron la *pietre dure*, un complicado método de incrustación utilizando mármol y piedras semipreciosas tales como ágata, lapislázuli y calcedonia, pero a finales del siglo se había desarrollado el estuco para imitar el mármol utilizando distintos pigmentos, en lugar de estos materiales.

En los últimos 1680 numerosos hugonotes huyeron a Inglaterra por su persecución religiosa en Francia; mientras que Guillermo y María trajeron influencias y trabajadores holandeses. Así, más y más estilos y técnicas europeos se filtraron a Inglaterra. Por esta época el nogal se usó cada vez más para el mobiliario elegante, y el comercio fue la base para la introducción de variadas chapas decorativas. Una de las técnicas favoritas de los artesanos holandeses era la marquetería y los últimos años del siglo produjeron especialmente algunos bellos y grandes armarios de distintos estilos. El último período Reina Ana es renombrado por encantadoras y primorosas cómodas y escritorios con patas de ménsula, sillas de respaldo alto y patas cabriolé con motivos de conchas y sillones de orejas tapizados. En las provincias se copiaron a menudo las piezas de nogal en roble o haya; pero las zonas rurales también tuvieron sus estilos propios más sencillos. En éstos se incluyen las sillas Windsor, que comúnmente tenían los asientos de olmo utilizándose otras maderas para el resto y las sillas con respaldo en escalera y con respaldo de barrotes torneados y asientos de junco, hechas generalmente en el Norte de Inglaterra.

Las muestras de chapa de la lámina ilustran las tonalidades y veteado de diferentes maderas (por orden numérico): 1, Afara; 2, Afrormosia; 3, Afzelia; 4, Agda ó Cedro nigeriano; 5, Fresno; 6, Alamo blanco; 7, Avodire o Satín africano; 8, Ayan o Satín nigeriano; 9, Haya; 10, Abedul canadiense o Abedul amarillo; 11, Raíz de Arce; 12, Bubinga o Palo rosa africano; 13, Cedro del Líbano; 14, Cerezo; 15, Olmo; 16, Eucalipto; 17, Iroko o Teca Africana; 18, Plátano Europeo; 19, Alerce, 20, Laurel; 21, Tilo; 22, Caoba; 23, Makore o Caoba cereza; 24, Mansonia o Nogal negro africano; 25, Roble.

Durante la casi totalidad del siglo XVIII Francia estableció los estilos internacionales; el patronazgo real aseguraba la artesanía de alta calidad y las innovaciones imaginativas y artísticas. La formalidad bastante rígida bajo Luis XIV dio paso gradualmente a una moda más libre y ligera. Al principio se mantuvo la simetría del primer estilo, pero las líneas se hicieron delicadamente curvadas y la pata cabriolé se puso de moda en sillas y mesas. Hacia la mitad del siglo, en el reinado de Luis XV, se produjo el más flameante, fantástico y quizá mejor conocido de los estilos franceses: el rococó. Líneas fluidas, formas asimétricas, conchas y volutas en C caracterizan el mobiliario de este tiempo junto con fina marquetería floral y aplicaciones arremolinadas de bronce dorado. También se utilizó el laqueado, oriental o imitativo, con motivos de chinería. Hicieron su debut los sillones de tapicería confortable, añadiéndose al aire relajado e informal de los tiempos. También estaban de moda muchas clases de mesitas y armaritos pero la pieza de mobiliario más asociada con el siglo XVIII en Francia es la cómoda; una caja altamente decorativa, elevada sobre patas con coperos y/o cajones y un tablero de mármol. Después de un período de transición que reúne elementos antiguos y nuevos el rococó da finalmente un paso al neoclásico alrededor de 1770. Las líneas pierden sus curvas y se hacen más serias, las patas se enderezan y ahusan y hubo una moda de mobiliario con dispositivos mecánicos ingeniosos y partes móviles: cajoncitos que se abrían con resortes ocultos, tapas cilíndricas que se enrollaban suavemente para escritorios y así sucesivamente. La moda se hizo más escrupulosa pero aún llamativa. La ornamentación se hizo un poco más constreñida y geométrica e incluía el uso de medallones de Sevres y aplicaciones de bronce dorado más sencillas y más pequeñas.

Sin embargo los transtornos causados por la Revolución pusieron punto a tales frivolidades. Una cierta austeridad señala el movimiento de alrededor del cambio de siglo, aunque las tradiciones de la artesanía fina persistieron naturalmente. Estuvo de moda ahora un estilo más pesado y anguloso, y un estilo etrusco fue seguido por uno egipcio, con los motivos apropiados.

En Inglaterra se utilizó la caoba para las mejores piezas desde los 1730. Las muchas grandes casas de campo construidas durante el siglo necesitaban cantidad de mobiliario de buena calidad y este período muestra la ascensión de los mueblistas. Desde la mitad del siglo Thomas Chippendale y otros publicaron libros de modelos, mostrando diseños para muebles de distintos estilos. Entre éstos se ve la influencia francesa del estilo rococó, con sus volutas en C, elementos naturalísticos y formas asimétricas y más corrientemente en las líneas curvadas de aspecto menos severo que caracteriza el estilo Luis XV. También característico es el estilo «gótico» con motivos arquitectónicos tales como arcos y torrecillas y el estilo «chinesco» con imitaciones de bambú, trabajo calado y formas de pagoda. El mismo Chippendale es especialmente recordado por sus sillones tallados de generosas proporciones y los mo-

numentales escritorios y librerías que aún se ven hoy en muchas colecciones. También trabajó con Robert Adams en el estilo neoclásico que siguió en los 1760 y continuó, con variaciones, hasta el final del siglo. Fueron preferidas las maderas más claras como el satín junto con la caoba, y la marquetería continuó siendo muy usada. También se usó la decoración pintada.

Inspirado por la ornamentación de la antigua Roma y los recientes descubrimientos de Pompeya y Herculano, Adams alimentó este estilo más ligero pero algo más formal para la decoración completa de la casa: el friso de un muro con madreselva o guirnaldas de vainas y campanillas intercalado con cabezas de carnero, medallones o figuras de esfinges podía estar duplicado o complementado en los aparadores, urnas, espejos de cuerpo entero, mesas y sillas, con las alfombras haciendo eco a la decoración del techo. Mientras Adams diseñaba para las más grandes casas (no se relacionaba con nada menor), fueron los diseños de George Hepplewhite, publicados en 1788 los que ayudaron a llenar el vacío entre la elite y las clases mercantiles crecientes. Introdujo cantidad de diseños para muchos tipos de muebles basados en el estilo neoclásico. Sobresalían entre ellos los dibujos para sillas con el respaldo ovalado, acorazonado y en forma de escudo, incluyendo delicados calados de haces de trigo, urnas clásicas, rosetas y plumas del Príncipe de Gales. Aunque incluyendo diseños de muchos otros artículos de mobiliario, es por sus sillas por lo que Hepplewhite es más renombrado. El siguiente gran nombre del final del siglo XVIII es el de Thomas Sheraton un diseñador renombrado por sus líneas rectas, respaldos de silla cuadrados y decoración pintada que adaptó al estilo neoclásico. Fue influenciado tanto por el estilo Luis XVI, corriente en Francia, tanto como por el que le siguió y abrió el camino de lo que sería llamado el estilo Regencia.

De repente los diseñadores comenzaron más que a utilizar simplemente la ornamentación clásica a tomar como modelo las formas reales del mobiliario clásico. Los sillones, canapés y banquetas eran especialmente adecuadas para este tratamiento. También fueron populares las mesas redondas con una sola pata central de distintos tipos, soportadas en tres o cuatro pies. Las puertas de los aparadores y pequeños coperos tenían enrejados o entramados de latón con sedas plisadas detrás. La ornamentación incluía pies de garras de león y montajes de latón en forma de cabezas de león o esfinges. Se pusieron de moda el palorrosa así como la caoba, el satín y la madera dorada y pintada.

Hacia mediados de siglo se puso de moda un estilo más ostentoso. Se construyeron piezas grandes pesadas y algo innecesariamente adornadas, imitando algunos estilos anteriores franceses e ingleses. A partir de los 1830 se hicieron populares el tapizado de muelles ampuloso y abotonado profundamente, así como las cómodas y los escritorios militares, los sofás cama y el papel mache laqueado. Las sillas con respaldo de globo se introdujeron también en esta época y, con muchas variaciones, se hicieron altamente populares como sillas de comedor. A partir de los 1840 aparecieron varios tipos de sillas pequeñas tapizadas de terciopelo o bordado de Berlín y se hicieron de uso más general las pequeñas estanterías para exponer china, etc. Las camas eran usualmente aún de cuatro postes, aunque el armazón de latón se hizo más general a partir de los 1850 y por los 1880 era corriente. Durante los 1850 se hizo popular la madera doblada, el austríaco Michael Thonet (1786-1871) fue el exponente mejor conocido de este medio que se mezclaba bien con otro estilo popular: la japonesería.

La producción en masa estaba ahora en marcha. Las calidades cayeron inevitablemente y para describir el mobiliario de este período se han utilizado calificativos tales como «exagerado», «melindroso» y «degradado». Hay sin embargo una solidez honesta e intencionada en relación con otras piezas de

Las muestras de chapa de la lámina ilustran las tonalidades y veteado de diferentes maderas (por orden numérico): 26, Roble de seda australiano o Fresno picado; 27, Roble marrón o Roble chopo; 28, Obeche o Madera blanca africana; 29, Fresno olivo; 30, Opepe o Madera amarilla; 31, Padauk; 32, Paldao o Nogal del Pacífico; 33, Peral; 34, Peroba Rosa; 35, Pino sueco; 36, Tulipero; 37, Corazón de púrpura americano; 38, Palo rosa indio; 39, Palo rosa de Santo Domingo; 40, Sapeli; 41, Satín de las Indias Orientales; 42, Sicomoro; 43, Teca dorada; 44, Tola; 45, Nogal africano; 46, Nogal australiano; 47, Nogal negro americano; 48, Nogal europeo; 49, Zebrano; 50, Pomelle.

mobiliario del siglo xix especialmente cuando está implicada la caoba de buena calidad.

Una vuelta a las piezas artesanas y las líneas más limpias y rectas fue anunciado por William Morris y otros a partir de los años 1860, y el movimiento Arts and Crafts fundado en los 1880 propagó la tendencia hacia la integración del arte y el diseño y sus aplicaciones a la vida cotidiana.

Los artesanos ingleses expatriados a América llevaron consigo, naturalmente, las tradiciones y estilos que conocían. También se mantuvieron en contacto con las tendencias corrientes a través de la observación de lo que se importaba en América, procedente de Inglaterra, y continuaron siguiéndolo mientras hacían sus propias adaptaciones estilísticas. Había inevitablemente algo de retraso. El estilo Reina Ana permaneció altamente popular por muchos años las cómodas altas con patas altas, por ejemplo, se hicieron en este estilo o con elementos del mismo hasta por lo menos los 1770. Las maderas disponibles incluían el roble, nogal, pino, arce y distintos frutales; la caoba se usó generalmente a partir de la segunda mitad del siglo xviii aunque existen piezas de caoba anteriores. Las principales zonas de producción eran Philadelfia, Newport y Boston seguidas de Baltimore y algunas ciudades más pequeñas de Massachusetts.

Al principio del siglo xviii se hicieron varias innovaciones tales como la mesa «mariposa» (en la que los soportes de las bisagras de los alerones extensibles tenían una graciosa forma de ala). Fueron especialmente populares las sillas Windsor con variaciones tales como la de la silla Hitchcok con decoración pintada o estarcida en el travesaño superior que podía tener distintas formas.

En la segunda mitad del siglo xviii el principal estilo fue el Chippendale americano, basado en la principal corriente del estilo inglés. Una de las características americanas específicas fue el bloque central de un armario o cómoda, en los cuales el frente tenía la parte central ligeramente retrasada. El mobiliario del período federal siguió el movimiento europeo del neoclasicismo, también con adaptaciones y mezclas variadas de diseños de diferentes fuentes, dándole a menudo un aspecto vigoroso y nuevo.

En el siglo xix se produjeron en América como en Europa resurgimientos de estilos anteriores especialmente los más llameantes. Nuevas máquinas y otros avances técnicos hicieron posible mucha experimentación e iniciaron la producción en masa. En los 1870 un nuevo estilo fue lanzado por Charles Lock Eastlake cuyo nombre se da en América a un estilo concreto de mobiliario «art»; rectangular, con líneas rectas y ornamentación complicada a veces con incrustación o paneles pintados, columnas aflautadas y pequeños barrotes de madera torneada. Hubo también una moda de decoración japonesa. La firma Herter fue una de las muchas que produjeron mobiliario «art» en el siglo xx. El trabajo del diseñador Gustave Stickley que promovió las ideas del movimiento Arts and Crafts es aún bien conocido por sus líneas limpias y rectas y buena mano artesana. Más tarde el arquitecto Frank Lloiy Wright diseñó mobiliario funcional específicamente para la producción en masa. Estos hombres y otros diseñadores contemporáneos fomentaron una apreciación bastante extensa y continua de sus estilos particulares.

En todo Occidente el siglo xx ha visto una multitud de nuevos materiales, pues la buena madera se ha hecho crecientemente más rara y cara. En el estilo, además ha habido cambios. Una tendencia internacional general separada del gusto pesadamente complicado del siglo xix, junto con la demanda del buen diseño y bajo costo, creció a través del movimiento Arts and Crafts hacia los distintos estilos ligeros y funcionales utilizando el tubo de acero, fibra de vidrio, aluminio, plásticos varios, cuero, madera contrachapada y madera laminada doblada, así como hacia maderas nuevamente disponibles tales como la teka. Todos los motivos decorativos de los primeros períodos han desaparecido, aunque se continúa haciendo una cierta cantidad de reproducciones de muebles, y el mobiliario más moderno de buena calidad es admirado por su durabilidad en servicio y tranquilidad de líneas. La mayoría de los muebles artesanos utilizan en la actualidad la belleza intrínseca o el interés de sus materiales y acabados para lograr el efecto decorativo deseado.

Tipos de maderas

Las maderas se clasifican en dos categorías principales: maderas duras procedentes de árboles de hojas anchas tales como el roble, la caoba, el haya, el nogal, el olmo, el arce, el cerezo y la teka; y maderas blandas de árboles con hojas aciculares, tales como el pino, el abeto, la sequoia y el cedro. Las maderas duras, más caras, son generalmente más resistentes, tienden a moverse menos cuando se trabajan y se unen y se acaban mejor. Son atractivas por la variedad de su color y su veta, dibujada cerradamente, y las más exóticas tales como el satín y el ébano se utilizan principalmente para cha-

peados. Las maderas más blandas son generalmente más claras y a menudo se pintaron, tiñeron o chapearon en el pasado, aunque ahora está de moda rascar y blanquear las piezas antiguas.

Antes que pueda utilizarse, la madera maciza debe estacionarse para estabilizarla y mantener al mínimo la contracción y deformación. Sin embargo continúa sensible a la humedad y puede hincharse y deformarse en condiciones húmedas o contraerse y astillarse si el aire es muy seco.

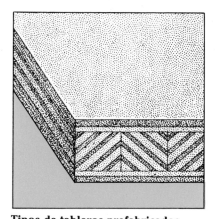

Tipos de tableros prefabricados
El tablero alistonado se hace de tiras estrechas de madera blanda colocados canto con canto emparedadas entre chapas y prensadas en tableros.

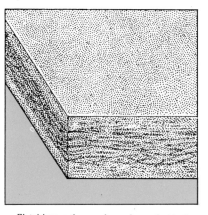

El tablero aglomerado se hace de virutas encoladas entre sí con una resina sintética bajo calor y presión. Es más barato que el tablero alistonado y puede utilizarse en la mayoría de los proyectos para hacer uno mismo. Se encuentra en espesores de 3 mm, 13 mm o 18 mm.

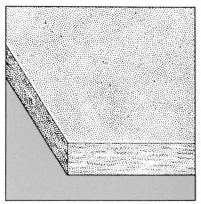

El tablero de fibra llamado a veces masonita está formado a partir de pulpa de madera o fibra y un agente aglomerante. Se usa lo más a menudo como aislante de paredes y tableros de anuncios. Se encuentra en espesores desde 3 mm a 7 mm.

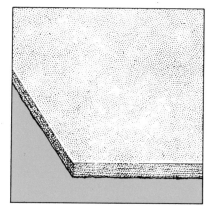

El tablero duro es pulpa de madera blanda prensada en láminas de 2,5 a 13 mm de grueso, corrientemente con una cara lisa y otra cara texturada rugosa.

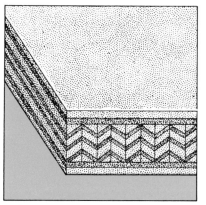

El tablero laminado se utiliza en la fabricación de mobiliario chapeado moderno. Es similar al tablero alistonado pero el núcleo está hecho de muchas cintas de 7 mm encoladas entre sí. Las chapas corrientemente utilizadas son el abedul, el chopo y las maderas africanas. Su ventaja sobre el tablero alistonado es que el dibujo del núcleo es menos probable que se vea a través de la superficie de la chapa.

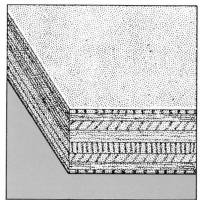

El tablero contrachapado está hecho de tres o más capas delgadas de maderas, corrientemente abedul, aliso, haya, pino Douglas o maderas africanas, con la veta de cada chapa en ángulo recto con la de las capas de encima y debajo de ella. Cuando se encolan juntas bajo presión, esto reduce la mayor parte de la contracción y el astillado. Cuanto más capas se encolan juntas más fuerte es el contrachapado. Se encuentra en espesores desde 3 mm a 2 cm. El contrachapado chapeado tiene una cara con una chapa de madera más dura y cara, tal como roble y se utiliza donde esta cara ha de ser visible. Los tipos que normalmente se encuentran tienen tres y cinco capas.

Tratamiento de quemaduras

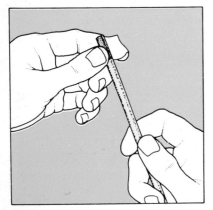

1. Las quemaduras profundas necesitan tratamiento cuidadoso. Lije la zona quemada con papel de granate encolado alrededor del extremo de un trozo de varilla de 3 mm o enrollando en punta un rollito de papel de lija.

2. Lije con esto la madera ennegrecida sin lijar la zona de alrededor; de lo contrario quitará la pátina y tendrá una fea marca cuando usted vuelva a barnizar la pieza.

3. Una vez se ha quitado la madera tostada ponga una gota de blanqueador en la zona para aclarar la madera expuesta más oscura utilizando un algodón. Llene el hueco con un lápiz de goma laca (ver paso 4 de la página opuesta). Alise con un trapo de algodón y barnice si la zona quemada es profunda y grande.

4. Si la indentación es profunda después de lijada puede necesitar rellenarse con cera de abeja. Utilice de 60 a 125 gramos de cera de abeja y un colorante vegetal o de madera que se mezcle con la madera pulida, pero asegurándose de que es de base ácida de manera que se mezcle fácilmente con la cera. Para hacer el relleno funda la cera lentamente al baño María añadiendo pequeñas cantidades del colorante. No sobrecargue el tinte; es fácil de oscurecer pero imposible de aclarar. Puede ser necesario mezclar dos tintes para igualar el acabado original. Viértalo en un bote vacío limpio y déjelo solidificar.

5. Cuando la cera esté dura tómela del bote con una espátula. Enróllela un poco entre sus dedos para ablandarla. Caliente la hoja de una rasqueta de empastar sobre una llama, coloque la cera sobre ella y déjela gotear en la zona dañada hasta sobrerrellenarla (para tener en cuenta la contracción).

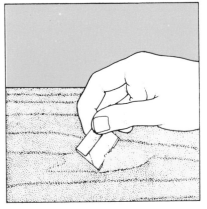

6. Cuando la cera se haya asentado rasure cuidadosamente el sobrante con una hoja de afeitar embotada. Si la quemadura está sobre una superficie acabada con goma laca muy brillante rellene el agujero con capas de goma laca (ver paso 3, página 44) hasta que se nivele con la superficie de alrededor. Barnice hasta que todos los bordes estén bien mezclados.

Reparación de superficies

1. Las indentaciones, como cualquier otra reparación, deben repararse tan pronto como sea posible. Pruebe primero este sencillo procedimiento: llene el hueco con agua caliente, pues ésta puede hinchar las fibras comprimidas suficientemente para rellenar la depresión.

2. Si esto falla ponga un trapo de algodón mojado sobre la indentación y caliéntelo con una plancha eléctrica hasta que se levante vapor. Trate de aplicar el calor solamente en la zona indentada: use la punta de la plancha para pequeñas indentaciones y toda la plancha para las grandes. Deje secar la madera completamente antes de rebarnizar o reencerar la zona. Si las fibras de la madera se han aplastado de manera que ninguno de estos métodos funciona la indentación debe rellenarse con goma laca (ver paso 4).

3. Corrientemente los nudos son solamente una molestia sobre la madera nueva sin curar, pero a veces aparecen después de desnudar de su acabado una pieza hasta la madera de base. Para «sellar» nudos que rezuman resinas disuelva 141 gramos de goma laca y 28 gramos de sandáraca en 568 cm cúbicos de alcohol desnaturalizado (alcohol metilado). Cuélelo a través de un colador de malla de alambre y aplíquelo al nudo y zona circundante con una brocha vieja. Como alternativa utilice un producto sellador de nudos adecuado.

4. Las rayas y muescas pequeñas pueden rellenarse con masilla de tornero también llamada laca en barrita, masilla en barrita o cera de mueblista. Se parece a un lápiz grueso y simplemente se pinta a lo largo de la línea de la raya. A las rayas más profundas funda algo de la barrita con una cerilla haciéndola gotear sobre una rasqueta de enmasillar caliente. Extiéndalo sobre la zona en cuestión y quite el exceso puliendo con un trapo de algodón. Alternativamente haga su propia masilla con cera de abeja y colorante (ver página opuesta). Pero recuerde: las rayas y marcas pequeñas se aceptan como propias de los muebles antiguos.

5. Las astilladuras, agujeritos, grietas, rajas y poros dilatados necesitan rellenarse. Use una masilla adecuada para la madera, como la madera plástica o hágasela mezclando serrín fino con cola de carpintero hasta que sea bastante tiesa. Aplique el relleno con una espátula de empastar, de manera que sobresalga un poco por encima de la superficie. Se contraerá cuando se seca. Limpie la zona después si es necesario lograr un acabado fino. Si la mezcla parece demasiado clara añada algo de pigmento en polvo de la gama de siena o tierra sombra, tenga un cuidado especial en igualar con la madera de alrededor en piezas que han de acabarse con barniz transparente.

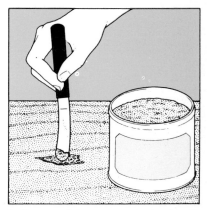

6. Para superficies que van a ir pintadas utilice una masilla hecha de una parte de carbonato cálcico y tres partes de yeso escayola. Tíñalo con pigmento en polvo si lo desea. Añada agua para formar una pasta y aplíquela con una espátula o paleta de empastar.

Reparación de superficies. Continuación

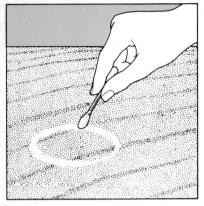

7. Los puntos o circunferencias blancas se forman por agua o por las bases de los platos calientes. Frote la mancha ligeramente con un trozo de trapo de algodón limpio humedecido con alcohol alcanforado o con una solución de una parte de trementina o una parte de amoniaco, mezclada con una parte de aceite de linaza. También es eficaz el pulimento para latón.

8. Los puntos negros son corrientemente producidos por agua penetrando a través de una superficie barnizada con goma laca y hasta la misma madera. No hay mucho que pueda hacerse aparte de quitar el acabado con alcohol desnaturalizado y lana de acero (ver pasos 1-3 página 39) o aclarar las manchas utilizando blanqueador de madera aplicado con un pincelito y luego volver a acabar (ver página 39 para instrucciones más detalladas sobre el blanqueo).

9. Los acabados polvorientos o mates pueden reavivarse con la siguiente mezcla, que también puede mejorar una superficie rayada barnizada a la laca: una parte de aceite de linaza, una parte de trementina, una parte de vinagre, una cuarta parte de alcohol desnaturalizado. El alcohol ablanda ligeramente el barnizado mientras que el aceite actúa como medio de distribuir el barniz en las rayas. Guarde la mezcla en un tarro de vidrio con tapa roscada y agítelo antes de utilizarlo.

Tratamiento de la carcoma y la pudrición

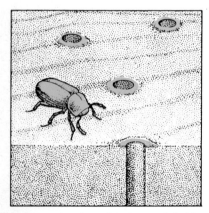

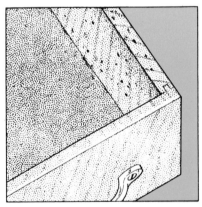

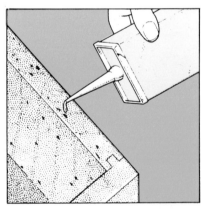

1. El gorgojo o larva de este escarabajo taladrador de la madera se introduce corrientemente por traer a la casa un elemento de madera o mimbre infectado. Los insectos salen en julio o agosto y vuelan para infectar otras piezas, así que compruebe siempre cualquier nueva compra por si hay signos de agujeros, como cabezas de alfiler.

2. Los ataques de carcoma comiezan a menudo en la madera blanda más barata de la trasera o el fondo de una pieza. Si una pieza presenta agujeros con madera que parece nueva dentro o bordes agudos o si aparece polvo de madera bajo ella, debe tratarse. Las piezas valiosas o tapizadas necesitarán probablemente ser tratadas por expertos, pero otras puede tratarlas un aficionado.

3. Antes de tratar una pieza, aíslela en un garaje o taller para evitar que se extienda la infección. Luego trate la zona afectada con una solución comercial anticarcoma, petróleo o aceite de parafina, seguida de alcohol de madera o amoniaco líquido. Ponga el líquido en una lata con una pequeña boquilla puntiaguda (una aceitera limpia es ideal). Inyecte el líquido en cada agujero de manera que llegue a la larva; trabaje desde detrás o el interior de la pieza para evitar dañar el exterior. Después de 24 horas enjuague el exceso. Compruebe a menudo para asegurarse que la infección no se extiende.

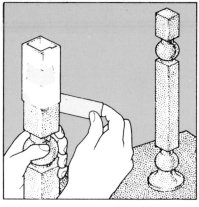

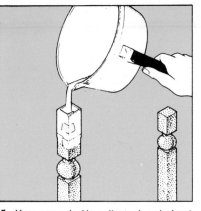

4. Las piezas malamente infectadas pueden tenerse que cortar y reemplazar por otras (un trabajo para expertos) pero esto puede ser una operación drástica e inapropiada para piezas valiosas. En tales casos los pies y patas pueden reforzarse después del tratamiento anticarcoma. Vuelva la pieza boca abajo y haga una pared de cartón alrededor de la base carcomida sosteniéndolo en posición con cinta adhesiva de enmascarar.

5. Haga una solución caliente de cola fungicida adecuada y viértela en el pozo formado por el cartón. Si la cola está caliente y es suficientemente fluida penetrará en todos los agujeros de carcoma. Después de 24 horas quite el cartón y la cola habrá consolidado la madera afectada.

Pudrición
6. La pudrición es improbable que afecte al mobiliario guardado en habitaciones bien ventiladas, porque los hongos necesitan condiciones de calor y humedad para medrar. La madera infectada es pulverulenta al tacto y tiene un olor mohoso. Si tiene usted suficiente mala suerte para adquirir una pieza de mobiliario infectada detenga la extensión de la pudrición pulverizando las zonas de alrededor con un fungicida comercial.

Tratamiento de manchas

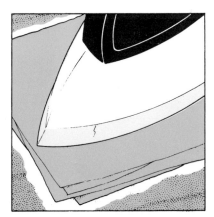

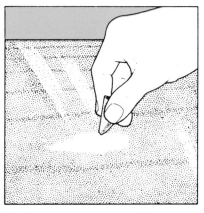

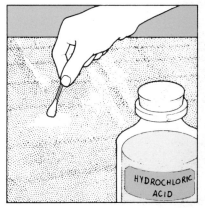

1. Las manchas de grasas o aceite pueden quitarse con benzol, bencina o gasolina. Desgraciadamente cualquiera de éstos puede afectar también a la cola del chapeado. Así para piezas chapeadas o incrustadas extienda una gruesa capa de talco sobre la grasa, cúbrala con varias capas de papel tisú blanco y caliente el papel suavemente con una plancha caliente; utilícela sin vapor y ajustada para lana. El talco y el papel absorberán la grasa. Repita la operación si es necesario. En lugar de talco puede utilizarse tierra de bataneros.

2. El alcohol, perfumes o medicinas dejan una señal blanca sobre las superficies barnizadas o goma laca; el único tratamiento es aplicar un barnizado nuevo (ver pasos 1 a 6, página 44). En mobiliario con otro tipo de barnices el daño es más difícil de tratar, porque la mayoría de los barnices son solubles en alcohol. En este caso lije el punto con papel abrasivo muy fino y retóquelo con barniz (ver pasos 1 a 3 página 43) o un limpiador de metales apropiado.

3. Las manchas de vino o frutas rara vez son muy profundas. Limpie la superficie lijándola ligeramente. Luego con un taponcito de algodón frote suavemente con ácido clorhídrico diluido seguido de unas cuantas gotas de agua oxigenada. Este método es también eficaz con manchas muy antiguas de tinta roja.

Tratamiento de manchas. Continuación

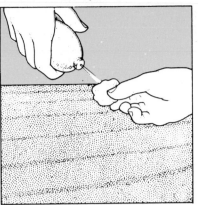

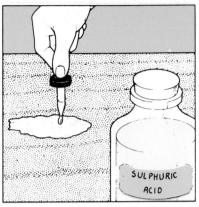

4. La sangre puede quitarse con agua oxigenada corriente o, alternativamente, con tiosulfato sódico (diluido al 5 %). Aplicar frotando suavemente un trocito pequeño cada vez utilizando la esquina de un trapo de algodón o un tampón de algodón.

5. Quitar la tinta es más bien una cuestión de ensayo y error. Lave con agua la mancha fresca, luego aplique zumo de limón para blanquearla utilizando trapos de algodón absorbente, algodón en rama o una brocha para aplicar el zumo. Sin embargo la zona afectada puede necesitar luego tratarse para eliminar el daño del agua (ver paso 7, página 22).

6. Si la mancha de tinta es antigua lije la zona ligeramente para quitar la mancha y dejar expuesta la madera. Cubra con algodón en rama cortado al tamaño de la mancha y vierta ácido sulfúrico sobre él. Espere dos o tres minutos e inspeccione. Repita la operación si es necesario. El ácido oxálico diluido en agua caliente es una alternativa y va bien en manchas de tinta roja.

Reparación de cajones y puertas

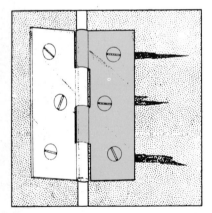

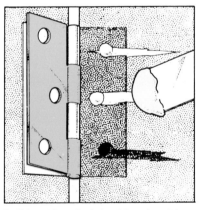

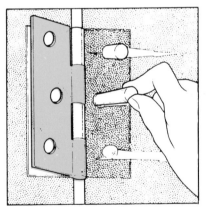

1. Las bisagras y tiradores tienen a menudo los tornillos flojos, o bien porque el agujero del tornillo se ha agrandado o porque la madera alrededor del tornillo esta dañada. Asegúrese primero de que la madera de alrededor de la bisagra o tirador no está astillada, quitando la bisagra si es necesario.

2. Si la madera alrededor del agujero del tornillo está astillada rellene la astilladura con masilla para madera (ver fórmulas en los pasos 4 a 6 página 21) y déjela secar antes de continuar la reparación. En algunos casos puede ser necesario rellenar tanto las astilladuras como el agujero para dar al tornillo un asentamiento firme.

3. Alternativamente, si el agujero se ha hecho demasiado grande el remedio más rápido es simplemente rellenar el agujero con la misma longitud de madera de fósforos, encolada en su lugar con adhesivo para madera y luego volver a colocar el tornillo. Si el agujero está ligeramente agrandado puede ser necesario agrandarlo más para rellenarlo. En este caso utilice una broca de tamaño mayor que el tornillo mismo y luego el agujero con masilla de madera o con un palito o clavija.

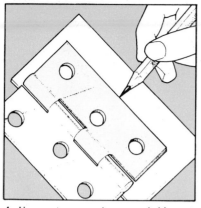

4. Una puerta que no cierra es probablemente debido a que la bisagra está demasiado profunda. Quite la bisagra, utilizando un destornillador para aflojar los tornillos, y luego trace con lápiz alrededor de la bisagra sobre un trozo de cartón. Recorte el cartón, colóquelo bajo la bisagra y vuelva a colocar los tornillos. Esto levantará la bisagra. Si la bisagra queda forzada asegúrese de que los tornillos están al ras con la bisagra y no sobresalen.

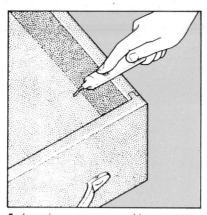

5. Los cajones que no corren bien van peor en tiempo húmedo, porque las fibras de la madera se hinchan. Para remediar esto ensaye frotando el exterior del cajón con jabón o cera de velas. Si esto falla quite un poco de madera del costado del cajón con papel de lija grueso lijando a favor de la veta.

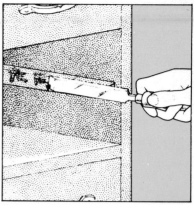

6. La otra posible causa de los cajones testarudos, especialmente en el mobiliario pintado, es que viejas gotas de pintura son a menudo suficientemente gruesas para atascar las correderas de los cajones. Si éste es el caso quítelas con una rasqueta y quita pinturas. Si ninguno de estos recursos soluciona el problema, como último recurso puede ser necesario trasladar la pieza a otra habitación con la atmósfera más seca.

Reparación de sillas

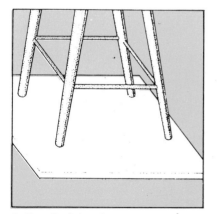

1. Una silla (o mesa) pueden oscilar porque las patas o el suelo en que se apoyan son desiguales. Coloque la silla sobre un trozo de tablero aglomerado o un tablero plano. Si aún oscila, una o dos de las patas pueden ser más cortas que las otras. (Si no oscila sobre una superficie uniforme es el suelo el que es desigual y el remedio es reparar el suelo o desplazar la silla.)

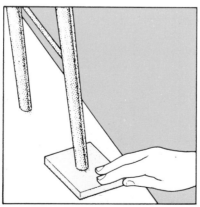

2. Cuando la silla está todavía sobre una superficie a nivel determine qué patas son más cortas. Introduzca trozos de cartón fino bajo la pata o patas más cortas, para ver cuánto debe cortarse de las otras patas de la silla. Este tratamiento no se recomienda para antigüedades en las que las patas cortas deben rellenarse; un trabajo para expertos. Incluso el más pequeño trocito cortado de una antigüedad reduce inmediatamente el valor de toda la pieza.

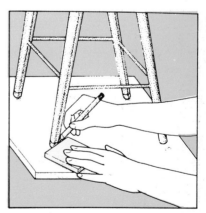

3. Cuando la silla parece estable quite el cartón de debajo de la pata más corta utilizándolo para marcar cuánto debe cortar de las otras. Corte el exceso con un serrucho pequeño haciendo los extremos horizontales tanto si las patas son rectas como en ángulo. Alise las patas con papel abrasivo y vuelva a acabar si es necesario.

Reparación de encajes. Continuación

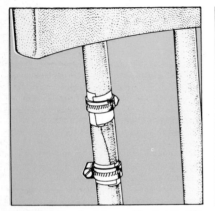

4. El barrote roto del respaldo de una silla debe arreglarse tan pronto como sea posible para evitar un mayor daño. Encole entre sí los extremos rotos utilizando un pegamento de madera adecuado y no utilice la silla hasta que el pegamento esté completamente seco.

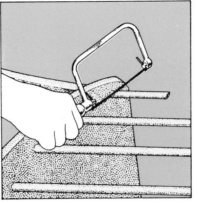

5. Si se ha perdido una pieza debe ser reemplazada, bien sea por un barrote completo o por un trozo del mismo. Corte la pieza vieja con una sierra de recortar y taladre o saque la madera que ha quedado en el agujero.

6. Si el barrote es redondo utilice un trozo de varilla del mismo diámetro. Si es cuadrado encole trozos de listones de madera entre sí para obtener las dimensiones correctas (un comerciante de maderas ordenará y cortará las piezas para usted). Si la silla es valiosa y hecha de madera dura, encargue a un ebanista tornear una barra a juego partiendo de un bloque de la madera adecuada, utilizando como guía las fotografías en color de maderas frente a las páginas 16 y 17.

7. Vuelva a taladrar el agujero a un tamaño ligeramente mayor que el nuevo barrote o listón. Utilice un escoplo para un agujero escuadrado. Corte a su longitud la pieza nueva, recordando añadir la profundidad del agujero (2 agujeros si reemplaza todo el barrote) en el extremo.

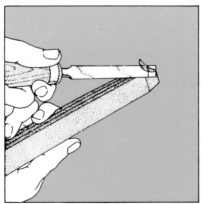

8. Ahuse el extremo con papel abrasivo para que ajuste apretado en el alojamiento. Aplique una gota de cola de base celulósica y colóquelo en su lugar. Ahuse el otro extremo para casar con la pieza rota.

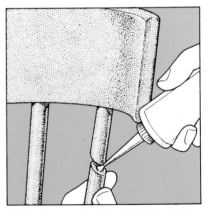

9. Puede ser mejor rebajar, lijándolo, el extremo roto hasta un acabado limpio, antes de insertar el trozo nuevo en el agujero. Si hace esto, recuerde tener en cuenta que la pieza vieja será más corta que la pieza nueva a ajustar. Si es necesario sostenga la pieza nueva hasta que fragüe la cola.

Reparación de sillas

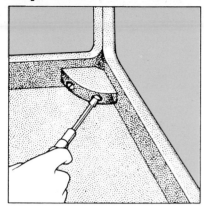

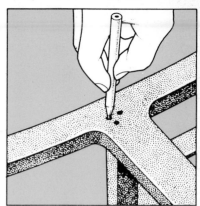

10. Si el respaldo de la silla y las patas traseras son de una sola pieza, como sucede a menudo en el mobiliario de época, o si no hay trabas entre la unión y las patas traseras, el respaldo puede trabajar separadamente del asiento. En tal caso probablemente habrá tacos triangulares por debajo, sujetando las patas al asiento. En las sillas con asiento tapizado puede tener que quitar el recubrimiento o el fondo y el encinchado, para dejar al descubierto las clavijas que sostienen el asiento en su sitio.

11. Quite las clavijas o los tacos taladrando desde detrás o desde el interior del bastidor.

12. Mida la profundidad de los agujeros con un lápiz. Corte nuevas clavijas que sean un poquito más largas y colóquelas martilleando y dé apriete a la silla con gatos o atándola hasta que fragüe la cola.

Reparación de mesas

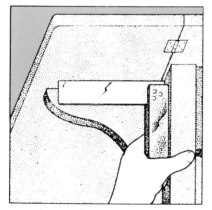

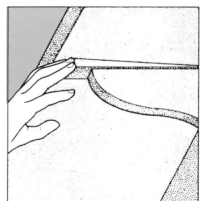

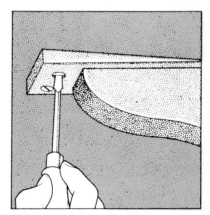

1. Abra las alas de la mesa, saque los soportes y compruebe si la parte alta de los soportes está en contacto uniforme con las alas (una escuadra de talón es útil para esta comprobación).

2. Si la parte alta de los soportes y las hojas no están uniformemente en contacto, introduzca una cuñita de madera dura hasta que el ángulo sea perfecto y el tablero de la mesa quede plano.

3. Si la mesa es muy usada es mejor hacer una cuña más larga de manera que el ala se apoye más firmemente. Atornille la cuña en su sitio por la cara inferior del ala.

Tipos de uniones

Unión ranurada corriente, utilizada a menudo como separador de cajones; proporciona un buen apoyo para cajones pesados.

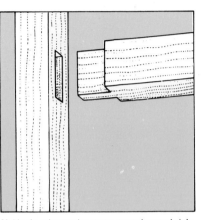

Unión de caja y espiga como se usaba en el siglo XVIII, era siempre encolada.

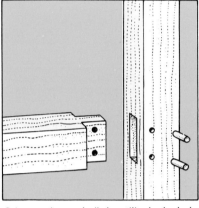

Caja y espiga enclavijada; utilizada desde la época Victoriana en adelante y siempre encolada.

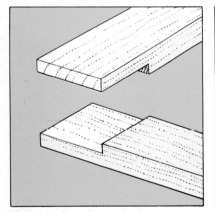

Unión a media madera en ángulo, como se usa en bastidores de paneles de contrachapado baratos.

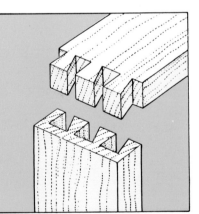

Junta de colas de milano o lazos con solape; utilizada desde el siglo XVIII y siempre encolada.

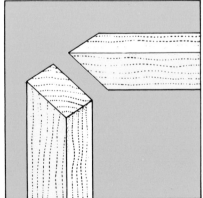

Unión a inglete sencilla, en uso desde el siglo XVII; puede ser encolada o clavada.

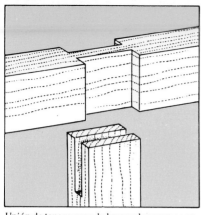

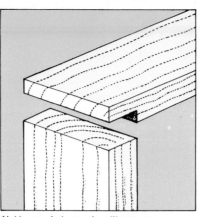

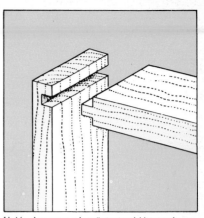

Unión de tenaza; una de las muchas menos corriente que se encuentran en muchos muebles antiguos.

Unión en rebaje; puede utilizarse en recto o en ángulo, encolada o clavada. Se encuentra en mobiliario barato de pino de todas las épocas.

Unión de ranura y lengüeta; también puede ser recta o en ángulo recto. Utilizada principalmente desde el siglo XIX en adelante.

Reparación de uniones

Para reparar uniones encoladas se necesitan las siguientes herramientas y productos: cuchillo embotado o rasquete, agua, disolvente de cola de base alcohólica, cola para madera y un gato adecuado. Para juntas enclavijadas se necesitarán también un serrucho pequeño, sierra de recortar, taladro, formón o escoplo y un trozo de varilla para clavijas. Para reparar las uniones de espiga las herramientas y materiales incluyen serrucho, formón o escoplo, martillo, cola para madera y trozos de madera dura para cuñas.

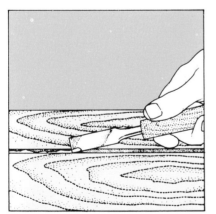

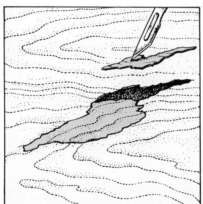

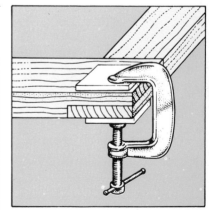

1. Después de separar la unión cuidadosamente quite toda la cola vieja con un cuchillo embotado o un rasquete. Luego utilice agua caliente o disolvente de base alcohólica para quitar cualquier cola que pueda quedar. Puede utilizarse un palito para aplicar el disolvente cuando trabaje con colas muy solubles en agua.

2. Guarde siempre incluso las astillas más pequeñas de madera o chapa y encólelas en su sitio después de que se haya endurecido la unión principal.

3. Dé apriete siempre al trabajo mientras fragua la cola, ya que una buena unión depende del ajuste cerrado de madera con madera no de la cola en sí. La mayoría de los pegamentos fraguan completamente en 24 horas, pero para estar seguro compruebe las instrucciones del fabricante (evite los pegamentos baratos de vinilio que se separan en capas). Promueva el secado manteniendo la temperatura de la habitación a 20 grados centígrados.

Reparación de uniones. Continuación

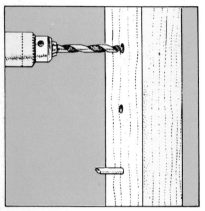

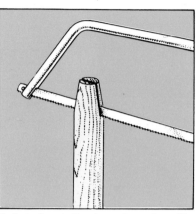

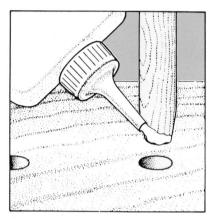

Reparación de uniones enclavijadas

4. Sierre las clavijas rotas a ras con la madera en la que están insertadas. Luego elimine taladrándolos los trozos de clavija que quedan. Esto requiere generalmente una broca de 3 a 7 mm, pero en cualquier caso utilice una broca de un tamaño menor al de la clavija (cualquier cosa que quede después del taladrado puede eliminarse con un escoplo estrecho).

5. Corte las clavijas de un trozo de varilla comprado, de diámetro similar, calculando la longitud de la nueva clavija para que llene la profundidad de los agujeros que se acaban de taladrar más la profundidad del otro agujero en que se ha de introducir. Ahuse los extremos con un formón y corte una entalla en un extremo utilizando una sierra de recortar. Talle también un pequeño canal en V a lo largo de la parte de la clavija que se introduce en el agujero para permitir que salga la cola sobrante.

6. Aplique cola para madera o pegamento de uso general en cada extremo de la clavija e insértela firmemente. Si la clavija está sana pero se ha aflojado, limpie la cola vieja de la clavija y del agujero con un rasquete y agua caliente y luego aplique cola nueva. Tanto si se usan clavijas viejas como nuevas puede necesitarse un gato en C para sostener las piezas encoladas durante unas pocas horas; alternativamente ate la unión con cordel.

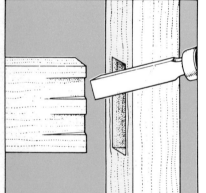

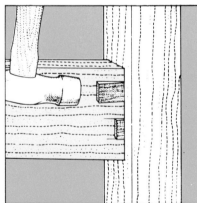

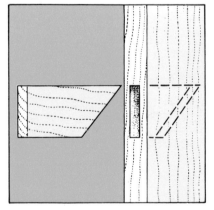

Reparaciones de uniones de mortaja y espiga

7. Si una unión de mortaja y espiga se ha aflojado encolarla resolverá a menudo el problema. Si no es así corte cuñas de una madera dura sin veta pronunciada, tal como haya o caoba. Sierre o corte con formón las cuñas de la longitud adecuada y del ancho de una tabla. Talle dos o tres ranuras en bisel del ancho de las cuñas en el extremo de la espiga con un formón afilado.

8. Recubra las cuñas con cola para madera y métalas en las ranuras de la espiga introducida, golpeando con un martillo. Las cuñas pueden sobresalir ligeramente pero este exceso puede quitarse con un formón una vez se haya secado la cola.

9. Si una espiga se ha chascado en su mortaja debe cortarse y ajustarse una nueva espiga. Recorte la vieja espiga rota a ras de la mortaja. Talle sacando de la mortaja una pieza en forma de cuña. Corte una nueva espiga de la misma forma, recordando que debe ser más larga que la pieza sacada de la mortaja. Encole y ajuste en su sitio la nueva pieza. Cuando la cola se haya asentado la espiga reparada puede ajustarse y encolarse en su sitio.

Cambio de vidrios

Para reemplazar un vidrio reúna las siguientes herramientas y productos: hierro de soldar, cuchillo de vidriero o un cuchillo de cocina embotado, cartón, masilla, guantes, sisa de dorar y pinturas al óleo de artistas (opcional) y el vidrio cortado a la medida.

1. Quite todo el vidrio roto que sea posible. Utilizando un hierro de soldar para ablandar la masilla, quítela, en trozos pequeños cada vez. Tenga cuidado de no quemar la madera que rodee al vidrio (la moldura) o tendrá que reacabarla.

2. Cuando la masilla se ablanda levántela quitándola un poco cada vez con un cuchillo embotado o un cuchillo de vidriero.

3. Quite todos los trocitos de cristal sobrantes golpeándolos suavemente con el mango del cuchillo de vidriero. Utilice guantes cuando haga esto. Para reemplazar el vidrio corte una pieza de cartón que se ajuste al interior de la madera y luego recorte unos 2 mm alrededor del borde. Obtenga un cristal recortado a este tamaño y asegúrese de tener un trozo del cristal roto para igualar el espesor. Amase la masilla nueva sobre un papel de periódico para quitar el exceso de aceite de linaza.

4. Para igualar el color de la masilla con el de la madera prense un hoyito en el centro de la masilla y llénelo con sisa de dorar. Amase la masilla y la sisa hasta que ésta sea absorbida. Agarre un trozo pequeño de masilla y prénselo a lo largo del interior de la moldura avanzando su trabajo alrededor del bastidor colocando un poco cada vez y solapando los nuevos trozos de masilla.

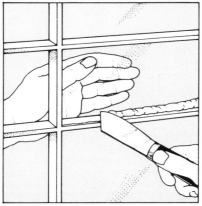

5. Oprima suavemente el nuevo cristal en la masilla asegurándose de que asienta recto y no hay huecos en la masilla que lo sostiene. Apoye el cristal desde dentro con una mano mientras rasca el exceso desde el exterior con un cuchillo de vidriero o una rasqueta.

6. Haga otro rollo delgado de masilla y prénselo contra el vidrio por el interior formando la inclinación correcta entre el vidrio y la moldura de madera añadiendo otra vez los trozos a medida que avanza. Asegúrese de que la masilla no se ve desde el exterior. Pinte la masilla con óleos de artista para igualarla lo más posible a la moldura de madera.

Reparación de madera abarquillada

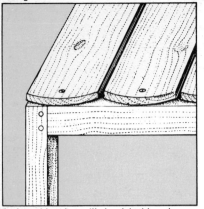

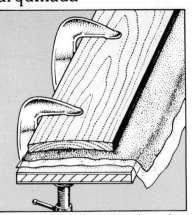

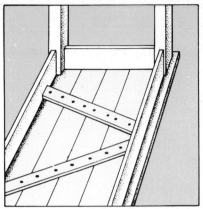

1. Las tablas abarquilladas del tablero de una mesa, así como las de una cubierta deben tratarse siempre individualmente. Suelte cada una de su base con un destornillador, pues corrientemente sólo están sujetas por tornillos.

2. Extienda una hoja de plástico sobre un largo de tablero alistonado o cualquier otra pieza de madera plana. Extienda una tela mojada sobre el plástico y ponga la tabla abarquillada con la cara cóncava hacia abajo sobre la tela mojada. Esta posibilitará que las fibras de la cara cóncava de la tabla se dilaten. Apriete la tabla con gatos y déjela durante la noche. Si usted carece de espacio y herramientas para esta operación hay una alternativa simple: coloque las tablas con la cara cóncava hacia abajo sobre hierba mojada durante la noche.

3. Por la mañana el abarquillado habrá desaparecido, pero es esencial reajustar las tablas sobre el mueble tan pronto como sea posible una vez se haya corregido el abarquillado. Sin embargo asegúrese de colocar refuerzos por debajo o volverá a producirse el abarquillado. Las tablas deben dejarse secar antes de aplicar el acabado necesario.

Reparación de madera rajada y reemplazo de molduras

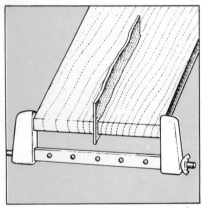

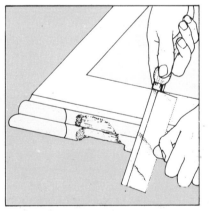

1. Es imposible encolar y apretar una pieza rajada. Es mejor introducir una pieza de chapa en forma de cuña en la grieta. Dé forma de cuña a la chapa cortándola con un cuchillo afilado, estirando la madera sobre la hoja de un cepillo o lijándola con papel abrasivo. Utilice cola para madera para fijar la chapa en su sitio, luego apriétela con gatos o peso. Una vez se ha asentado la cola cepille (si es necesario) y lije la chapa hasta que quede al ras con la superficie.

2. Si se ha estropeado una pieza de moldura corte en ángulo los extremos de la parte estropeada de la moldura original utilizando un serrucho, luego alíselos lijándolos. Luego corte un largo a juego, de diseño similar, para ajustarse al hueco, aplique cola de madera a lo largo del trozo y a ambos extremos e introdúzcalo, sosteniéndolo temporalmente en su sitio con un clavo fino.

3. Alternativamente si no puede encontrarse una moldura similar, puede encolarse en su lugar un largo de madera como se muestra arriba. Cuando la cola ha fraguado el nuevo taco de madera puede tallarse con gubias para igualarlo a la moldura existente.

Los acabados decorativos que se muestran en la lámina opuesta son (de izquierda a derecha y de arriba a abajo): Marco de cuadro de imitación de mármol negro metalizado; panel tríptico de vidriado metalizado; panel partido de pintura al vinagre; marco con molduras antiguas glaseado y tratado con rodillo de trapo (abajo a la izquierda); tres esquinas de molduras marmoleadas y una envejecida; caja de imitación de mármol negro; caja negra estarcida con polvo metálico; marco de espejo con imitación de mármol y marquito y caja de imitación de carey.

Reemplazo de chapeados perdidos

Si un trozo de chapa está estropeado y se ha de insertar un trozo nuevo, siga las instrucciones para quitarlo que se dan más adelante. Cuando seleccione las chapas para igualar al original busque según la dirección y el tipo de veta más que por el color, que puede ser variado con tintes (ver páginas 40-41).

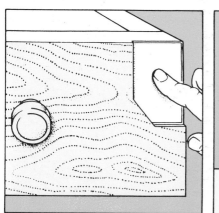

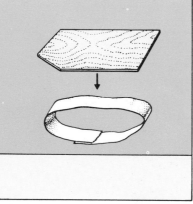

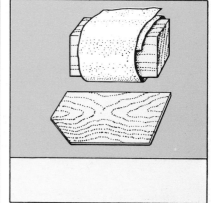

1. Las chapas modernas son tan delgadas que la pieza nueva puede quedar más baja que la chapa original que la rodea. Si es así recorte una pieza de papel tisú ligeramente más pequeña que la pieza nueva y encólela en su sitio. Déjela secar y luego encole encima la nueva pieza de chapa. Si el papel no logra levantar suficiente la chapa nueva, puede ser necesario utilizar dos piezas de chapa o colocar debajo madera de balsa.

2. Si la pieza nueva es demasiado gruesa, líjela por debajo hasta que la superficie de la chapa quede a nivel de la zona de alrededor. Para sostener la pieza de chapa mientras se lija haga un anillo de cinta adhesiva de enmascarar fije un lado a la cara superior de la pieza y oprima el otro hacia abajo sobre la superficie de trabajo.

3. Si la superficie a lijar es pequeña haga un taco de lija pequeño de 40 × 40 × 40 mm de corcho o madera y envuélvalo en papel abrasivo. Lije la cara inferior de la pieza de chapa en favor de la veta.

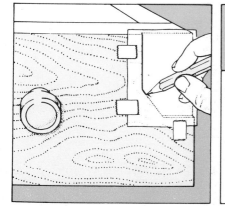

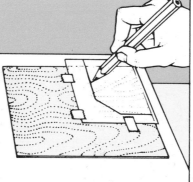

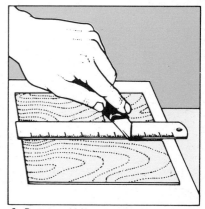

4. Si el borde de la chapa está mellado lo cual sucede a menudo en las esquinas de los cajones, recórtelo con el cuchillo para darle un borde regular. Haga una plantilla trazando la zona a reemplazar, con un lápiz afilado sobre un papel transparente, tal como papel vegetal (fijar el papel en su sitio con cinta adhesiva hará más fácil lograr un trazado cuidadoso).

5. Frote el dorso del papel con lápiz blando hasta que aparezca gris oscuro. Coloque el papel, con la cara del trazado hacia arriba, sobre el trozo de chapa nueva y pase de nuevo el lápiz sobre el trazado calcando éste sobre la superficie de la madera.

6. Recorte cuidadosamente la figura con una hoja de afeitar de un solo filo o una cuchilla de hojas cambiables y una regla de acero. Encole cuidadosamente la figura recortada en su sitio con cola para madera (de base celulósica) o pegamento de uso general y cárguelo con peso si es necesario.

Los acabados decorativos que se muestran en la lámina opuesta son (de izquierda a derecha y de arriba a abajo): Biombo de habitación de niños en recortado (en el fondo); remate dorado apoyado sobre una arqueta pintada con un dibujo de laqueado francés; dos paneles pintados al vinagre; caja de estaño laqueada con dibujo de pinceladas puesta encima de dos cajas redondas decoradas con esponja; y, puestas encima de un arca para mantas de imitación de madera; un recogedor de migas laqueado, caja moderna laqueada, caja estarcida en negativo, caja con tapa redondeada estampada, panel de puerta inglés laqueado, caja de imitación de carey con dibujo en relieve sobre una caja de paneles pintados y en primer término una bandeja pintada a mano.

Reemplazo de chapeados perdidos. Continuación

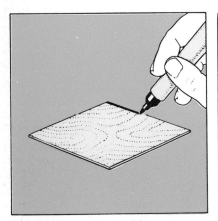

7. Asegúrese de que la veta del trozo nuevo va en la misma dirección que el de la antigua y si las otras piezas incrustadas de chapa tienen líneas negras alrededor de ellas utilice un rotulador de fieltro oscuro para contornear la nueva figura.

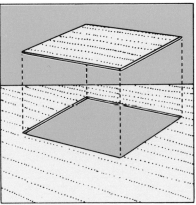

8. Cuando reemplace chapa de una zona central siga el mismo procedimiento que para parchear una esquina. Al parchear madera de veta recta, haga rectos los bordes de la pieza a cambiar en forma de rombo. Haga una plantilla como antes y copie la figura de la nueva pieza de chapa. Asegúrese de que la veta de la nueva pieza se alinee con la antigua. Recorte el parche de manera que los bordes estén inclinados hacia adentro en la parte inferior, luego encólelo en su lugar.

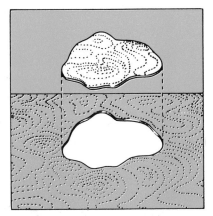

9. Para que se vea bien la chapa de veta arremolinada necesita un parche irregular. El método es exactamente el mismo dado anteriormente en los pasos 1 a 7. Para lograr un ajuste exacto en una figura irregular recorte el parche un poco más grande y colóquelo sobre la zona perdida.

Trace alrededor de la nueva pieza con una punta aguda de manera que el perfil quede marcado sobre la superficie original. Luego corte el trozo original para ajustarse al parche. Encole como antes.

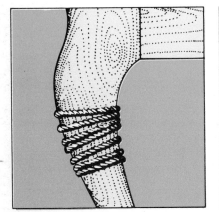

10. Cuando cambie chapa sobre una superficie cóncava o convexa use un pegamento de contacto. La adherencia será instantánea y difícil de cambiar, por lo que debe aplicar la pieza nueva muy cuidadosamente. Para zonas más grandes aplique cola para madera de base celulósica y luego envuelva cordeles húmedos cerradamente sobre las piezas encoladas; la madera se apretará al secarse y sostendrá la nueva pieza en su sitio.

11. Se llama craquelado a la red de grietas finas que a menudo recubre la superficie de los muebles más antiguos. Si es necesario reemplazar un trozo de chapa craquelado puede reproducir el efecto humedeciendo y luego secando la pieza nueva de chapa de la forma siguiente. Para saturar la chapa sumérjala en agua sosteniéndola con un peso durante 15 a 30 minutos hasta que no pueda absorber más.

12. Luego plánchela entre dos piezas de papel fino con la plancha muy caliente lo cual la socarrará y producirá grietas finas. Recórtela a la figura necesaria con escalpelo como se ha explicado antes en los pasos 1 a 7 y encólela en su sitio. Como alternativa humedezca la chapa, agárrela con unas pinzas y entiérrela en la arena caliente limpia que se haya calentado en una bandeja vieja a un calor bajo. Deje la pieza con la arena hasta que se craquele.

Reparación de chapa indentada

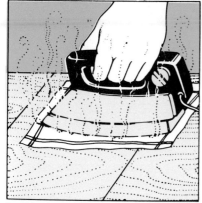

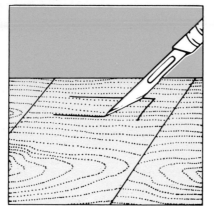

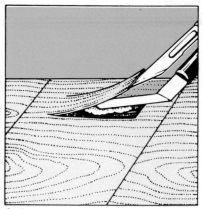

1. Si la chapa está indentada pero la madera del soporte está intacta, la solución es hacer que las fibras de la madera del soporte se hinchen. Empape un trapo de algodón o un pañuelo de caballero en agua, exprímalo y colóquelo sobre la madera. Ponga una plancha muy caliente sobre el trapo húmedo de manera que se forme cantidad de vapor. Quite la plancha después de unos segundos; no la mantenga demasiado tiempo, pues esto puede afectar el acabado de goma laca o la cola de debajo. Compruebe bajo el trapo para ver si la marca ha desaparecido.

2. Si el tratamiento anterior no ha resultado, es probable que la madera de debajo de la chapa esté también marcada. Si es así levante la chapa cortándola por encima de la marca y a lo largo de la veta, doble la chapa hacia atrás cuidadosamente recogiendo cualquier fragmento que pueda saltar.

3. Cuando la madera blanda de soporte quede expuesta rellene la indentación con masilla para madera utilizando una espátula o un palito de cerilla para zonas pequeñas. Deje secar la masilla completamente; se contraerá ligeramente a medida que se seca, por lo que siempre debe sobrerrellenar. Déjela secar. Encole la chapa por detrás, cubra la zona encolada con cartón y coloque pesos encima.

Si la madera base está astillada la chapa que recubre la astilladura puede tener que quitarse de manera que la base pueda verse y rellenarse como anteriormente.

Reparación de chapa ampollada

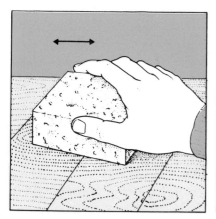

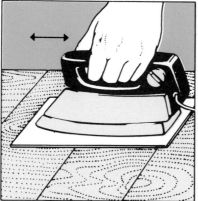

1. A menudo las chapas se encolan con cola soluble en agua o cola animal; la cola insuficiente o la humedad llevan a veces al desarrollo de pequeñas ampollas en la chapa. Pruebe frotando un taco de corcho pequeño hacia delante y hacia atrás a través de la ampolla. A veces el calor de fricción nivelará la ampolla y el acabado es menos probable que se dañe.

2. Si esto no resulta, ponga un trozo de cartón sobre la zona ampollada y pase con gran presión una plancha caliente, lentamente hacia delante y hacia atrás sobre el cartón hasta que la ampolla se haya ablandado. Deje un objeto pesado sobre el cartón durante 24 horas y la chapa se habrá vuelto a pegar.

3. Si lo anterior falla puede ser necesario aplicar más cola debajo de la chapa. Para hacer esto corte la ampolla por el centro a lo largo de la veta con un escalpelo, una cuchilla de afeitar o una cuchilla de hojas cambiables.

Reparación de chapa ampollada. Continuación

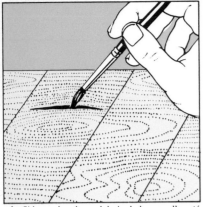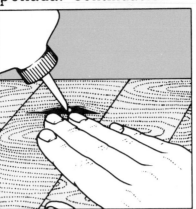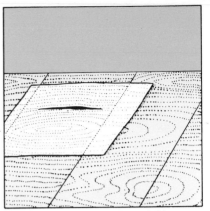

4. Si la madera base debajo de la ampolla está polvorienta o arenosa intente quitar el polvo con la punta de un pincel.

5. Para facilitar el encolado apriete hacia abajo un lado de la ampolla cortada. Esto abrirá hacia arriba el otro lado. Introduzca una gota de cola para madera de base celulósica con la boquilla del recipiente o un alfiler untado en cola, según sea el tamaño del corte. Trate el otro lado de la ampolla de la misma manera. Exprima el exceso de ambos lados y enjugue con un trapo limpio ligeramente húmedo.

6. Ponga un trozo de papel de seda blanco sobre la zona encolada y cárguelo con libros. Si se utiliza un pegamento de vinilio, después de escurrir el exceso ponga un papel de seda sobre la zona y planche con la plancha tibia, no caliente. Desconecte la plancha y déjela en el sitio a enfriar. La cola se agarrará a medida que se enfría la plancha.

Remoción de chapa

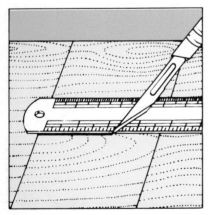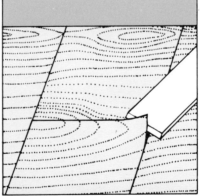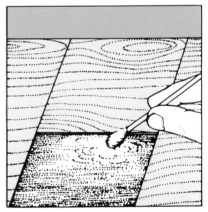

1. A veces la chapa está tan dañada que han de quitarse pequeños parches o grandes zonas y luego reemplazarlas. Quite una pequeña zona o una sola pieza utilizando un escalpelo o cuchilla de hojas reemplazables. Al principio apriete ligeramente la cuchilla y luego aplique más presión hasta que encuentre la madera de base. Para zonas más grandes o chapa que se resiste, antes de aplicar la presión rasque primero cuidadosamente alrededor de la zona con una regla de acero.

2. Corte alrededor de la zona y levante la pieza suavemente trabajando desde una esquina. Coloque un formón debajo de la pieza y golpéelo delicadamente con un martillo. Esto levantará suficiente chapa, de manera que el resto puede levantarse estirando con cuidado.

3. Limpie la cola vieja utilizando agua caliente y una esponjita o un algodón pero no deje que nada de agua vaya bajo la chapa de alrededor.

Remoción de las pinturas opacas

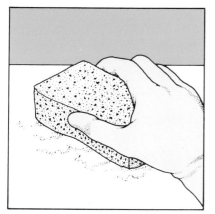

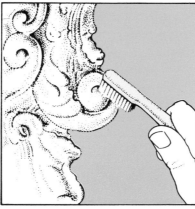

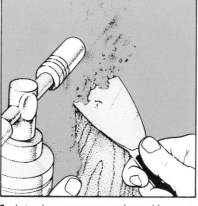

1. Antes de quitar la pintura de una pieza debe limpiarse ésta. Si solamente está ligeramente sucia, lavarla con una solución de tres partes de agua y una parte de vinagre puede ser suficiente. Si está realmente sucia utilice 50 gramos de detergente en un litro de agua caliente. Pase la esponja ligeramente por la superficie. Déjelo durante unos 10 minutos y luego repita la aplicación. No empape nunca la superficie pues el agua puede penetrar por los acabados agrietados o rotos y dañar la madera de debajo.

2. Limpie las tallas sucias con un cepillo de dientes o brocha de afeitar viejos. Enjuáguelas y séquelas con trapos de algodón.

Rascado

3. Quite primero la pintura desprendida o pelada con ayuda de una rasqueta (no confunda esta herramienta con la espátula de empastar; tiene aproximadamente la misma forma pero tiene un filo biselado bastante afilado). Es posible utilizar hojas de afeitar de un solo filo pero éstas son ineficaces en grandes superficies, y no digamos caras y peligrosas, y deben reservarse para hendiduras difíciles. Con el rascado mecánico proceda prudentemente; quita la pintura muy desigualmente y la madera se raya y entalla fácilmente siendo necesario después más empastado.

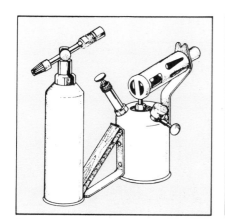

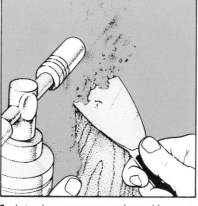

Rascado en caliente

4. Un procedimiento alternativo es el rascado en caliente; la manera más rápida de quitar la pintura, aunque la más peligrosa. Sus desventajas son: que no puede utilizarse en zonas engrosadas ya que la llama afectará solamente la superficie más alta y que una vez la última capa de pintura se ha quitado es fácil tostar la madera de debajo si la lámpara se mantiene demasiado en un lugar. Además la lámpara no puede utilizarse cerca de paneles de vidrio debido a su elevada temperatura (pueden utilizarse las lámparas antiguas de petróleo o las modernas de gas licuado).

5. Antes de comenzar es una buena idea practicar sobre desechos de madera pintada extendiendo detrás una hoja resistente al fuego. La destreza manual es fundamental porque tendrá que calentar la pintura con una mano y rascar la zona fundida con la otra. Comience moviendo la llama de un lado a otro a través de la zona en que se ha de ablandar la pintura, volviendo la lámpara hacia el lado cuando realmente rasque. Sostenga la rasqueta inclinada para evitar que las rascaduras de pintura caliente toquen su mano. Si se produce un socarrado recurra al tratamiento de quemaduras (ver pasos 1 a 6, página 20).

Decapado químico

6. El decapado químico se basa en la acción sobre la pintura de decapantes adecuados (líquidos o en pasta) que hacen que se disuelva y burbujee. Es también ideal para tallas, molduras y cualquier otras zonas difíciles de alcanzar con una rasqueta. Extienda papel de periódico debajo de la pieza y use ropas viejas, guantes de goma y gafas para proteger sus ojos. Aplique el decapante con una brocha vieja trabajando en un trozo pequeño cada vez. Trabaje en un lugar bien ventilado porque los vapores son insalubres.

Remoción de pinturas opacas. Continuación

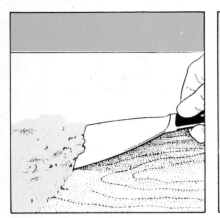

7. Cuando la pintura comience a burbujear quítela rascando con la rasqueta. Si hay varias capas de pintura necesitará varias aplicaciones de decapante. Las rascaduras de la pintura son cáusticas y pueden quemar la piel; por ello, después de que haya acabado, bárralas y tírelas cuidadosamente a la basura. No las queme. Asegúrese siempre de seguir las instrucciones del fabricante, porque la madera puede tenerse que neutralizar después de aplicar algunos decapantes.

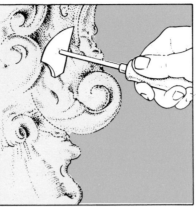

8. Si la pieza tiene muchos detalles complicados de talla o molduras, o simplemente tiene muchas entallas necesitará utilizar un rasquete de gancho combinado, un formón o un trozo de vidrio roto, con un extremo encintado para proteger su mano. Una vez ha quitado todos los rastros de pintura lave la pieza con agua y enjuáguela con un trapo saturado de alcohol desnaturalizado.

Decapado con sosa cáustica

9. El decapado con sosa cáustica es espectacular y especialmente eficaz en piezas grandes. Sin embargo debe hacerse en el exterior con una manguera de jardín a mano. Use gafas, ropa fuerte y guantes de plástico (no de goma). Utilice sosa cáustica, potasa o uno de los productos cáusticos que se venden para desatascar tuberías. Añada un puñado a un litro de agua (o haga una pasta añadiendo harina y removiendo hasta que se espese). Aplíquela con un estropajo o esponja. La espuma significará que el producto químico está actuando. Si no sucede nada añada más agua y espere.

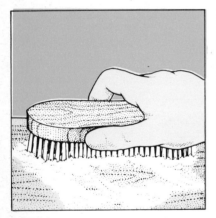

10. Para acelerar los métodos anteriores rasque con un cepillo para aflojar la pintura, pero no deje que la superficie tratada se seque. Una regadera de agua de rociado fino es perfecta para mojar la zona. Para tratar zonas curvas tumbe el objeto y quite la pintura utilizando un cepillo de dientes y/o un cuchillo embotado teniendo cuidado de no entallar la madera. Lave abundantemente y aplique la pasta o líquidos anteriores a cualquier zona no afectada por la primera aplicación.

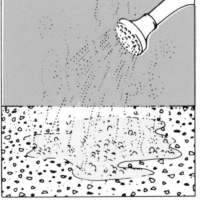

11. Una variante de la misma técnica es espolvorear cristales de sosa cáustica directamente sobre la superficie a desnudar extendiéndolos uniformemente. Vierta encima agua muy caliente utilizando una regadera con un rociador de agujeros muy finos. El resultado puede ser una efervescencia instantánea pero tenga cuidado con los vapores nocivos. Repita si es necesario.

12. Despues de ambos tratamientos con sosa cáustica anteriores lave la pieza muy bien, de lo contrario puede aparecer una ligera película o eflorescencia. La sosa también puede ablandar la mayoría de las colas, por ello es útil un lavado completo a chorro de las grietas y entallas para eliminar la sosa; finalmente lave con un cubo de agua limpia neutralizada con una taza de vinagre. Además puede ser necesario blanquear algunas maderas después de este proceso (el roble y el castaño se oscurecen mientras que el cerezo enrojece) y lijar la pieza (ver pasos 1 a 3 en la página opuesta).

Remoción de acabados transparentes

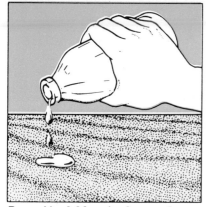

Remoción del barnizado a muñeca con goma laca

1. El barnizado de goma laca sólo puede quitarse de una zona pequeña cada vez. Antes de comenzar el trabajo extienda papeles en el suelo, póngase guantes de goma y abra las ventanas. Luego aplique una gota de alcohol desnaturalizado en una esquina de la pieza. Pueden usarse también amoníaco líquido fuerte o quitapinturas adecuados, pero los vapores de éstos son incluso más desagradables que los del alcohol.

2. Frote el acabado con un trozo de lana fina del tamaño de los dedos hasta que aparezca una «salsa» ligera. Recuerde trabajar a favor de la veta, no a su través o en círculos. La «salsa» significa que el acabado está cediendo. Enjuáguelo rápidamente con trapos absorbentes, algodón en rama, toallitas de papel o papel higiénico. Este último es probablemente lo mejor porque usted puede poner sus dedos enguantados en el agujero central y desliar trozos de él rápida y fácilmente. Continúe hasta que el papel o el trapo no muestre signos de tinte marrón. Deje secar y vuelva otra vez a ello.

Remoción de barnices

3. Quitar el barniz o laca requiere paciencia por el número existente de tipos diferentes. Trabaje en una habitación bien ventilada, extienda papeles de periódico, utilice guantes de goma y ropas protectoras. En un sitio no visible de la pieza ensaye los siguientes disolventes, en este orden: trementina, alcohol desnaturalizado, quitapinturas comerciales, acetona, amoníaco, sosa cáustica y una solución fuerte de borax. Aplíquelos con una brocha vieja; luego frote o rasque el acabado viejo utilizando lana de acero o una rasqueta, trabajando a favor de la veta.

Blanqueado y lijado

Si cuando la madera está desnuda hay en ella un tinte o parece demasiado oscura, puede blanquearse. Ensaye blanqueadores de madera comerciales, hipoclorito sódico o ácido oxálico cristalizado. Añada cristales al agua en la proporción de 30 gramos por 0,3 litros. Aplique con una brocha vieja. Lave con 30 gramos de borax por medio litro de agua, seguido por un aclarado. Deje secar durante 24 horas. Una alternativa es añadir una parte de amoníaco de 0,88 a 5 partes de agua aplicándolo con una brocha vieja y lavar con una parte de agua oxigenada de 100 volúmenes por 2 partes de agua (esto puede también quitar el color rojizo de la caoba). Sea cuidadoso; los blanqueadores son fuertes y algunos son venenosos.

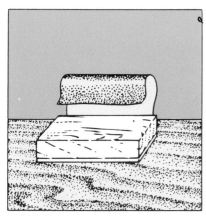

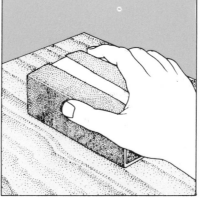

1. El desnudado y blanqueado levantará la veta de la madera ligeramente, por lo que es necesario un ligero lijado. Haga un taco de lija con una pieza de corcho, goma o madera del tamaño de la mano con fieltro en una cara. Envuelva el taco con papel abrasivo.

2. Si tiene que lijar una superficie muy grande utilice un ladrillo; envuelto primero en tejido de algodón y luego en papel abrasivo. El peso y tamaño del ladrillo hace más fácil un trabajo grande. Cualquiera que sea el tamaño del taco que use, lije siempre en favor de la veta nunca a través o en círculos.

3. No redondee nunca las aristas de la madera, sólo líjelas ligeramente con papel abrasivo fino. Use primero un papel abrasivo medio fino en el taco de lijar y luego un grado más fino. Cuando se ha terminado el lijado la pieza está lista para aplicar el nuevo acabado.

Llenado de los poros

1. Además de lijar después de quitar la pintura o blanquear, es necesario llenar la veta o poros de la madera para lograr una superficie perfecta antes de teñir, aplicar goma laca o barnizar. No llene el poro antes de aplicar aceite de linaza, aceite de teka, cera o acabados de petrolato.

Hay productos tapaporos ya preparados o puede hacerse el suyo propio: tiña yeso escayola (a menos que desee una veta blanquecina) con pigmento en polvo pardo de Van Dick para usarlo en roble oscuro o nogal; utilice ocre rojo para la caoba.

2. Unte un trapo húmedo con el yeso teñido y aplíquelo con un movimiento circular de manera que llene la veta. Acabe frotando en el sentido de la veta. Déjelo secar completamente. Asegúrese de que los poros se ven y se sienten sellados; frote su mano a través de la superficie y ésta debe sentirse lisa. Cuando se seque alísela con un papel abrasivo muy fino frotando en sentido de la veta.

3. Un método alternativo, que es ideal para tapar los poros antes del barnizado a muñeca con goma laca, es utilizar polvo de piedra pómez: tamice la piedra pómez, luego humedezca una almohadilla de trapo de algodón limpia en alcohol desnaturalizado; unte la almohadilla en el polvo de pómez tamizado y cubra toda la superficie utilizando un movimiento en pequeños círculos con presión suave y uniforme, de manera que cubra la veta completamente en todas direcciones; si es necesario sacuda la almohadilla y vuelva a doblarla presentando una cara limpia.

Teñido

Tintes al agua

1. Mezcle los colores al agua como se indica en el paquete, pero comience siempre con una aplicación clara y pruebe primero el tono sobre un trozo de madera de desecho; siempre es fácil aplicar capas adicionales para lograr un efecto más oscuro, pero es muy difícil aclarar algo que sea demasiado oscuro. Coloque la pieza sobre una gruesa capa de papel de periódico viejo. Aplique el tinte con una brocha limpia, pincelando en la dirección de la veta. Incline ligeramente el objeto y comience la aplicación en la parte más alta de manera que la gravedad le ayude a extenderse. No cargue la brocha con demasiado tinte pues esto produce borrones.

Tintes al aceite

2. Los tintes al aceite se aplican con brocha sobre la madera desnuda, se enjuagan y se dejan secar durante 24 horas. Líjelos con papel abrasivo, frótelos con disolvente sustitutivo del aguarrás y déjelos secar. Para lograr un tono más oscuro repita la operación. Para hacer su propio tinte mezcle 450 a 1.100 gramos de pigmento de pintor (pigmento seco) en 3,125 litros de aceite de linaza cocido. Mezcle en esto una gota de aguarrás y unas cuantas gotas de secante japonés y aplíquelo como se ha indicado anteriormente. Para un tinte de secado más rápido mezcle 450 a 1.100 gramos de pigmento de 1,5 litros de aceite de linaza cocido y añada 3 litros de aguarrás puro.

Tintes caseros

3. Los tintes caseros (ver las fórmulas en la página opuesta) dan los mismos resultados que los tintes preparados, pero son más baratos. Cuando es necesario colar el tinte coloque una media sobre un colador de cocina de malla viejo. Prepare solamente la cantidad de tinte que necesite y añada siempre los cristales al agua hasta que no se disuelvan más, nunca lo haga al revés. Lleve siempre ropas de protección y guantes de goma y pruebe primero el tinte en una zona que no se vea. Todos estos tintes deben ser después barnizados a muñeca con goma laca, barnizados o encerados.

Fórmulas para tintes caseros

Para teñir el roble, la caoba y el nogal de un color marrón vivo utilice cristales de Van Dick, cristales de nogalina o permanganato potásico, pero utilice una solución más débil para el nogal y la caoba.

Disuelva los cristales en agua caliente. Aplique el tinte con una brocha vieja repitiendo si es necesario. Añada una gota de amoníaco de 0,880 lo cual fija el tinte a la madera, pero tenga cuidado ya que los vapores son desagradables y el líquido pica. Guarde el tinte en un recipiente fuertemente sellado después de añadir el amoníaco.

Los colorantes de anilina también teñirán la madera con una variedad de marrones. Los colorantes se presentan en forma de polvo y se aplican lo más fácilmente cuando se mezclan con agua, pero también son solubles en aguarrás o aceite. Trátelos con cuidado porque son extremadamente venenosos. Para lograr un tinte marrón oscuro mezcle el pardo Van Dick con pardo Bismark o con negro.

Mezcle cada polvo separadamente en agua caliente. Añada 7 cm cúbicos de cola y una gota de vinagre a cada uno. Mézclelos entre sí para obtener el efecto deseado; cuanto más agua añada más claro será el tinte. Aplíquelos con una brocha como se ha indicado en la página opuesta.

La capa rosa verde o sulfato de hierro da al roble un tono gris azul. Apaga el rojizo de la caoba y aplicado al sicomoro produce un tono gris, sin embargo es venenoso por lo que no debe dejarse nunca al alcance de los niños o animales domésticos.

Disuelva los cristales en agua caliente que se volverá verde sucio. Aplíquelo uniformemente con una brocha vieja como se ha indicado anteriormente. A medida que se seca la madera comenzará a verse el efecto gradualmente.

Para oscurecer el roble y la caoba ligeramente puede utilizar amoníaco de 0,88 mezclado con agua. Sin embargo trate de no inhalar los vapores extremadamente desagradables y no deje que el líquido toque su piel desnuda. Si puede trabaje al aire libre. Después de una hora de expuesta al aire la mezcla perderá su fuerza, así que trabaje rápidamente o mezcle una nueva cantidad.

Para oscurecer la caoba o dar un marrón verdoso al roble utilice bicromato potásico. Disuelva los cristales de color naranja profundo en agua hasta que el agua no pueda absorber más. Diluya si es necesario después de haber probado algo del tinte sobre un lugar no visible y déjelo secar. Si el resultado es satisfactorio aplique el tinte al resto de la pieza con una brocha, como se ha indicado anteriormente. Siempre es lo mejor aplicar los tintes a la luz del día o, a falta de ella, en un lugar bien iluminado, pero este tinte en particular debe aplicarse a la luz del día para asegurar la extensión uniforme del color. El tinte en sí es de un naranja profundo pero el resultado final dependerá del tipo de madera.

Para «envejecer» roble puede utilizar potasa cáustica. El roble tratado con esta solución se volverá de un color marrón profundo y la veta se oscurecerá.

Disuelva los cristales en agua hasta que el agua no absorba más. Aplique la solución a la pieza con una brocha y luego déjela secar.

El mobiliario de roble ahumado fue popular en los años 1920 y 1930. El procedimiento siguiente teñirá una pieza de madera nueva para utilizarla en la reparación de roble ahumado.

Eche algo de amoníaco de 0,88 en una cacerola, ponga la pieza dentro de un saco de plástico cerrado junto con la cacerola de amoníaco. Los vapores comenzarán a colorear la madera casi inmediatamente. Observe la madera hasta que esté del color correcto. Para «ahumar» una pieza más grande, aplique con brocha una solución diluida de amoníaco en agua sobre la pieza, lavándola al chorro cuando se logre el efecto deseado.

Acabados de protección transparentes: cera de abejas

La cera de abejas es un acabado clásico para mobiliario antiguo, apreciado por los comerciantes y coleccionistas de todas partes. También puede usarse para suelos de madera o linóleo de tipo antiguo, pero no sobre suelos modernos de vinilo o mobiliario acabado con plásticos. Da un brillo mate suave y agradable pero es ligeramente untuosa al tacto y tiene tendencia a atraer el polvo. Añadiendo algo de cera de carnauva o resina en polvo en las proporciones de 1 a 4 puede quedar un acabado más brillante, más duro y menos untuoso. Compre cera de abejas blanqueada si el pulimento va a ser utilizado en maderas claras y sin blanquear si es para maderas más oscuras. Aplíquelo después de lijar y teñir.

1. Use 100 gramos de cera por 250 cm cúbicos de aguarrás puro. Raye la cera de abejas en copos utilizando un rayador de queso.

2. Ponga los copos de cera en un cuenco o lata limpia y cúbralos en aguarrás puro (nunca disolvente sustitutivo del aguarrás).

3. Coloque el recipiente dentro de otro más grande y vierta agua hirviente en este último. Tenga cuidado de no echar nada de agua en la cera y el aguarrás, mantenga el aguarrás lejos del fuego.

4. El calor hará que los copos se disuelvan en el aguarrás. Para acelerar el proceso agite con una espátula de madera. Si los copos no se disuelven completamente vacíe el recipiente exterior y ponga en él más agua caliente.

5. Ponga el líquido en un tarro o lata limpios pero no lo tape durante 24 horas. Puede producirse un pulimento marrón añadiendo al líquido pigmentos de siena tostada o sombra natural antes de que fragüe y mezclándolos bien.

Esto oscurecerá gradualmente la superficie en que se aplique. Alternativamente puede producir un pulimento negro añadiendo negro de humo.

6. Aplique una fina capa de pulimento a la superficie limpia y seca y frote con un trapo blando limpio. Repita tan a menudo como sea necesario recordando que varias capas delgadas son mejor que una gruesa.

Acabados de protección transparentes: aceites naturales

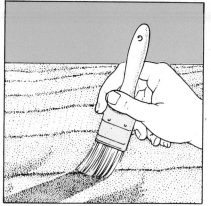

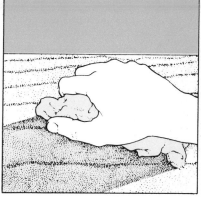

1. Otro acabado natural transparente que puede aplicarse a la madera desnuda es el aceite de linaza cocido. Proporciona un brillo ligero pero con sucesivas aplicaciones se engrosará dando una pátina agradable. Ponga el aceite de linaza cocido en un vaso de vidrio o porcelana y luego ponga éste en una cacerola de agua caliente, hasta que el aceite se note caliente al tacto.

2. Aplique el aceite con una almohadilla de algodón limpia o una brocha de pintar de 5 cm limpia, trabajando en dirección de la veta. Continúe aplicando el aceite caliente hasta que la madera lo rechace; notará esto por el exceso que permanece sobre la superficie. Déjelo reposar durante unas pocas horas, enjuague el exceso con toallitas de papel y deje la pieza hasta que esté completamente seca. Esto puede llevar varios días incluso en una habitación templada; es la desventaja de este método. Si es necesario repita todo el proceso. Finalmente frote fuertemente con un trapo de algodón suave y luego aplique cera de muebles si desea un brillo más alto. Mantenga la pieza bien desempolvada.

3. El aceite de teca puede aplicarse a otras maderas así como a la teca; tiene las ventajas de secar más rápidamente y ser más tenaz que el aceite de linaza. Aplíquelo con un trapo blando o una brocha de 5 cms. Enjugue el exceso después de media o una hora y aplique una segunda capa. Frótelo 36 horas más tarde, o cuando esté seco, con una lana de acero muy fina lubrificada con cera para muebles. Púlalo con un trapo blando. Alternativamente puede frotarse petrolato en la teca o el palo rosa. Quite el exceso después de 24 horas y púlalo con trapo blando.

Acabados de protección transparentes: barnices

Cuando aplique barniz trabaje en una habitación cálida (20 ºC es ideal), limpia y bien ventilada, pero evitando las corrientes de aire. Use ropa de materiales sintéticos y ponga papeles de periódico húmedos debajo de la pieza para evitar que se levante el polvo. Las brochas para barniz son blandas, gruesas y con el borde biselado, para grandes superficies son ovaladas.

El barniz debe ser claro, no debe pegarse cuando se aplica, pero no lo sacuda o remueva; el movimiento ayuda a la formación de burbujas. Selle primero la madera nueva con laca bajo los barnices celulósicos y con celulosa bajo los barnices de laca.

1. Aplique el barniz directamente desde la lata, utilizando una brocha reservada para esto. Una brocha nueva límpiela con aguarrás antes de usarla. Un alambre limpio estirado a través de la lata de barniz y envuelto a sus paredes es ideal para escurrir la brocha. No prense la brocha contra el borde; esto produce burbujas.

2. Aplique el barniz a una superficie de 30 × 30 cms. aproximadamente y luego vuelva hacia atrás cruzando con las primeras pinceladas para dar un acabado uniforme, a menos que las instrucciones del fabricante establezcan otra cosa. Los tiempos de secado varían según el tipo de barniz y las condiciones climáticas. Siga las instrucciones y no aplique la capa siguiente hasta que la anterior no sea en absoluto pegajosa.

3. Entre las capas lije siempre con papel abrasivo muy fino o lana de acero fina y enjugue después de lijar con un trapo humedecido en disolvente sustitutivo del aguarrás. Para obtener un brillo menos duro frote con la lana de acero más fina la capa final y aplique dos capas de cera de abeja o una cera para muebles apropiada.

Acabados protectores transparentes: barnizado con goma laca

El barnizado a muñeca con goma laca es el fundamental, comunicando a la superficie de la madera lijada un brillo muy alto. Puede comprar el barniz de goma laca preparado (también llamado laca para muñeca que se vende con distintos nombres comerciales). Pero puede también hacérselo por sí mismo: disuelva 225 gramos de goma laca, 7 gramos de benzoina y 15 gramos de sandáraca en un litro de alcohol desnaturalizado de alta calidad. (Trate de obtener «alcohol para barnizar» o alcohol para barnizar blanca en cuyo caso prescinda de la sandáraca). Mézclelo todo en un tarro de cristal coloreado y déjelo disolverle. Agite bien el barniz antes de usarlo.

También puede hacer un avivador de goma laca para la superficie de una pieza que haya perdido el brillo: mezcle una parte de aceite de linaza, una parte de pulimento transparente para muebles y una parte de alcohol desnaturalizado juntos en un tarro de vidrio con tapa roscada y sacúdalos bien. Otra receta para avivador es: 4 partes de aceite de linaza, 1 parte de terebeno (un medio secante) y 2 partes de vinagre blanco. Estos también deben agitarse bien entre sí. Use una u otra de estas mezclas tan a menudo como sea necesario.

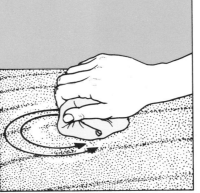

1. Lije primero la superficie utilizando papeles abrasivos de grano más y más fino, hasta que quede perfectamente lisa. Quite todas las trazas de polvo con un trapo ligeramente húmedo. Luego haga la muñequilla de unos 9 cms. de larga y adaptada a la forma de su mano. Envuelva una bola de algodón absorbente en un trapo fino sin pelusa (puede servir un pañuelo de algodón de caballero; si el mueble es grande deben tenerse a mano dos muñequillas), doble los lados opuestos de la envoltura como se muestra.

2. Selle el poro de la madera untando la muñeca en polvo de pómez fino (cernido si es necesario). Cubra la superficie de la pieza trabajando en círculos gradualmente crecientes de manera que pase sobre la veta en todas direcciones. No presione hacia abajo y sacúdala si es necesario. Para hacer que se adhiera el polvo de pómez añada unas gotas del barniz. Pero no utilice demasiado, puede ser chupado por la madera y producir hinchazones o contracción. Cuando se seque la superficie debe estar muy lisa, pero si los poros muestran aún la veta repita el proceso utilizando un poco de barniz como lubrificante.

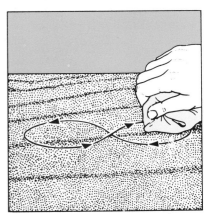

3. Aplique el barniz parcamente sobre una muñeca limpia, trabajando con movimientos en figuras de ocho alargados trabajando con una presión muy ligera. Cada paso de la muñeca debe dejar una película de barniz. Examine su barnizado de vez en cuando para asegurarse de que el trabajo es uniforme. No barnice continuamente; dé ocasión de secarse al barniz. Después de un rato verá que está surtiendo efecto.

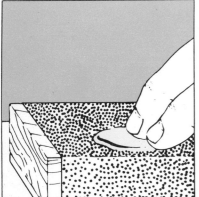

4. Si se pega la muñeca, lubrifíquela con una o dos gotas de aceite de linaza cocido. Después de unas pocas capas de barniz pueden aparecer pequeños defectos causados por su distribución irregular. Estos pueden alisarse por pulido. Compre el grado más fino de papel de lijar al agua y lubrifíquelo con aceite de linaza en lugar de con agua. Envuelva el papel alrededor del taco de lijar, úntelo con aceite de linaza o aceite mineral y aplíquelo con presión suave y uniforme trabajando en la dirección de la veta.

5. Enjugue cualquier exceso con una gamuza o esponja natural seca. Luego continúe barnizando puliendo de nuevo si es necesario. Desarrollará un acabado altamente brillante. Cuando éste parece grueso y uniforme el trabajo está casi completo.

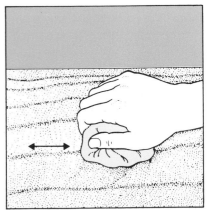

6. Después de dejar 24 horas para el secado de la última capa puede aplicar el toque final. Haga una muñeca limpia y úntela en alcohol desnaturalizado; pásela sobre la superficie muy ligera y rápidamente utilizando movimientos en figura de ocho primero y luego utilizando un movimiento hacia adelante y atrás y más presión trabajando en la dirección de la veta. Esto dará a la superficie el alto brillo deseado.

Preparación para acabados opacos

A veces después de desnudar una pieza quedará decepcionado por la madera descubierta, de vetas sin atractivo, o malamente desfigurada. En tal caso no hay otra elección que aplicar un acabado de pintura opaca, que ocultará completamente el tono y la veta de la madera de debajo. Sin embargo, como se describe en acabados decorativos, páginas 47-49, los tipos de acabados opacos son casi infinitos, yendo desde la gruesa capa de pintura acrílica aplicada en un santiamén a las capas de laca aplicadas a lo largo de varias semanas, como se describe en «Acabados decorativos» páginas 47 a 79.

La elección de la pintura depende del efecto deseado y de la paciencia y habilidad del pintor y del estilo de la pieza en sí. En cuanto a la paciencia piense que la aplicación de la pintura incluso la más simple de base plástica es una ocupación que consume tiempo y nervios.

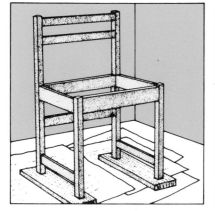

1. Extienda papeles de periódico debajo de la pieza y use ropas hechas de fibras sintéticas. Limpie una brocha de 5 a 7 cms. con disolvente y luego lávela con jabón y agua caliente. Quite los vidrios de los espejos, quite las cubiertas exteriores de las sillas tapizadas, desmonte los asientos o cúbralos con sacos de plástico sujetos con cinta adhesiva, quite las tapas de vidrio de los tableros de las mesas (a menos que la zona de debajo no se haya de pintar); quite los herrajes de las puertas y cajones, saque éstos y póngalos de pie con la cara hacia arriba.

2. Lije la pieza por todas partes utilizando papel abrasivo medio y luego fino, envuelto alrededor del taco de lijar como se ha descrito en el paso 2 de la página 39. Limpie el polvo, limpie con disolvente y deje secar. Sobre la madera nueva o desnuda es necesario tratar los nudos con un sellador apropiado para evitar que la resina rezume a través de las sucesivas capas de pintura.

3. Imprima la pieza con una imprimación para madera con base de aceite (del mismo tono que la capa final de encima) diluida con disolvente. Alternativamente utilice una pintura de base acuosa (emulsión) ligeramente diluida. Con ésta y con las capas posteriores pinte primero la parte alta de la pieza, luego el frente, luego los costados. Deje secar completamente la imprimación. Lije ligeramente utilizando el papel abrasivo fino; quite el polvo y luego frote con un trapo suave saturado de disolvente.

La manera más rápida para preparar madera para acabados opacos

6. En lugar de seguir los pasos anteriores es posible tomar un enfoque menos clásico. Una vez se ha dejado lisa la madera y después de desnudarla y/o blanquearla, aplique cinco capas de yeso sintético mezclado y listo para su uso. (Este yeso es una imprimación de base plástica que se aproxima al material utilizado para ocultar las imitaciones de artesanía de siglos anteriores y es una base perfecta para pinturas brillantes.) Aunque esto suena como más complicado, en lugar de esperar ocho o diez horas para que se seque la imprimación y la capa de fondo, cada capa de yeso lleva solamente unas pocas horas para fraguar a dureza de roca. Frote cada capa con el papel abrasivo de grano más fino, apuntando a una lisura semejante al hueso. Nota: ésta es también la manera ideal de preparar una superficie para el laqueado (ver páginas 68-74).

4. Si es usted un perfeccionista selle esta capa de imprimación con una capa de laca, adelgazada al 50 % con el disolvente recomendado. Siga las instrucciones del fabricante o aténgase a los consejos dados en la aplicación de barniz (ver pasos 1 a 3, página 43). Luego lije otra vez, quite el polvo y frote de nuevo con disolventes o sustituto de aguarrás.

5. Seguidamente aplique la capa de fondo, una pintura altamente pigmentada. Si se desea puede adelgazarse a consistencia de crema, pero debe brocharse bien. Pincele primero en un sentido y luego en el otro con una brocha blanda de 5 cm, deje secar, lije ligeramente, quite el polvo y enjugue como antes, la pieza estará así preparada para la aplicación de cualquier pintura opaca.

Tipos de pintura opaca

Las pinturas opacas se presentan en tres calidades de super-ficie: brillantes o de alto brillo, mates o sin brillo o semimates con un brillo apagado. Las brillantes y semimates se encuen-tran como esmaltes al aceite que se secan dando una super-ficie muy dura en 12 a 16 horas. Los esmaltes se adelgazan o aclaran con disolvente, deben usarse sobre una capa de fondo adecuada y exageran los defectos, por lo que es esencial una preparación inmaculada. Los esmaltes vinílicos están basados en resinas poliacrílicas y a menudo se denominan esmaltes acrílicos y se presentan muy a menudo con brillo pero no muy

brillantes. Pueden estar en forma de gel para su facilidad de aplicación, secan en 2 a 4 horas y son solubles en agua. Las pinturas en aerosoles o sprays son pinturas pigmentadas de base acrílica o celulósica, deben ir también sobre una pintura de fondo. Cuando se aplican adecuadamente proporcionan un acabado brillante, rápido y perfecto y son ideales para recubrir objetos de formas complicadas o texturados, tales como mo-biliario tubular o de mimbre. Su principal desventaja es su gas-to porque gran parte de la pintura se desperdicia durante la aplicación. Además son difíciles de aplicar uniformemente.

Mezclado de los colores de pintura

El mezclado de los tonos deseados es indu-dablemente el aspecto más intrincado del tra-bajo con pinturas opacas. Si no hay problema de dinero compre dos o más tonos y mézclelos hasta que se obtenga el color deseado. Pero hay un método más fácil y barato de tintar, aclarar u oscurecer y puede utilizarse siempre que se mezclen pinturas si es necesario; inclu-so para paredes, suelos, etc. Incluso puede dar color a barnices y lacas.

Primero compre cuatro tubos de tinte uni-versal: amarillo, rojo, negro y azul. Estos tintes están ligados con aceite pero pueden utilizarse para cambiar el color de pinturas al aceite y al agua. Lo que es más son baratos, altamente concentrados y con un poco de paciencia ase-guran las tonalidades más perfectas.

Hay otros tipos de tintes: pigmentos para artista finamente molidos pueden utilizarse de la misma manera, pero necesitan una capa su-perior protectora de barniz o laca ya que son menos duraderos. Para teñir pinturas al aceite pueden utilizarse colores al óleo en tubos. Hay una serie hermosamente grande de colores, aunque las pinturas son caras y secan lenta-mente. Pueden usarse pinturas al guasch que producen hermosos efectos, especialmente cuando se aplican sobre la base de yeso des-crita en el paso 6 de la página 45.

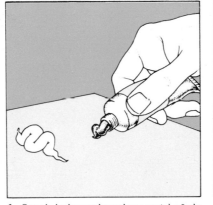

1. Cuando luche con los colores pastel, añada el tinte al blanco, no al revés. Añada gota a gota hasta que logre la intensidad deseada. Para practicar la mezcla trabaje con pequeñas cantidades de pintura sobre un cartón blanco o un papel de paleta de artista, utilizando una espátula de pintar. Tómese tiempo y mezcle hasta que obtenga el tono deseado; al final el esfuerzo será recompensado.

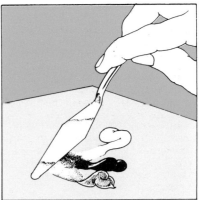

2. Para oscurecer o apagar un color añada ne-gro o su complementario en la rueda de co-lores, por ejemplo, verde al rojo, azul al naran-ja, amarillo al violeta e inversamente (esto úl-timo es un enfoque de artista a la mezcla de colores y no debe intentarse si es demasiado confuso). Para lograr interés puede mezclarse tres o más colores para lograr un tono preciso. Por ejemplo, si se desea un gris azulado la pin-tura azul puede oscurecerse con negro, segui-do por una gota de verde o amarillo para que tome el tono hacia el ultramar.

Aplicación de pinturas opacas

1. Si utiliza el método clásico de imprimar, se-llar y dar una mano de fondo, siga con un li-jado ligero, desempolvado y frotado con di-solvente. Luego aplique la primera mano de esmalte o pintura plástica. Revuelva la pintura hasta que tenga la consistencia cremosa a me-nos que las instrucciones del fabricante digan otra cosa. Para revolver es mejor un batidor viejo de cocina que un tenedor y un tenedor viejo mejor que un palo. Cuando la primera aplicación se haya secado lije otra vez, limpie el polvo, frote con disolvente y aplique la capa final.

2. Cuando el tiempo es esencial y el objeto se ha preparado con capas de yeso sintético apli-que dos capas de pintura acrílica, aclarada con un poco de agua si es necesario. No so-brecargue la brocha; la pintura no debe llegar nunca a la virola de metal. Lije, y quite el polvo y frote con un trapo mojado en agua entre las capas, como antes, pero acabe con una capa protectora de barniz transparente de poliure-tano.

3. Si usa un spray extienda periódicos viejos sobre el suelo y cualquier otra cosa que pueda dañarse y colóquese ropas viejas y póngase un pañuelo o una máscara sobre la nariz y la boca, pues los vapores pueden ser irritantes. Agite bien la lata y sosténgala separada unos 15 o 20 cm de la pieza. Aplique una película uniforme en soplidos cortos. Las primeras po-cas capas no cubrirán, pero deje secar cada una y aplique otra. Si la pintura corre es que proyecta demasiado tiempo sobre un solo lu-gar.

Si usted no tiene una habilidad artística especial, pero desea satisfacer un impulso creador, tiene aquí una salida ideal. Los efectos descritos en este capítulo, que se han usado de hecho desde que comenzó la producción de mobiliario, requieren una mano tranquila, una viva observación y paciencia, pero no un talento especial. Lo que es más, la mayoría de estos acabados pueden borrarse y comenzar de nuevo si van mal. Los acabados decorativos son una manera de personalizar los muebles de madera blanca producidos en serie, avivar «hallazgos» de segunda mano y dar unidad a objetos dispares en una misma habitación.

El *envejecido* es un truco del oficio procedente del período colonial americano para dar una pátina suave a un acabado opaco. La clave es la sutileza. El efecto del acabado es un sombreado delicado y puede combinarse con el manchado o aplicaciones sobre lacado o estarcido. Puntos finos salpicados de pintura sugieren vejez o agujeros de carcoma. Una superficie glaseada puede texturarse para realzar el efecto de antigüedad. Pruebe con líneas o bandas para dar un toque de elegancia. Una línea pintada en un color en contraste acentúa los contornos o da la impresión de molduras o filetes. Si por el contrario se pretende un efecto rudo y desenfadado, como el de la pintura con los dedos de los niños, la pintura con vinagre permite un amplio campo imaginativo. El vinagre como medio tomará el aspecto de cualquier cosa que produzca una textura interesante.

El *découpage* es el arte de pegar sobre la superficie decoración recortada, procede del francés «couper», cortar. Probablemente comenzó en Italia, cuando decoradores venecianos frustrados del siglo XVIII intentaron imitar la «chinoiserie» de moda, estilo laqueado más común en el norte de Europa. El découpage se ha llamado «el laqueado del pobre», pero, como el laqueado, fue realmente una distracción de las clases elegantes. El Ladies Amusement Book (libro de entretenimiento de las señoras) de 1760 daba numerosos motivos para colorear y recortar. Pillemont, un grabador francés, produjo la primera serie extensa de motivos rococó impresos para adornar el ya ornamentado mobiliario de este período. Al principio de los 1900 hubo un resurgimiento y se embellecieron biombos de habitaciones de niños con impresos románticos, entre los artistas del découpage renombrados se cuentan Caroline Duer, Carl Federer y Maybelle e Hiram Manning.

La *imitación de mármol* fue practicada por los ceramistas micénicos 2000 A.C. y existe una referencia de ella en una fórmula procedente del siglo séptimo D.C. Los artesanos franceses e italianos lo utilizaron en ventanas, postigos y puertas en que era imposible emplear mármol auténtico. Pueden verse bonitos ejemplos en la Villa Borghese en Roma y en Fontainebleau y Versalles en Francia. En Inglaterra, Adam lo utilizó para decorar pedestales; en el Pabellón Real de Brighton hay algunos bonitos. También se ha encontrado en restos de suelos coloniales americanos. Incluso aunque su casa no sea un palacio, con este procedimiento puede darse importancia a la pieza de mobiliario más prosaica.

El *dorado* refleja la fascinación del hombre por el oro, que es tan antigua como la civilización. En Egipto y la China antiguos los gobernantes dinásticos adornaban sus templos, palacios, tumbas y mansiones con oro puro. Más tarde, los escultores griegos y romanos embellecieron sus estatuas con este resplandeciente metal, como hicieron muchas tribus africanas y sudamericanas. En la Europa medieval los monjes utilizaron oro para iluminar los manuscritos religiosos.

La moda de la decoración dorada viene y va. Alcanzó su cumbre en la Francia de principios del siglo XVIII, cuando complicados interiores rococó eran a menudo totalmente dorados sin que fuese visible una insinuación de madera o yeso. Incluso después de que ya no fuese posible este exceso, los artesanos continuaron inspirándose en tal opulencia. Cuando fue reconstruida la Casa Blanca en Washington D.F., después de la guerra de 1812, mucho del nuevo mobiliario encargado a Francia fue de madera dorada.

Actualmente este lujo casi ha desaparecido, hay pocos doradores hábiles practicando su oficio; estando muchos de ellos empleados como restauradores en museos y galerías de arte. El dorado propiamente dicho es el recubrimiento de la superficie con hojas de oro delgadísimas llamadas pan de oro. El dorado se usa a menudo para recubrir piezas de madera de calidad inferior así como crear la ilusión de oro macizo.

El *laqueado* fue inventado por los chinos antes del siglo VI A.C.; los japoneses lo adoptaron e hicieron sus propios cambios estilísticos; los occidentales lo importaron con avidez y lo imitaron de cualquier manera que pudieron. El aspecto magnífico de esta sustancia extraña y brillante fue muy admirado y codiciado y también tratado de descifrar, ya que su naturaleza y producción exactas permanecían desconocidas por los imitadores.

La primera materia es la savia del árbol chino Rhus vernicifera, que se extrae por sangrado; luego se purifica, se mezcla con aceites y pigmentos, corrientemente negros y rojos, y se aplica pacientemente en numerosas capas delgadas sobre un objeto base, frotándose cada capa hasta tener una superficie perfectamente lisa. Para endurecer las sucesivas capas se necesita una atmósfera húmeda. La pieza puede decorarse luego con talla, incrustación o pintura.

Los artículos laqueados que llegaban a Occidente, a partir de principios del siglo XVII, consistían en biombos, arcas, armarios y paneles que podían aplicarse a un armazón de fabricación europea. Estos paneles fueron cortados despiadadamente, sin respeto por la decoración, para usarlos en armarios más pequeños, marcos de espejo y cosas parecidas. Al correr del tiempo los chinos produjeron trabajo para exportación que no era de la mejor calidad; por el contrario, Japón exportaba artículos laqueados que superaban a los chinos en finura de artesanía y brillantez del lustre, lo que hizo surgir en Occidente la opinión de que la laca japonesa era «la verdadera» y que la laca era originaria del Japón. De aquí el término inglés «japanning» que denomina el proceso de imitación que se extendió por todo el Occidente.

La demanda creciente de curiosidades orientales a lo largo del siglo XVII, junto con las relaciones internacionales cambiantes y las limitaciones de los embarques, estimularon a los supuestos maestros laqueadores de Europa en sus esfuerzos por la imitación. Se experimentó mucho con barnices, finalmente la fórmula corriente incluía la goma laca y el disolvente alcohólico. La utilización de tales sustancias significa que el trabajo debía hacerse en una atmósfera cálida y seca; completamente diferente de las condiciones orientales. Aunque las calidades y acabados no igualaban a los logrados por los artesanos del Este, en los últimos 1680 el mobiliario «japonesado» se puso muy de moda e incluso los aficionados probaron su mano en él. Se usaron colores terrrosos vivos, así como negro y blanco y era aceptada cualquier decoración de aspecto «oriental», fuese persa, india o de la idea de China que tenían los artesanos. Los países europeos que hacían poco o ningún laqueado lo importaban de los otros. Se encargaron grandes conjuntos de mobiliario y apartamentos forrados con paneles «japonesados»; éstos debían tener un aspecto espléndidamente coloreado y opulento. Sin embargo el japonesado no era duradero; se agrietaba, pelaba, desvanecía y desgastaba y la mayoría de los ejemplos supervivientes desde el siglo XVII han sido muy restaurados.

La tendencia continuó en el siglo XVIII con mejoras y variaciones estilísticas. Probablemente la imitación más conocida es el barniz Martin francés, que se desarrolló por los hermanos Martin en París y se patentó por primera vez en 1730. En los años siguientes los Martin perfeccionaron su receta y el uso final de la resina de copal del Brasil llevó probablemente su producto muy cercano al modelo oriental. El trabajo de los

Martin, en especial un determinado verde que utilizaban, fue una característica muy admirada del estilo rococó, aunque muchos mueblistas franceses aún obtenían y utilizaban paneles chinos laqueados, cuya superficie negra brillante y decoración dorada hacían juego especialmente bien con los complicados montajes de bronce y dorado del período. Hacia el final del siglo XVIII las maderas finas, tales como el satín, fueron reconocidas y apreciadas crecientemente por su superficie pulida naturalmente; y así los acabados japoneses sobre mobiliario de madera perdieron gradualmente su preferencia. Pero el laqueado en una forma diferente sobrevivió en objetos de metal.

El metal laqueado se produjo a partir del siglo XVII en Pontypool en la factoría de Thomas Allgood; pero fueron necesarios distintos perfeccionamientos tanto en los materiales como en los procesos antes de que fuese posible la generalización de su uso doméstico; relacionado con los objetos de metal japonesados estuvo también John Baskerville de Birmingham (1706-75) que fue pionero de distintos procesos de técnicas decorativas, pero es mejor recordado como tipógrafo. Hacia los 1770 los artículos de estaño japonesados se utilizaron ampliamente en Europa y América, muchos de ellos producidos en Inglaterra y Francia, para toda clase de objetos, tales como teteras, bandejas, jarrones, esferas de reloj, jardineras, cuencos, tarros y cajas. La superficie dura y brillante puede resistir bien el calor. La palabra Pontypool se convirtió en un término usual para denominar tales artículos hechos en Inglaterra, incluyendo los numerosos objetos de inferior calidad producidos en masa.

Dos hermanos Allgood dejaron la factoría familiar para comenzar la producción de objetos de estaño japonizados pintados a mano en Usk en 1763. El trabajo de Pontypool y Usk fue conocido por su calidad en todo Occidente y mucho de él fue exportado; su único rival serio fue el trabajo de la familia Stobwasser en Alemania. Tolepeinte (plancha pintada) fue el término para el equivalente francés que tendía a ser de decoración más elaborada y delicada y la palabra «toleware» se utilizó para los productos americanos similares hechos principalmente en Pennsylvania.

El uso de japonizado sobre papel maché popularizado por pequeños objetos por Henry Clay en Inglaterra a partir de los 1770 se llevó a su máxima extensión en el siglo XIX por la firma de Jennens y Betteridge de Birmingham quienes hicieron armazones de camas, mesas, sillas y guardachimeneas, así como los elementos menores y expusieron también una caja de pianoforte. Esta firma se especializó en incrustaciones ornamentales de madreperla, además de decoración pintada, y durante un tiempo sus artículos estuvieron de moda, pero fue obligada a cerrar en 1864. Por este tiempo tanto el papel maché como los artículos de estaño japonizados habían sido sustituidos por productos más modernos y aunque las brillantes teteras de metal japonizado, los cubos de carbón y baldes, continuaron manteniendo su lugar entre las posesiones de barqueros y gitanos durante décadas, el laqueado y sus imitaciones sufrieron un declive general.

El *estarcido*. La historia del estarcido es difícil de establecer, en parte porque los primeros estarcidos se hicieron en materiales perecederos hasta que los chinos inventaron el papel alrededor del comienzo del siglo segundo D.C. Algunos expertos sostienen que este procedimiento fue conocido 3.000 años antes de Cristo en China, mientras que otros mantienen que las primeras referencias históricas son de las mujeres primitivas de las islas Fiji, quienes estarcían dibujos geométricos

sobre las ropas de corteza a través de aberturas recortadas en hojas secas de bananero, utilizando colorantes vegetales y carbón vegetal. Hay también alguna evidencia de que los egipcios pudieron haber utilizado el estarcido en época tan temprana como 2.000 A.C. para decorar féretros de momias. Cualquiera que sea su origen, el estarcido ha jugado un importante papel a través de la historia. Fue, por ejemplo, un instrumento en la extensión del budismo por China. Textos religiosos y manuscritos se reprodujeron mediante estarcidos y esto los hizo accesibles a un gran número de personas.

En Japón los estarcidos sobre sedas, telas y papel se retrotraen al siglo VIII D.C. En especial desde el siglo XIV en adelante los trajes de teatro no se decoraron con dibujos estarcidos. Los trajes de escena eran el campo de desafío del arte nacional; tejedores, tintoreros, pintores y doradores competían para superarse unos a otros. La técnica tuvo su época de mayor prosperidad en el siglo XVI. Los estarcidos se hicieron de papel de fibra de madera impermeabilizados con zumo de plataminero.

El arte alcanzó Occidente a través de las rutas comerciales. En el siglo I D.C. Quintiliano recomendaba en Roma el uso de estarcidos para enseñar a escribir a los niños y en 403 San Jerónimo daba consejo similar. Los legisladores imperiales tales como Justiniano, emperador de Bizancio, y Carlomagno firmaban documentos de estado con estarcidos de madera. En la época medieval se estarcía el monograma sagrado IHS en las vigas de las iglesias de Europa y los manuscritos religiosos se iluminaban con letras capitales ornamentales estarcidas.

Durante los siguientes 300 años los estarcidos jugaron un papel importante en muchos campos de la vida cotidiana: se utilizaron para reproducir imágenes religiosas y estandartes de peregrinación, hojas de canciones (populares y religiosas), baladas y cuentos populares, hojas de noticias ilustradas, suministrando historia local, y sátiras y caricaturas políticas. Se hicieron intentos de volver a encender el patriotismo debilitado con carteles militares estarcidos y los juegos populares tales como la lotería, tarot y damas se extendieron debido a la producción en masa de cartones estarcidos. En 1688 Jean Papillon inventó el papel para paredes cubriendo muros enteros con motivos estarcidos, una innovación que se hizo popular rápidamente y que se extendió a la decoración de mobiliario especialmente en Inglaterra y Alemania.

En Norteamérica los suelos estarcidos estuvieron de moda hasta la Guerra Civil. La imaginación e improvisación se utilizaron para compensar el escaso mobiliario. Telas de cañamazo de suelos, orlas para las paredes de yeso, cajas de estaño, bandejas con representaciones de flores, estrellas, pájaros y el motivo favorito: el águila y estrellas. Los estarcidores itinerantes eran muy solicitados hasta que el papel para paredes tomó el relevo como método favorito para decorar muros. El mobiliario ornamental de principios del siglo XIX se decoró con motivos estarcidos y el fabricante etiquetó las piezas con su nombre, una forma primitiva de publicidad. El fabricante más conocido de este período fue Hitchoock. Fue uno de los primeros que dio trabajo a las mujeres como estarcidores. En los 1920 y 1930 extravagantes dibujos de Tifanny adornaban las casas de los ricos y los famosos. Sus creaciones fueron imitadas por las clases medias pero la segunda Guerra Mundial limitó el campo de experimentación. Pero desde los 1960 se ha renovado el interés por el estarcido como técnica decorativa.

La *imitación de carey* se desarrolló en respuesta a la popularidad del carey verdadero utilizado como chapa ornamental en Oriente. En Occidente se hizo popular primeramente por los artesanos venecianos, pero de forma más importante por Goulle, mueblista de Luis XIV, quien lo usó como superficie decorativa en cómodas, escritorios y tableros de mesa combinado con plata, peltre o bronce dorado.

En los siglos XVII y XVIII la moda abrumadora de la chinoiserie que había estimulado la experimentación en los acabados laqueados, creó también la moda por la imitación del carey o laca de carey. De esta manera se embellecieron grandes piezas de mobiliario y pequeños objetos decorativos, tales como marcos de espejos y pinturas, y a veces paneles enteros, techos y cornisas se hicieron con un acabado de carey. Las realizaciones variaban desde un falso efecto naturalístico a fantásticos esquemas de color que tienen poca relación con el material natural.

Envejecido

Esa técnica de sutil sombreado se utiliza para dar una pátina suave a un acabado opaco. Puede combinarse con el decoupage, destrozado o salpicado o superponerse a un laqueado, dorado, fileteado o estarcido. Sobre todo el envejecido exige un buen ojo. Inspeccione mobiliario antiguo pintado y observe dónde se ha desgastado y dónde acumula polvo. Los armazones de las sillas, tableros de mesa y zonas cercanas a los herrajes aparecen a menudo más claras por el contacto constante, mientras que las hendiduras y molduras acumularán su-ciedad y aparecerán más oscuras. Considere también el espesor a aplicar del envejecedor; como regla práctica un envejecido grueso va mejor sobre las piezas rústicas mientras que una aplicación más fina hace juego con mobiliario más ligero.

Los materiales requeridos son: goma laca, pintura al óleo de artista, sombra natural (5 cc de un tono más oscuro que la capa de base puede añadirse o si la capa de base es muy clara incluir 2,5 cc de copos blancos), unas cuantas gotas de aceite de linaza, aguarrás puro, barniz transparente mate. Los acce-

1. Para comenzar aísle la capa de pintura opaca con dos manos de acabado transparente tal como goma laca. Cuando esté seca frote la última capa con papel de lija al agua enjabonado.

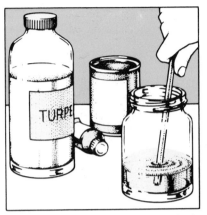

2. Prepare el esmalte de envejecer mezclando un tono apagado a partir de 7 cc de pintura al óleo para artistas, sombra natural, 45 cc de aguarrás puro y 15 cc de barniz. Agite el pigmento y el aguarrás en un tarro de vidrio, añada el barniz y revuelva lentamente.

Alternativamente prepare un esmalte más interesante mezclando 15 cc de un tono más oscuro que la base y 7 cc de sombra natural con el barniz y el aguarrás como el anterior. Hay distintos métodos de aplicar el esmalte como se explica a continuación, pero puede improvisar o combinar las técnicas libremente.

3. El «brochado» o «arrastrado» consiste en aplicar el esmalte con una brocha vieja «arrugada», trabaje en una sola dirección y no vuelva atrás sobre las pinceladas pues el efecto general debe ser claramente «rayado».

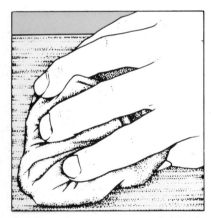

4. Enjugue el exceso con un trozo de dril viejo trabajando rápida y uniformemente pues la fórmula se seca con bastante rapidez. Si se seca demasiado rápidamente añada una gota de aceite de linaza cocido a la mezcla anterior.

5. Cuando la primera aplicación se haya secado, retoque los bordes, hendiduras, tallas, en todos los sitios en que el polvo y la suciedad pueda recogerse, con la fórmula envejecedora. Difumine esta segunda aplicación en la primera utilizando el pincel y un trozo de tela de manera que los límites sean suaves. Deje el objeto «anticuado» durante 36 horas; luego proteja el trabajo con tres capas de barniz transparente mate, lijando ligeramente entre las capas si es necesario.

6. Si el esmalte parece demasiado oscuro aclárelo frotando la superficie muy suavemente con lana de acero fina.

sorios consistirán en: un tarro de vidrio, una brocha dura vieja, un trozo de dril viejo, lana de acero fina, papel abrasivo del más fino, un trozo pequeño de esponja natural (una esponja de maquillarse es ideal), una brocha ovalada de 3,5 cm, brocha de estarcir o una brocha vieja, dediles de goma y, opcionalmente, un tamiz de malla (para salpicar).

Primero prepare la superficie como se indica en los pasos 1 a 6, página 45.

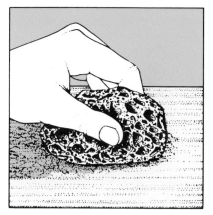

7. Mientras el esmalte aún está asentándose es también posible texturarlo aún más; puede embadurnarse con un trocito de esponja natural.

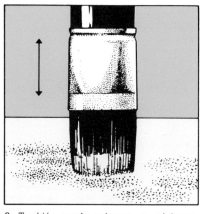

8. También puede «picarse» o salpicarse. Para picar, moje en la fórmula de envejecer una brocha ovalada para marcos, sacuda el exceso sobre un papel de periódico, luego golpee o «pique» ligeramente sobre la superficie de modo que la brocha rebote longitudinalmente. Recubra toda la superficie, luego vuelva a picar los bordes, hendiduras y tallas.

9. Las salpicaduras o pequeños puntos de pintura pueden emplearse para sugerir vejez o agujeros de carcoma, pero no deben ser nunca grandes o uniformemente repartidos. Use una brocha de estarcir o corte las cerdas de una brocha de pintar vieja alrededor de 2,5 cm de largo.

10. Moje la brocha en el envejecedor y pase el dedo índice a través de las cerdas para producir salpicaduras (si lo desea protéjase el dedo con un dedil de goma).

11. Para cubrir una zona grande, frote la brocha sobre un tamiz de malla fina; la situación de las salpicaduras es fundamental, así pues experimente sobre un cartón blanco antes de emprenderla con la pieza en sí. Si el efecto no es satisfactorio, borre las salpicaduras con disolvente mientras están aún húmedas.

12. Si las salpicaduras aparecen demasiado duras ablande la textura salpicando con aguarrás puro. Proteja el trabajo como se describe en los pasos 1 a 3, pág. 81.

Decoupage

El decoupage es el arte de pegar a las superficies de madera o metal decoración recortada. No debe confundirse con el collage, que significa encolar cualquier cosa sobre un fondo y es una técnica empleada en las Bellas Artes. Desgraciadamente el decoupage es muy propenso a estropearse; los motivos encolados se sueltan y desgarran, dejando sólo trozos tras sí, por lo que el restaurador a menudo debe encontrar y colorear un impreso adecuado para sustituirlos. Antes de comenzar el decoupage mismo asegúrese de que la superficie del objeto está en perfectas condiciones, luego prepárela tal como se indica en los pasos 1 a 6 de la página 45.

Para practicar el decoupage reúna las herramientas y materiales siguientes: aerosol fijador, goma laca, alcohol desnaturalizado, vinagre, cola blanca soluble en agua, barniz mate,

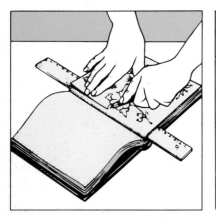

1. Si el impreso elegido está en un libro quite la página cuidadosamente. Si es necesario pase una cuchilla bien afilada a lo largo del surco del lomo del libro, habiendo colocado primero una regla debajo de la zona a cortar de forma que la cuchilla no separe las hojas de debajo. Si un impreso en blanco y negro no puede quitarse puede servir una fotocopia y puede colorearse como se indica luego.

2. Seleccione cuidadosamente el impreso de manera que no sea ni demasiado grande ni demasiado recio para la superficie, corrientemente los motivos pequeños y delicados son los más adecuados. Las mejores fuentes son las ediciones facsímiles de museo de libros antiguos, libros estropeados con impresos de época, como láminas de ilustración, revistas, catálogos viejos de papeles pintados, impresos sueltos, catálogos y tarjetas postales. No recorte nada que tenga valor. Utilice impresos ya coloreados o para obtener un efecto más auténtico coloree impresos en blanco y negro utilizando lápices blandos o acuarelas.

3. Rocíe el impreso con una capa protectora de un aerosol fijador o aplique una versión casera mezclando goma laca y alcohol desnaturalizado en partes iguales y utilizando una brocha de barnizar.

4. Si el impreso es demasiado grueso para quedar plano sobre la superficie del objeto deben quitársele una o dos capas. En tal caso humedezca el dorso del impreso con una esponja mojada en una solución de tres partes de vinagre y una parte de agua y pele delicadamente tantas capas como sea necesario. (La misma mezcla puede también utilizarse para ablandar la cola que sostiene el respaldo de una tela.)

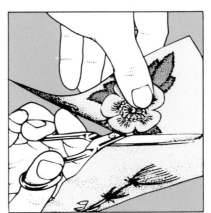

5. Una vez el impreso se ha separado, coloreado (si se desea) y fijado puede recortarse. Utilice unas tijeras para uñas (las que tienen la hoja ligeramente curvada) de unos 7,5 cms de largas, bien construidas y afiladas, teniendo las tijeras en una mano mientras da vueltas al papel para alimentar las tijeras con la otra. Utilice las puntas de las tijeras para los rincones difíciles. Este método de recortar hace que los bordes se vuelvan hacia abajo muy ligeramente y hacen más fácil el pegado.

6. Aplique una cola blanca soluble en agua de base de resina al dorso del impreso, utilizando una brocha vieja limpia, comenzando en el centro y trabajando hacia afuera.

cera para muebles, una cuchilla de hojas reemplazables, una esponja, unas tijeras de manicura, una brocha vieja limpia, trapos sin hilachas (o medias o mallas viejas limpias), papel abrasivo al agua y lana de acero del grado más fino.

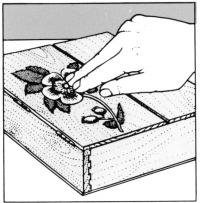

7. Deje secar la cola hasta que esté pegajosa antes de colocar en posición el impreso sobre el objeto.

8. Cuando la cola se haya secado durante 24 horas dé al impreso una capa protectora de una parte de alcohol desnaturalizado y una parte de goma laca.

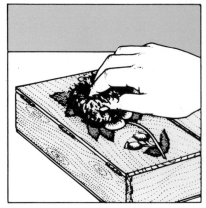

9. Deje secar esta capa durante 24 horas, luego frote muy suavemente con lana de acero del grado más fino.

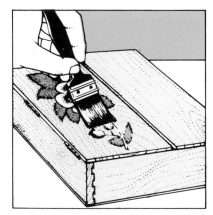

10. Desempolve con un trapo sin hilachas (pueden servir medias o mallas viejas y limpias) y aplique un barniz mate que se haya adelgazado con el disolvente recomendado. Aplique la brocha trabajando en una sola dirección. Déjelo secar y aplique diez capas más dejando secar cada una por completo antes de aplicar la siguiente. Esto es obligado para evitar que se forme una superficie muy irregular. Si es necesario aplique más capas; usted no debe poder sentir el impreso en absoluto.

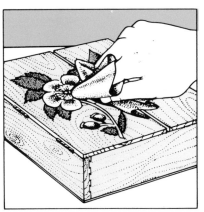

11. Si el objeto se estropease de alguna manera o si el barniz produce problemas, quite la última capa de barniz con disolvente, deje secar y comience de nuevo.

12. Finalmente lije la superficie con el papel abrasivo al agua más fino y luego alise con la lana de acero más fina. Desempolve y aplique una capa de cera para muebles trabajando en circulitos hasta que se logre el brillo deseado.

Estropeado de la pintura

El procedimiento siguiente puede aplicarse para oscurecer la madera, como puede hacerlo el tiempo, y se utiliza como capa de fondo debajo de la capa final de un acabado opaco.

Se necesitan los materiales siguientes: papel abrasivo, pincel de pelo de cerdo del número 8, broqueta de madera, un trozo de toalla o tela de rizo, pintura japonesa, sombra tostada, secante japonés, aguarrás, goma laca, pintura al aceite semi mate o brillante, líquido de quitar pinturas soluble en agua y barniz de alto brillo.

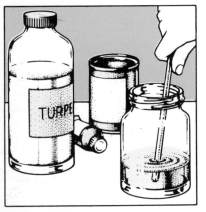

1. Mezcle un volumen de pintura japonesa sombra tostada, un décimo de volumen de secante japonés y medio volumen de trementina.

Aplique una capa del tinte anterior a la madera en bruto o pintada, lijada ligeramente con anterioridad. Déjela secar durante 24 horas y luego séllela con dos capas de goma laca diluida.

2. Aplique al objeto dos capas de pintura al aceite semimate o brillante, dejando que cada aplicación se seque completamente. Lije la capa final con papel abrasivo de forma que desaparezcan las huellas de brochado.

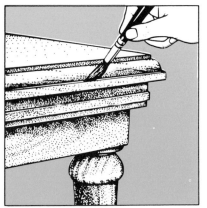

3. Vierta líquido quita pinturas en un recipiente poco profundo y cargue la punta del pincel del número 8 de pelo de cerdo. Deposite el quita pinturas en pequeños parches sobre los cantos, molduras y tallas de la pieza, de hecho en cualquier parte donde usted espere ver signos de desgaste.

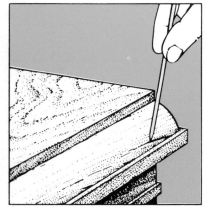

4. Utilice la broqueta de madera o un instrumento igualmente puntiagudo para empujar la pintura en las grietas y entallas a lo largo de las molduras.

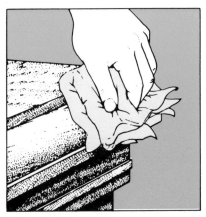

5. Cuando la pintura comience a «arrugarse» frote estas zonas con un trozo de toalla para levantar la pintura y el quita pinturas y detener la acción de éste antes de que atraviese el tinte marrón de debajo. No frote sino que utilice un movimiento de golpeteo.

6. Lave con chorro de agua los restos de quita pintura. Cuando se seque proteja la pintura estropeada con una capa de barniz de alto brillo y proceda a «envejecerla» (pasos 1 al 12, páginas 50 a 51) si lo desea.

Imitación de maderas

Las imitaciones de madera o falsa madera no deben confundirse con el tosco veteado hecho por los pintores de paredes. Las imitaciones de madera se hacen para embellecer mobiliario y pequeños objetos y pueden estar pintadas en trozos reducidos, imitando la marquetería o el parquet o en zonas más grandes tales como frentes de cajones o tableros de escritorio, para dar la impresión de extensiones de maderas preciosas.

La esencia del procedimiento se basa sobre un delicioso capricho de la naturaleza: las distintas especies de maderas tienen características peculiares, diferenciándose cada una en el veteado, poros y color. Las fotografías frente a las páginas 16 y 17 son una demostración de esto y pueden utilizarse como referencia cuando intente este acabado decorativo. Sin embargo no es necesario seguir exactamente la naturaleza, con tal de que se mantenga la posición esencial de los nudos siguiendo el ritmo de la veta a su alrededor: el fluir de la veta surge de los nudos extendiéndose y ensanchándose gradualmente y curvándose lentamente de nuevo hacia otro nudo.

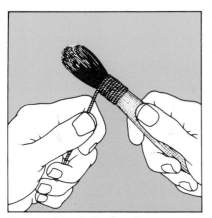

Preparación de las brochas

1. Para ejecutar expertamente la imitación de la madera deben prepararse por lo menos dos brochas. Para los nudos de la madera líe el extremo de una brocha redonda de cerdas duras con un cordel fuerte, aproximadamente unos 2,5 cm hacia abajo de la virola. Luego taje la brocha a una longitud de unos 3,5 cms., utilizando una hoja de afeitar de un solo filo y un martillo.

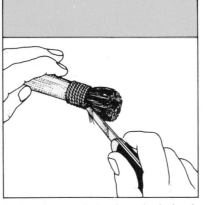

2. Seguidamente la brocha redonda ha de «ahuecarse»: fuerce un cuchillo afilado en el centro tan profundamente como sea posible y hágalo girar alrededor, quitando aproximadamente un tercio de las cerdas del centro de la brocha. Utilice pinzas para quitar las últimas cerdas rebeldes. Luego pose la brocha en un tablero de manera que puedan quitarse grupos de cerdas cercanas a la virola, de manera que las cerdas restantes sean de longitud desigual.

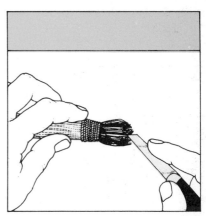

3. Luego la brocha se hace rodar sobre una superficie plana de manera que los grupos de cerdas restantes puedan recortarse en los extremos en una dirección inclinada. Finalmente las cerdas se hacen girar y retorcerse sobre una pieza de carborundum húmedo para redondear sus extremos. Si se preveen distintos nudos de madera de diferentes tamaños prepare varios tamaños de brocha redondeada de la misma manera que se ha indicado.

4. Para lograr un veteado de madera convincente se utilizan varias brochas planas de cerdas duras de distintos anchos. Éstas además deben tajarse con una longitud de unos 2,5 cms utilizando una hoja de afeitar y martillo como en el paso 1. Las cerdas se dividen luego en el centro con un trozo de cartón o un peine de acero y en un lado de esta partición se recortan 4 ó 5 grupos de cerdas cerca de la virola utilizando una cuchilla de punta afilada o unas tijeras para uñas.

5. Por el otro lado del divisor se quitan grupos de cerdas adicionales, alternando con las ya quitadas. Además debe haber un pequeño espacio sin cerdas a cada lado de los grupos o mechones.

6. Luego se recortan los extremos de las cerdas de forma irregular inclinada y las cerdas que quedan más largas se esmerilan sobre carborundum húmedo.

Realización de la imitación de la madera

Antes de comenzar el acabado real pintado, es aconsejable hacer a lápiz en la madera un esquema del dibujo que se desea. Las brochas preparadas deben ensayarse sobre un papel fuerte marrón mojadas en tinta china. Otras herramientas necesarias son varios pinceles de punta de pelo de marta de los números 3 y 6 y un peine metálico.

Prepare primero la superficie como se indica en los pasos 1 a 6, página 45.

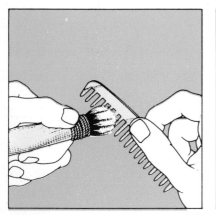

1. Cargue de color (ver pasos 1 a 5, página 67) la brocha redonda para nudos, frótela sobre papel hasta que quede medio seca y luego empuje la brocha con suavidad contra un peine de acero en dirección oblicua para extender el pelo.

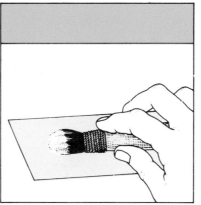

2. A continuación redondee las puntas de las cerdas haciéndolas rodar sobre un trozo de papel.

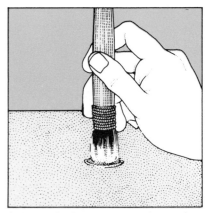

3. La brocha ligeramente cargada se coloca luego sobre la superficie a pintar y se hace girar ejerciendo una presión ligera, así se produce un nudo con el centro abierto. Dé estos nudos a intervalos irregulares por la superficie a vetear. Si la superficie es grande la variedad de tamaños de los nudos añadirá un efecto considerablemente más realista.

4. Seguidamente se añaden los anillos de alrededor de los nudos empleando la brocha plana dividida. Cargue la brocha con la pintura y presiónela contra el peine de acero para separar las cerdas.

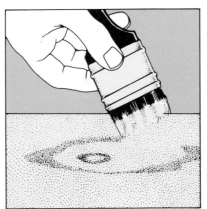

5. Agarre la brocha por la virola entre el pulgar y los dedos y comience los anillos alrededor de los nudos que se acaban de hacer. La pincelada de la parte alta del nudo comienza con la brocha mantenida en posición inclinada con la palma vuelta hacia la superficie. Una pincelada similar se utiliza para la parte baja del nudo. Apunte a que las vetas estén más ampliamente espaciadas cuanto más lejos están del nudo.

6. El paso final (opcional) es pintar vetas más pronunciadas con un pincel de punta de pelo de marta del número 3 o el número 6. La veta se agranda y se separa en la parte alta del nudo y se adelgaza y aproxima en los costados como se muestra en la figura. Además puede emplearse el costado del pincel para hacer líneas más gruesas que también pueden difuminarse con la brocha de vetear para hacerlas más realistas.

Imitación de mármol

Este acabado de falso mármol se aplica sobre tres capas de fondo teñidas que se han alisado lijándolas utilizando un papel abrasivo al agua muy fino y una solución jabonosa. Si para estas capas de base se ha utilizado pintura mate protéjalas con dos capas de goma laca fluida. Lije con el papel abrasivo más fino entre las capas pues es obligado que la superficie marmoleada tenga un alisado satinado. Reúna todas o algunas de las siguientes herramientas y ensaye cada una de las técnicas sobre un trozo sobrante de cartón blanco para ver con cuál se encuentra más a gusto; puede ser útil tener una ilustración o un trozo de mármol cerca como referencia e inspiración.

Son herramientas posibles para la aplicación de la imitación de mármol: una brocha dura, plumas de pavo, dos pinceles de pelo de buey (de 7 y 13 mm), trozos cuadrados de 30 cms de estopilla, esponjitas naturales bastas y/o papel de periódicos arrugados.

Prepare primero la superficie como se ha indicado en los pasos 1 a 6 de la página 45.

1. Haga un aceite de matear con un volumen de aceite de linaza cocido mezclado a seis volúmenes de aguarrás o disolvente. Seguidamente haga la pintura de marmolear mezclando un volumen de pintura japonesa con una solución de partes iguales del aceite de matear (indicado arriba) y espíritu de petróleo a la consistencia de agua. Diluya una cantidad igual del tono base. Pinte la superficie primero con algo de aceite de matear y luego inmediatamente con el tono base diluido.

2. Moje cualquier «herramienta» de la lista dada arriba en espíritu de petróleo y luego aplique la pintura de marmolear mientras la superficie está aún húmeda, siguiendo las instrucciones para cada uno de los seis métodos siguientes.

Formas de marmolear

3. Los pinceles de pelo de buey, mojado cada uno en diferente tono de pintura de marmolear, se sujetan por lo alto de los mangos y se utilizan como una sola brocha. Dé golpecitos ligeros dejando que las pinturas se mezclen.

4. Cada trozo cuadrado de estopilla se retuerce formando una bobina y luego cada trozo de la bobina se puede cargar con una pintura de marmolear diferente. Se hace rodar sobre la superficie repetidamente. Si es necesario vuelva a cargar cada superficie.

5. Las plumas recortadas se mojan en espíritu de petróleo y se peinan con un peine fino y luego cada una se carga con una pintura de marmolear diferente y se usan por el lado más ancho para pintar el color.

6. Cada grupo de cerdas de una brocha cortada se carga con una pintura de marmolear separada y luego se pasa volviéndola y balanceándola sobre la superficie.

Imitación de mármol. Continuación

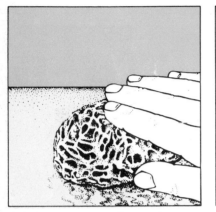

7. Pueden cargarse con pintura varias esponjitas naturales y rodarlas sobre la superficie.

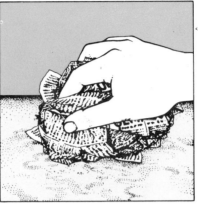

8. Pueden arrugarse papeles de periódicos, saturarlos con pintura y golpetear con ellos la superficie.

9. Cada uno de estos métodos producirá efectos irregulares e interesantes pero si no son satisfactorios o la superficie se seca demasiado rápidamente, pruebe a mojar una esponjita natural en aguarrás o disolvente y escurrirla sobre la superficie. Tenga cuidado de no inundar ésta, puesto que esto podría hacer que se disolviesen muchos de los dibujos. Si el líquido se recoge en charcos quite el exceso con golpecitos dados con un algodón absorbente o lana de algodón. Todas las zonas que parezcan mármol pueden ahora dejarse secar, pero las partes inadecuadamente decoradas pueden necesitar más tratamiento.

10. Retoque con otra pluma recortada, papel de periódico arrugado o estopilla, mojados de nuevo en la pintura de marmolear.

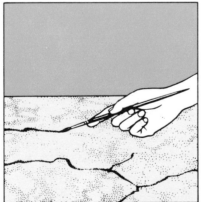

11. Un toque final adicional es el veteado. (En su estado natural el mármol tiene venas o vetas causadas por las impurezas.) Para imitar éstas moje un pincel fino en espíritu de petróleo y luego en un tono oscuro dé pintura japonesa y sosténgalo como se muestra. Pinte venas finas irregulares sobre la superficie. Esto debe hacerse cuando la superficie está aún ligeramente húmeda y el espesor de la pincelada debe variarse.

12. Cuando esté satisfecho del marmoleado y el veteado déjelo secar durante varios días y luego protéjalo con dos capas de barniz brillante adelgazado.

Imitación de pórfido

Este efecto especial es una variante de la técnica de salpicado utilizada en el envejecimiento, pasos 1 a 12, páginas 50-51, pero el resultado se parece mucho más a la piedra. Es especialmente eficaz en lugares en que puede esperarse encontrar piedra, tal como tableros de mesa. El proceso implica la aplicación de una capa de base seguida de otra de salpicaduras de tonos más contrastados.

Se necesitarán los materiales siguientes: pintura blanca mate, sombra natural, ocre amarillo y pintura japonesa blanca y negra (opcional), secante japonés, papel abrasivo de grano fino, aguarrás puro, cartón blanco, un dedil de goma, un taco de madera, una brocha de cerdas bastas y opcionalmente polvos metálicos si se ha de dorar.

1. Prepare la superficie como se indica en los pasos 1 a 6, página 45; luego aplique dos capas del siguiente color de base beige-gris: 6 partes en volumen de pintura blanca mate, una parte en volumen de sombra natural y una parte en volumen de ocre amarillo. Lije ligeramente después de la aplicación con el abrasivo más fino, para quitar las huellas de las pinceladas.

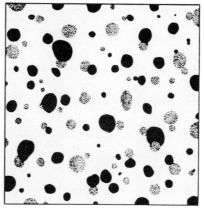

2. Las pinturas japonesas se usan para las salpicaduras características de la imitación de pórfido, teniendo en cuenta las tonalidades siguientes: el color dominante de las salpicaduras debe contrastar con el color de la base aplicado antes, es decir, ser de un tono más claro o más oscuro. Si se desea un segundo tono de salpicaduras éste debe contrastar con el primero; en otras palabras, si el primer salpicado era un marrón oscuro el segundo puede ser de un beige claro.

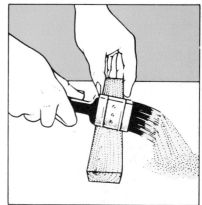

3. Para cada color de salpicado mezcle un volumen de pintura japonesa, tres volúmenes de aguarrás puro y una décima de volumen de secante japonés. Moje una brocha corta de cerdas gruesas hasta la mitad en el primer tono de salpicado y golpee el costado de la virola de la brocha sobre un taco de madera a medida que mueve la brocha sobre la superficie; esto soltará salpicaduras bastante gruesas. Es aconsejable experimentar primero sobre una hoja de cartón blanco hasta que tenga un cierto control de la técnica. Si se ha de aplicar otro color de salpicadura limpie la brocha con disolvente.

4. Para la segunda aplicación de salpicaduras más finas, pase su dedo índice (protegido con un dedil de goma) lentamente sobre las cerdas de la brocha de manera que se dirija un rociado uniforme a la superficie de debajo. Si se obtiene el efecto deseado párese aquí, pero si desea un efecto más vivo haga un tercer salpicado fino en un tono marcadamente contrastado tal como amarillo pálido o rojo.

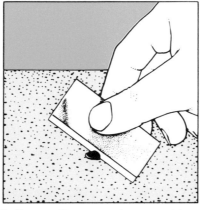

5. Si por accidente se produce una salpicadura grande o indeseada, quítela cuando esté seca rascando con una hoja de afeitar de un solo filo, teniendo cuidado de quitar justamente la mancha sin dañar la capa de base. Una vez se ha quitado la mancha vuelva a salpicar esta zona.

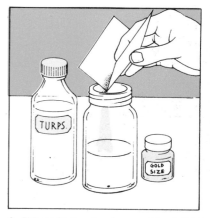

6. El toque final opcional es un salpicado fino de oro. Aplicado como en el paso 4 anterior, se prepara con: un cuarto de volumen de polvo metálico dorado brillante, un volumen de sisa de dorar y un cuarto de volumen de aguarrás puro. Este puede hermosearse más con salpicaduras negras o blancas según el efecto deseado. Finalmente proteja la superficie con dos capas de barniz transparente, aplicadas según se indica en los pasos 1 a 3, página 81.

Dorado

Si usted tiene suficiente habilidad manual no hay razón para que no pueda intentar restaurar pequeñas zonas de dorado dañadas. Las instrucciones de las páginas siguientes le capacitarán para atacar incluso las piezas más extensamente dañadas. Sin embargo, antes de comenzar cualquier proceso de dorado es obligado que la superficie esté en perfectas condiciones. Para restaurar superficies de madera dañadas vea las páginas 20-24.

Dorar es un término general para el proceso de recubrir un objeto con cualquier tipo de acabado metálico y, como el chapeado, se utiliza a menudo para cubrir un cuerpo de madera de baja calidad. El dorado con pan de oro, por el contrario, es más concreto y significa cubrir las superficies con hojas delgadísimas de oro llamadas panes. Ciertamente la manera más fácil de lograr acabados dorados es utilizando polvos metálicos, que son con mucho más baratos y más fáciles de trabajar que cualquier otro de los distintos tipos de dorado con pan de oro. Sin embargo, los polvos no son adecuados para muebles o marcos de cuadros finos.

Cuando restaure un objeto dorado es importante cerciorarse qué clase de dorado se ha utilizado. Las superficies tratadas con pintura de oro o polvos metálicos serán generalmente más mates y rugosas. El dorado con pan aparecerá muy brillante (el oro no se empaña) aunque las superficies doradas al agua bruñidas tendrán mucho más brillo que las doradas al aceite. También las superficies doradas con pan de oro muestran a menudo rastros de la base rojo mate donde las hojas se han desgastado o estropeado. Cuando restaure por cualquier método es aconsejable tratar solamente la superficie que estaba anteriormente dorada; las pequeñas zonas de alto brillo son mucho más eficaces que las grandes extensiones.

Dorado con polvos metálicos

Si simplemente desea introducir algún brillo vacilante el proceso esquematizado abajo utilizando polvos metálicos es bastante más barato, aunque no tan auténtico como los métodos con dorado con panes de oro que le siguen. Compre polvos metálicos (purpurina) de buena calidad; éstos son metales pulverizados que se encuentran en una variedad desconcertante de colores desde la plata más pálida al bronce más oscuro, con cantidad de tonos dorados entre ellos. Pueden usarse para elevar el brillo de zonas ya pintadas o utilizarlos para recubrir, salpicar o con estarcidos, como se describirá más adelante.

Prepare la superficie como se recomienda en el apartado de *Acabados Opacos*, página 45, es decir con imprimación de pintura al aceite mate o semi brillante. Para el color de fondo parece que los tonos vivos del extremo del espectro tienen el mejor aspecto con los metálicos, aunque también se han usado durante siglos con el blanco y tonos pastel. Cualquiera que sea su elección proteja el fondo con una capa de goma laca o barniz adelgazados de manera que cualquier error pueda borrarse simplemente. Frote esto con lana de acero fina o papel abrasivo al agua y enjuage con un trapo limpio humedecido en espíritu de petróleo. Luego aplique una capa de barniz transparente brillante o semi brillante. Reúna las siguientes herramientas y productos: polvos metálicos (purpurina), pintura al aceite mate o semi brillante, goma laca, barniz transparente brillante o semi brillante, espíritu de petróleo, lana de acero fina, papel abrasivo al agua, pincel de marta, un trapo de dril o terciopelo o una gamuza y palitos con algodón.

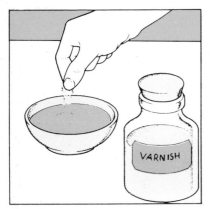 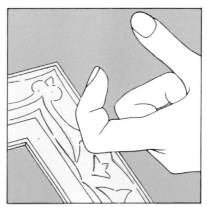 

Pintado
1. Cuando la imprimación esté seca mezcle los polvos con barniz aclarado y apliquelos con un pincel fino de marta en las zonas que se hayan de dorar; el «oro» parecerá flotar sobre ella. Use este tratamiento en la parte alta de zonas que ya hayan sido pintadas a mano, fileteadas o bandeadas, sobre estarcidos o en patas y respaldos torneados de sillas.

Estarcido
2. Alternativamente, para lograr un aspecto muy flameante, utilice los polvos sobre estarcidos. Después de preparar el estarcido, como se indica bajo el epígrafe *Estarcido* (ver pasos 1 a 6, página 76), aplique una capa de barniz transparente brillante o semi brillante. Deje secar el barniz hasta que tenga justamente un tacto característico de pegajosidad, de no pegarse; el estarcido recortado debe pegarse muy ligeramente sobre la superficie de barniz.

3. Vierta un poco del polvo metálico preparado en la tapa de un tarro o en un platillo. Envuelva su dedo índice en un trocito de dril, terciopelo o gamuza de forma que no haga arrugas y moje el dedo cubierto en el polvo. Frote el dedo ligeramente sobre una toallita de papel para quitar el exceso.

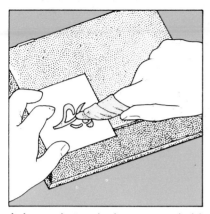

4. Luego golpetee sobre la zona recortada del estarcido con la tela impregnada en el polvo. Trabaje desde el centro a los bordes de manera que haya menos polvo hacia los bordes del dibujo. Procure no dejar que el polvo se deslice debajo del estarcido; resultaría un borde chapucero. Si trabaja con más de un polvo mantenga el estarcido en su lugar y utilice un tejido limpio y un platillo para cada color metálico que haya de aplicar.

5. Cuando el motivo está terminado levante cuidadosamente el estarcido y desplácelo al punto siguiente. Repita el proceso hasta que el dibujo esté completo.

6. Si aparecen bordes deshilachados, quite el exceso de polvo con un palito de algodón mojado en espíritu de petróleo o después de secar quite las manchas rascando con un abrasivo medio sobre un palito de algodón. Deje asentarse el barniz y los polvos durante 24 horas, luego lave suavemente la superficie con agua jabonosa para quitar el exceso de polvo. Proteja con una capa de barniz adelgazado transparente brillante o semi brillante teñido con un poco del color de la base para que tenga un efecto menos chillón.

Dorado al agua

El dorado al agua produce un efecto vivo y bruñido aunque las hojas de oro protegidas pueden depositarse más fácilmente (vea los pasos 1 a 12, páginas 65-66).

Para preparar la superficie, reúna los siguientes materiales: sisa de dorar (una arcilla fina que se encuentra en diferentes colores aunque el rojo oscuro es el usado más corrientemente) y cola de conejo en granos. Los suministros consistirán en: agua destilada, colador de alambre, medias de nylon, pincel de marta plano, dos tazas de porcelana, cacerola de agua caliente, una cuchilla, paleta o un cuchillo de mondar. Evite usar prendas de lana y rayón debido a sus propiedades de producir electricidad estática.

1. Vierta 0,3 litros de agua destilada fría en un vaso alto. Añada 12 gramos de cola de conejo en granos. Revuelva con una cuchara y déjelo reposar durante 8 horas.

2. Coloque el vaso en una cazuela de agua caliente (pero no humeante) y revuelva la mezcla hasta que los granos de cola se disuelvan. Mantenga caliente esta mezcla añadiendo agua caliente a la cacerola si es necesario.

3. Coloque una cucharada (15 cc) de sisa cremosa en una taza de porcelana, añada tres cucharadas (15 cc) de solución de cola caliente y revuélvalo bien. Si es necesario utilice los dedos para empujar toda la sisa de la cuchara.

Dorado al agua. Continuación

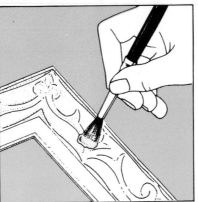

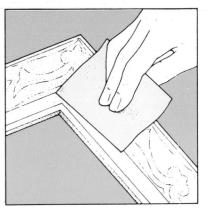

4. Cuele esta mezcla en otra taza dejando que pase a través de un colador de alambre de cocina de malla fina recubierto con una media de nylón.

5. Aplique la mezcla colada con pinceladas pequeñas y uniformes al objeto libre de polvo utilizando un pincel plano de 15 mm, dando las pinceladas en una sola dirección. No escurra el exceso de la brocha sobre el borde de la taza; utilice para esto papel de periódico. Déjelo secar durante 30 minutos, luego aplique cinco o seis capas más, dejando al menos el mismo tiempo entre cada capa.

6. Alise con el papel abrasivo más fino después de la tercera y sexta capas y luego quite el polvo antes de aplicar la siguiente. Lije la capa final con una presión muy suave tratando de no frotar traspasando las capas rojas o la hoja de oro no se adherirá. Si quitase el rojo, asegúrese de retocar la zona con la mezcla de sisa roja. Luego aplique el pan de oro como se indica abajo.

Aplicación del pan de oro

Para aplicar la hoja de oro se necesitan los siguientes materiales y accesorios: librito de hojas de oro sueltas, pelonesa (brocha especial de dorador) y/o almohadilla de dorador, bruñidor curvado de ágata, brocha de pelo de camello, agua destilada, alcohol desnaturalizado, algodón en rama o palillos de algodón, polvos de talco, tijeras, pincel de marta redondo, espátula de pintar o cuchillo de mondar y papeles de periódico viejos.

Aunque corrientemente se aplica en el dorado al agua, el pan de oro puede también aplicarse sobre la sisa de aceite utilizada en el dorado al aceite (ver pasos 1 a 3, página 65).

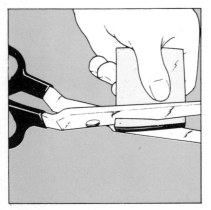

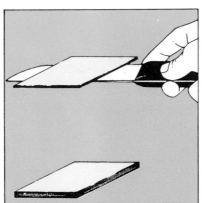

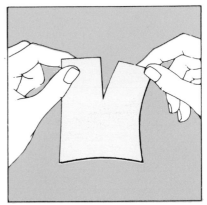

1. Primero cubra la superficie de trabajo con periódicos viejos limpios, luego espolvoree sus dedos con polvos de talco para evitar que se peguen a la hoja. Recorte el lomo del librito de hojas utilizando unas tijeras afiladas, luego frote el borde cortado con sus dedos para alisar cualquier arruga.

2. Para levantar la tapa del libro utilice un cuchillito afilado de unos 10 cm de hoja; debajo habrá papel de seda protegiendo la hoja de encima. Deslice el cuchillo debajo de las primeras hojas y levántelas separándolas del libro.

3. Tome las primeras cuatro hojas, por turno, manteniéndolas entre el papel de seda y desgárrelas muy lentamente en dos, trabajando con unos siete milímetros por vez. Luego desgarre estos trozos otra vez en dos. No los corte pues rizaría los bordes. Guarde los cuatro trocitos apilados separadamente del libro principal moviéndolos deslizando el cuchillo debajo del papel de seda inferior. Estos trocitos se utilizarán para cubrir zonas pequeñas (cuando se recubren superficies muy talladas puede ser más fácil aplicar hojas que se hayan desgarrado en tiras en vez de cuadraditos).

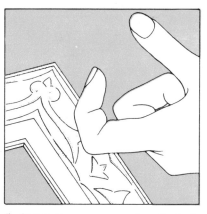

4. En una taza de porcelana mezcle «licor de dorador»: 15-25 % de alcohol desnaturalizado y 75-85 % de agua destilada. Moje en este licor el pincel de marta redondo y pinte sobre el lugar en que ha de ir la hoja. Trate de humedecer la zona de una sola pincelada y sólo vuelva a humedecer cuando la primera aplicación esté completamente seca.

5. Cuando la zona en que se ha aplicado de licor se vuelve pegajosa deposite la hoja bajando primero el borde suelto. Para probar la pegajosidad toque la zona con el nudillo de un dedo doblado; un sonido de «cleck» significa que la zona está lista para recubrirse.

6. Para levantar las hojitas del libro, pase la pelonesa ligeramente a través de la almohadilla de dorador para electrificar sus cerdas.

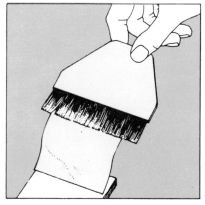

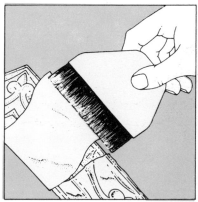

7. Comience por dorar primero las zonas grandes. No toque las superficies de sisa con nada que no sea el pan de oro. Levante la primera hoja del libro depositando unos 7 mm de la pelonesa sobre la hoja la cual será atraída sobre ella. Si es necesario transfiera la pelonesa y la hoja cuidadosamente a la otra mano.

8. Recubra las zonas pequeñas o complicadas con las piezas desgarradas apiladas aparte, aplicándolas de la misma manera.

9. Deposite las piezas sobre la superficie una por una, solapándolas unos 3 mm a medida que avanza, trabajando desde la parte alta del objeto hacia usted e inclinando la superficie de trabajo ligeramente si es posible. Baje cada pieza sucesiva con la pelonesa pero no deje que ésta o sus dedos toquen la zona de sisa. Si una hoja se arruga, vuelva a electrizar la pelonesa y tome otro trozo de hoja antes de que la zona de sisa se seque. Advierta que si la sisa va en una zona equivocada y se deja sin cubrir por la hoja, empañará la hoja ya aplicada.

Aplicación del pan de oro. Continuación

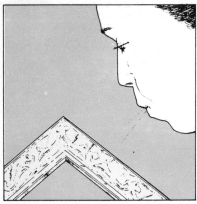

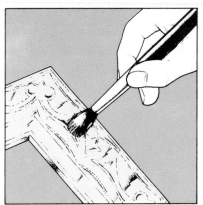

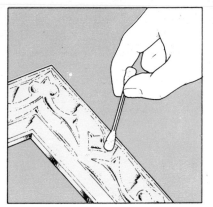

10. Si una gota de sisa quedase atrapada bajo la hoja e hiciese un bulto, sople sobre el bulto para forzar a salir el exceso. Evite la tentación de presionar utilizando la brocha o los dedos.

11. Una vez la superficie de sisa se haya recubierto completamente con pan de oro utilice la brocha de pelo de camello para quitar los trocitos de hoja sueltos. Si después de desempolvar queda expuesto algún punto desnudo rasgue un trocito de hoja del tamaño aproximado y aplíquelo como antes, usando un licor más fluido: una parte de alcohol y siete partes de agua destilada.

12. No toque una superficie recién dorada durante 12 horas; después de éstas púlala con una almohadilla de algodón en rama o el extremo de un palito de algodón, pero no frote muy fuerte o podrá desordenar la hoja. Si se exige un alto brillo bruña el trabajo como se explica a continuación.

Bruñido del dorado de pan de oro

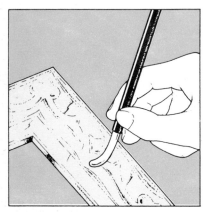

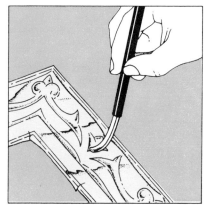

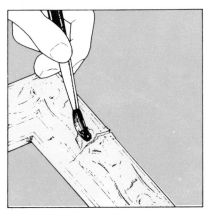

1. Para lograr un brillo elevado, espere por lo menos 24 horas después del frotado final; luego púla la superficie dorada con un bruñidor de ágata curvado. Este consiste en una pieza de ágata pulida fijada a un mango de madera, sustituyendo al diente de perro utilizado durante siglos para la misma finalidad.

2. Agarre el bruñidor por cerca de la punta de ágata y frote la parte ancha de la curva hacia adelante y atrás, en toques de izquierda a derecha o en circulitos según la zona en cuestión.

3. Trabaje lentamente para evitar líneas mates sin bruñir entre los toques. Si alguna hoja se desgarra o daña de cualquier manera, reemplácela por un trozo nuevo con el licor diluido descrito antes y brúñala inmediatamente.

Dorado al aceite y aplicación de pan de oro protegido

El dorado al aceite es un método muy recomendable para los principiantes. Para comenzar siga las instrucciones del epígrafe Preparación para Acabados Opacos (ver pasos 1-6, página 45). Luego reúna las siguientes herramientas y suministros: un librito de 20 a 25 hojas de pan de oro protegido, goma laca naranja y alcohol desnaturalizado, sisa al aceite, un pincel de pelo de marta de 15 mm, un cuchillo de mondar o una espátula de pintor, tijeras, lana de acero y una taza de porcelana.

Los panes de oro protegidos son ideales para superficies planas o formas cóncavas o convexas sencillas. Para los principiantes es menos difícil de aplicar que las hojas sueltas porque el reborde de papel puede manejarse con los dedos. Se necesitan los siguientes materiales: un librito de pan de oro protegido (o de plata) y polvo metálico de oro (opcional).

Dorado al aceite
1. Después del alisado final y desempolvado de la superficie de yeso aplique una capa selladora hecha de dos partes de goma laca naranja y una parte de alcohol desnaturalizado.

2. Espere unas dos horas hasta que se seque y aplique otra capa selladora. Espere otra vez y aplique una tercera capa fina. Alise con lana de acero entre las capas y la capa final para quitar las huellas de las pinceladas que estropearían la superficie final. Por último desempolve la superficie como antes. Recuerde que la mezcla de goma laca no debe tocar las piezas y que se han de bruñir.

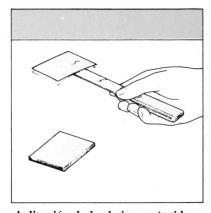

Aplicación de las hojas protegidas
3. Abra el librito de hojas y quite cuatro hojas con sus respaldos, una por una, utilizando un cuchillo de mondar o una espátula de pintor. Colóquelas en el lugar de trabajo con el lado del oro hacia arriba, pero asegúrese de tocar con sus dedos solamente el margen de papel de seda.

4. Recorte las hojas al tamaño y forma deseados con unas tijeras afiladas, colocando las piezas recortadas cerca del objeto a recubrir.

5. Eche en una taza de porcelana 50 cc de sisa de base de aceite de secado rápido; aplíquela uniformemente con un pincel de pelo de marta de 15 mm untando solamente la zona que espera recubrir con pan de oro en una hora, probablemente sólo 5 a 8 cm cuando comience.

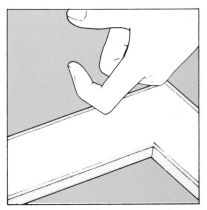

6. Pruebe la pegajosidad tocando la zona untada rápidamente con un nudillo. Un ruido de «cleck» significa que la sisa está lista para ser recubierta.

Aplicación de las hojas protegidas. Continuación

7. Deslice el cuchillo cuidadosa y lentamente bajo el borde de una hoja, levantándola por el margen de papel; dele la vuelta colocando la parte del oro hacia abajo sobre la zona untada con sisa.

8. Frote con un dedo sobre el respaldo de papel de seda para prensar la hoja de debajo en su lugar.

9. Levante cuidadosamente el papel de seda y coloque la hoja siguiente de la misma manera, dejándola que se solape sobre la primera hoja unos 3 mm.

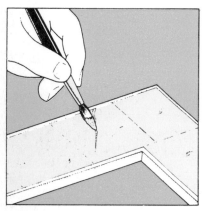

10. Si la hoja se rompiese al aplicarla, remiéndela como en el dorado al agua (ver paso 11, página 64) pero utilizando en este caso la mezcla de sisa de base de aceite dada en el paso 5 anterior. A veces el agrietamiento es un efecto deseado por sí mismo, así que si a usted le parece bien aplicar la hoja agrietada, acéptelo, proporciona un efecto de mayor vejez.

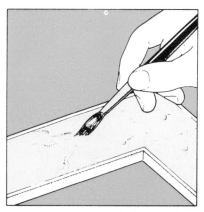

Tratamientos alternativos

11. La hoja de plata, ligeramente más barata, dará un efecto similar al de la hoja de oro, si se barniza. El barnizado no se recomienda usualmente sobre la hoja de oro aunque puede emplearse para proteger zonas que estén sometidas a mucho uso, tales como las patas de las sillas.

12. Para lograr un efecto muy chispeante espolvoree polvo de oro en su dedo índice y sóplelo sobre la superficie recubierta y barnizada. Trate de trabajar tan uniformemente como sea posible; ensáyelo aparte primero sobre una zona de papel de periódico barnizada.

Glaseado

El glaseado da una textura similar al envejecido, pero su efecto es más suave y más actual. Puede aplicarse a cualquier superficie pintada. El objeto a glasear debe tener las capas usuales de pintura lisa al aceite aplicadas como se indica en el epígrafe Acabados Opacos, pasos 1 a 6, página 45.

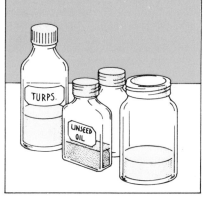

1. Para preparar la superficie para el glaseado mezcle seis partes de espíritu de petróleo con una parte de aceite de linaza cocido. Frote toda la pieza con este aceite alisador.

2. El glaseado propiamente dicho puede ser brillante o mate y más o menos transparente según la cantidad de pigmento blanco que contenga. Puede comprarse como un líquido espeso dorado o blanco cremoso o puede hacerse como se indica más adelante. De cualquier manera cuando se aplica debe aparecer transparente a menos que esté teñido. Para hacer un líquido glaseador mezcle una parte de aceite de linaza, una parte de aguarrás, una parte de secante y, opcionalmente, una parte de carbonato cálcico. Puede aclararse con espíritu de petróleo, teniendo en cuenta que cuanto más delgado sea el glaseador más rápidamente se asentará.

3. El glaseador comprado o hecho en casa se tiñe con tintes universales o colores al óleo para artistas. Estruje una chorretada del color deseado en un plato o recipiente plano añada una gota de diluyente para disolverlo y luego añada una taza de líquido glaseador adelgazado. Revuélvalo bien y pruébelo en un trozo de cartón blanco. Si se desea un color más suave adelgácelo con líquido glaseador.

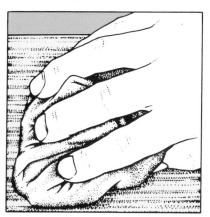

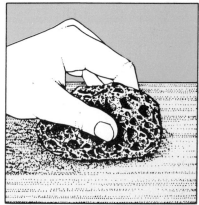

4. Para aplicar el glaseador tome una pequeña cantidad en el extremo de una brocha ancha y extiéndalo ligeramente sobre toda la superficie. El efecto debe ser «rayado» o estriado; si el resultado no es el deseado quítelo frotando con un trapo empapado en espíritu de petróleo. Sin embargo si la textura suave arrastrada es agradable déjelo secar durante dos días, luego protéjalo como se indica en los pasos 1 a 3, página 81.

Otras texturas

5. Adicionalmente la mezcla puede ser texturada después: el esponjado se lleva a cabo mientras el aceite de alisar está aún húmedo. Aplique un glaseado ligero inmediatamente después del aceite y textúrelo con trapos y periódicos arrugados o una esponja vieja golpeando ligeramente para mantener el efecto tan sutil como sea posible. Si el glaseado se seca demasiado rápidamente añada una cucharadita de aceite de linaza cocido; si se asienta demasiado lentamente añada una gota del secante adecuado.

6. Después del esponjado inicial puede introducirse otro color o uno más oscuro. Aplique esta segunda capa con una esponja de estructura más abierta; quedará una textura más aguda para contrastar con la capa inferior moteada. Si la diferencia es demasiado llamativa añada más adelgazante al segundo color. En este momento usted puede parar o proceder al picado con una brocha vieja o una brocha de estarcir (ver paso 8, página 51). Después del glaseado inicial puede también incorporarse el salpicado (ver pasos 9 a 12, página 51); pero tenga en cuenta que esto produce un resultado espectacular y debe ser utilizado parcamente.

Laqueado

Hay tres tipos de acabado laqueado: laca, goma laca y barniz. La laca se obtiene de la savia del árbol oriental venenoso rhus vernicífera y se refina para producir laca en grano, una sustancia granular cruda que puede refinarse varias veces más para dar laca de distintos grados de pureza, produciendo finalmente laca en escamas, una laca brillante pero frágil.

La goma laca se deriva de las secreciones endurecidas de insectos que hormiguean en árboles de la India y Tailandia. Esta sustancia se funde, purifica y taja en trocitos vendiéndose como goma laca naranja en escamas o francesa. También se puede obtener como goma laca blanqueada. Ambos tipos se secan dando una superficie transparente con un ligero efecto de piel de naranja. Son solubles en alcohol desnaturalizado y aguarrás.

El barniz es una solución de resina (de copal, de almácigo, de damart o de sandáraca) en un disolvente. Hay dos tipos: barniz al alcohol, en los que la resina se disuelve directamente en un disolvente tal como alcohol desnaturalizado o aguarrás, y barnices al aceite en los que la resina se funde con un aceite secante y luego se adelgaza con un disolvente.

Los tres acabados se basan en el principio de que cuando el líquido se expone al aire se evapora la parte volátil de la solución, dejando una delgada película de resina sobre el objeto.

Las herramientas y suministros para limpiar y reparar los diferentes tipos de objetos laqueados se dan en los apartados adecuados. Las herramientas y materiales para el proceso de laqueado propiamente dicho son las siguientes:

Para el trazado: lápiz afilado, papel de calco, papel abrasivo fino y libro de modelos.

Para reparar el laqueado base: goma laca (comprada en pequeñas cantidades), pintura de blanco de plomo (comprada a menudo como blanco de plomo), aguarrás puro (evitar el aguarrás de madera), secante japonés, brocha de imprimar de pelo de buey de 2,5 cm, brocha de cerdas blancas de 3,5 cm, pinturas japonesas —una buena lista básica incluye: rojo medio Liberty (rojo púrpura), rojo naranja, amarillo cromo claro, amarillo cromo medio, azul cobalto, sombra tostada, siena natural, siena tostada, amarillo ocre y negro de humo (un negro neutro). En lugar de esto puede utilizar esmaltes pero los efectos son más rudos y menos «auténticos». También puede necesitar: barniz de exteriores, papeles de periódico, espátulas de pintor, trozos de cartón blanco para carteles, papeles de paleta de pin-

tor, alcohol desnaturalizado, colador de malla metálica, medias de nylon, jarra de vidrio, trocitos de alambre, papel abrasivo al agua, jabón no detergente y lana de acero de la más fina. Para la laca *coromandel* necesitará aceite de soja, alcohol de petróleo refinado, barniz brillante, y un jarro de vidrio de color verde o marrón. Para el *laqueado inglés* incluya trípoli, asfalto, disolvente mineral, y barniz transparente brillante. El *laqueado francés* exige polvos metálicos o pan de oro machacado, pisón de dorador, tubo de cartón, estopilla, cinta de goma, brocha suave para goma laca, esponja natural, embudos de papel plegado. Para el *laqueado italiano* reúna hojas de cola de piel de conejo, dos cacerolas (una más grande que la otra), brocha de cerdas tiesas, pasta de caseína, emulsión de caseína, polvo de caolín, aceite de pino, bilis de buey, fungicida, barniz brillante, trípoli, esencia de limón. Recuerde que las brochas para barniz deben siempre limpiarse con el disolvente especial que se indica en la lata. Diluya el barniz brillante al 40 % como se indique en la lata. El petrolato alrededor de lo alto del recipiente y el aguarrás encima de la pintura de dentro evitan la for-

mación de espuma. Después de lijar quite siempre el polvo de la superficie del objeto con un trapo humedecido en aguarrás.

Para transferir el dibujo: trapo blando, tiza en polvo (para los objetos oscuros) o lápiz blando (para los objetos claros), cinta adhesiva, lápiz duro afilado, pinturas al óleo para artistas o pinturas de caseína. Los diez pigmentos básicos son: opacos, blanco de titanio, amarillo de cromo (medio o claro) y vermellón; semi transparentes, ocre amarillo, siena tostada; transparentes, rojo de alizarina, azul de prusia y laca amarilla; pigmentos de entonación, sombra natural, utilizada como entonador con los azules y verdes, sombra tostada, utilizada como entonador con los rojos y amarillos. Para los brillos use pintura de dorador o polvos metálicos. Necesitará también pinceles finos de marta, de los números 1 a 6. Para filetear utilice un pincel de filetear de pelo largo. Prepare tarritos de aguarrás puro, periódicos, papel de paleta, barniz de intemperie (no utilice nunca barniz de base plástica o de polieuretano como sustituto), trapos de algodón limpios, espátula de pintar, algodón en rama y aceite de linaza.

Trazado del motivo

1. Primero asegúrese de que la pieza no es una antigüedad valiosa, busque el consejo de un experto si tiene dudas. Si el objeto laqueado está solamente ligeramente desconchado lleva menos tiempo retocarlo con pinturas de esmalte, que se encuentran en las tiendas de artículos para aficionados. Cuando decore una pieza nueva seleccione un motivo de un libro de modelos de los que existen. Recuerde que cada época y lugar tiene su estilo y que los diseños del estaño, la madera y el papel maché no son intercambiables. Para restaurar el motivo original proceda en la forma siguiente.

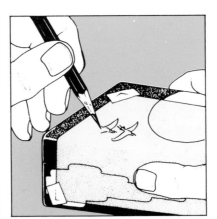

2. Lleve ropas hechas con materiales sintéticos para evitar el polvo. Quite del objeto todos los herrajes excepto las bisagras. Examine la pieza tanto a la luz del día como con luz artificial, para notar cualquier detalle de pintura que quede. Trace todos los dibujos que aún queden, usando un lápiz afilado y papel de calcar y tomando notas detalladas y cuidadosas de los colores exactos utilizados con objeto de reproducirlos luego con precisión.

3. Como alternativa coloque una segunda hoja de papel de calcar sobre la primera y escriba sobre ésta. Trate de determinar si las pinturas están aplicadas gruesamente o delgadas; apunte cualquier fileteado y brillos y si éstos han sido dorados o pintados.

Reparación y repintado de objetos de estaño

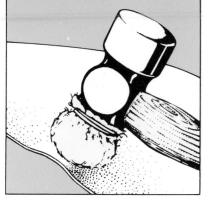

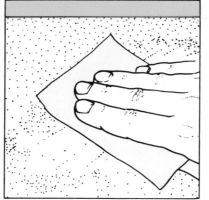

1. Limpie lavando suavemente con una solución de jabón puro y agua. Cuando se seque debe aplicarse suavemente cera de abejas o un pulimento sin silicona con una gamuza o un trapo blando, a menos que vaya a hacer un retoque de la pintura a mano, en cuyo caso no debe usarse pulimento. Habiendo completado el trazado del dibujo original o lijado el viejo si está demasiado confuso para reproducirlo, quite las indentaduras martilleando con un martillo de bola acojinado con algodón en rama envuelto alrededor del extremo.

2. Lije con papel abrasivo fino antes de aplicar una capa de imprimación antióxido mate (corrientemente gris o siena quemada). Los lugares delgados o complicados pueden lijarse con una barrita de goma de borrar escritura a máquina.

3. Cuando esté seco vuelva a lijar otra vez ligera y uniformemente con papel abrasivo al agua, bajo el chorro de agua corriente. Seque con un trapo; puede servir una media vieja. El objeto queda ahora listo para el laqueado.

Reparación y limpieza de madera laqueada

La laca se desprende en escamas debido al movimiento del cuerpo o base de madera, así que mantenga los objetos laqueados lejos de temperaturas extremas o humedad. Reparar la madera laqueada es complicado incluso para los restauradores expertos, porque la madera utilizada es a menudo blanda y barata que tiende a agrietarse y moverse haciendo que la pintura salte en escamas.

Reúna las siguientes herramientas y materiales: masilla adecuada para madera, una espátula flexible tal como una espátula de pintar, yeso en polvo, pinceles, imprimación para madera (para las piezas que se han desnudado), papel abrasivo.

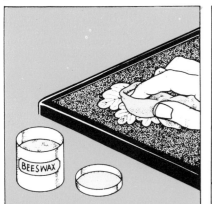

1. Para limpiar y abrillantar un objeto de madera laqueada (pero no antes de laquearla) utilice cera de abejas o cualquier cera para muebles sin silicona. Alternativamente haga una pasta mezclando aceite de oliva y harina blanca fina, aplíquela con un trapo blando y luego quítela frotando delicadamente. Cuando se han producido agrietados y desconchados llene las grietas y astilladuras de la parte inferior con la masilla de madera adecuada.

2. Si la pintura se ha desprendido dejando a la vista una especie de masilla, mezcle yeso en polvo con agua para formar una pasta espesa y remodele o rellene la parte dañada. Si la grieta es profunda, aplique varias capas rellenando la zona gradualmente.

3. Si está restaurando las zonas levantadas de un trabajo laqueado, pinte encima con una versión más clara de la pasta anterior utilizando un pincel de punta. Rellene más alto que la zona alrededor para prever la contracción durante el secado. Si la pieza se ha desnudado nuevamente aplique dos capas de imprimación de madera antes de laquear, utilizando un color cercano al del acabado laqueado que se desea, y cuando se seque líjelo hasta alisarlo con un papel abrasivo fino. El agujero quedará así listo para laquear.

Preparación y limpieza de incrustaciones

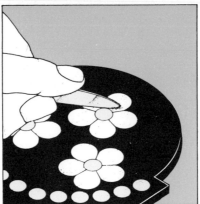

1. Las incrustaciones tales como el nácar exigen una limpieza cuidadosa, porque las finas grietas que las rodean tienden a atrapar la suciedad y el abrillantador y acaba por aflojarse la incrustación. Frote muy ligeramente cada pieza de incrustación con un palito de algodón mojado en agua jabonosa (nunca en una solución limpiadora fuerte), luego aclare y seque.

2. Si esto fallase en quitar la mugre, corrientemente da resultado rascar suavemente la superficie de la incrustación con un cuchillo embotado, pero sea cuidadoso de no causar un daño mayor.

3. Si una pieza se saliese de su alojamiento aplique un punto de adhesivo transparente de celuloide al dorso de la incrustación y vuélvala a colocar. Recoja siempre incluso los trocitos más pequeños porque es difícil encontrar repuestos.

Reparación de papel maché

Para reparar papel maché reúna las herramientas y productos siguientes: masillas sintética para madera, papel abrasivo fino, pinturas japonesas para retocar, solución acuosa de jabón puro, pegamento transparente de celuloide, para reparar las incrustaciones, y palitos de algodón.

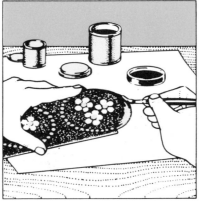

1. Limpie primero el papel maché siguiendo las instrucciones para la limpieza de los objetos de estaño (ver paso 1, página 69).

Repare un objeto astillado o dañado superponiendo capas de masilla sintética para madera, dejando secar cada capa completamente antes de añadir otra. Puede ser útil usar un palito de fósforo para apoyar la masilla para rellenar un agujero grande. (El papel maché es extremadamente propenso a astillarse y rajarse). Sobrerrellene siempre ligeramente pues la masilla tiende a contraerse cuando se seca. Cuando esté dura alísela con papel abrasivo fino.

2. La reparación debe luego retocarse con pintura de esmalte antes de aplicar el dibujo pintado a mano.

3. Si sólo ha de retocar zonas pequeñas vale la pena tomarse la molestia de mezclar las pinturas para igualar al fondo existente. El negro por ejemplo es raramente puro y a menudo necesita teñirse con rojo, azul o verde; para comprobarlo sostenga junto al artículo una muestra de negro de la tienda de pinturas (o del bote de esmalte).

Aplicación de la base de laca

Utilice solamente pinturas japonesas —pigmentos opacos mate en un barniz de resina sin aceite— y no las pinturas al óleo para artistas más transparentes. Elija los colores y después de mezclados pruébelos para su exactitud en papel blanco para carteles o papel de paleta y sosteniendo la pintura seca al lado del color original. Recuerde que cuando se mezclan las pinturas chinas si el valor tonal está por encima del medio del pigmento aparecerá más oscuro cuando se seque y si está por debajo del valor medio del pigmento aparecerá más claro. Vuelva a colocar las tapas fuertemente apretadas y almacene las pinturas japonesas cabeza abajo en un recipiente para resguardarlas de la humedad y que se mezclen más fácilmente. Cada una de las fórmulas que se indican en las páginas siguientes imitan combinaciones tradicionales.

La laca negra que se describe a continuación se utiliza como base para el laqueado de chinoisería, proporcionando profundidad y contraste al acabado multicolor. También puede utilizarse por sí misma o aplicada sobre la base de caseína utilizada en la laca italiana.

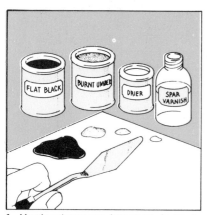

1. Mezcle primero una laca negra de imprimación a partir de cinco volúmenes de pintura negra mate, medio volumen de sombra tostada japonesa, un tercio de volumen de secante japonés y un cuarto de volumen de barniz de intemperie, utilizando una espátula de pintor para mezclarlo. La cantidad dependerá del tamaño del objeto pero tenga en cuenta que cada artículo necesita cuatro capas de laca.

2. Cuele la mezcla a través de un colador de malla de alambre recubierto con una media de nylón en un tarro de vidrio. Limpie la espátula con aguarrás y séquela con un trapo antes de mezclar otra vez pinturas. El objeto debe colocarse sobre papeles de periódicos húmedos que atraerán el polvo separándolo del artículo que está lacando. También es una buena idea colocar la pieza delante de una fuente luminosa, preferiblemente luz de día, de manera que se vea claramente cualquier imperfección.

3. Sumerja la brocha de pelo de buey en la mezcla de laca hasta la mitad de las cerdas y oprímala sobre el costado del tarro para quitar el exceso. No la enjugue sobre el borde; esto produciría una presión desigual que se traduciría en burbujas. Como otra alternativa coloque un alambre atravesando la parte alta y atado al tarro.

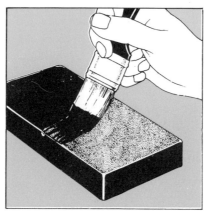

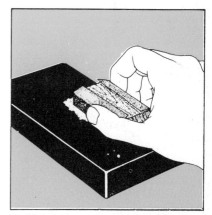

4. Comience laqueando en el centro del objeto y brochee suavemente hacia un extremo.

5. Solape el punto central del comienzo y pinte a lo largo hasta el extremo opuesto. Pinte de extremo a extremo a favor de la veta, luego en sentido transversal y luego a favor de la veta. El secado lleva entre 24 y 48 horas, según la temperatura y la humedad; 21ºC es ideal. Cuando la primera capa esté completamente seca aplique una segunda capa.

6. Después de que la segunda capa se ha secado completamente la superficie se frota con el papel abrasivo al agua más fino, utilizando como lubrificación espuma de jabón no detergente. Aplique otras dos capas de laca de la misma manera. Frote finalmente con una mezcla mitad goma laca y mitad alcohol desnaturalizado. Aplique dos capas de ésta, alisando entre las aplicaciones con lana de acero de la más fina. (Cuando limpie las brochas de goma laca utilice siempre alcohol desnaturalizado, nunca agua y jabón. La goma laca debe almacenarse en un lugar cálido y oscuro en un recipientes de vidrio.)

Laqueado oriental

Los acabados descritos aquí fueron muy usados por Chippendale y hacen muy buen juego con los objetos de chinoiserie o estilo oriental. La laca coromandel es una imitación de la utilizada en los biombos elaborados importados a Europa de la costa de Coromandel en la India en el siglo XVII. Tenían alrededor de 2,5 metros de alto y hasta 12 paneles de largo y combinaban escenas talladas, laqueadas y pintadas.

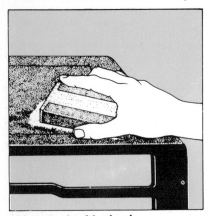

Laqueado de chinoiserie

Para hacer un acabado de laca roja mezcle un volumen de rojo Liberty (rojo púrpura) japonés, medio volumen de rojo naranja japonés, un cuarto de volumen de pintura blanco nieve y medio volumen de aguarrás. Aplique una capa. Como alternativa haga una variante amarilla mezclando un volumen de amarillo de cromo medio japonés, un cuarto de volumen de siena natural japonés, medio volumen de aguarrás y un décimo de volumen de secante japonés.

Cuando la capa de encima esté seca frote muy suavemente con papel abrasivo fino al agua lubrificando con solución jabonosa, lo cual revelará trazas de laca negra del fondo.

Laca coromandel

La laca para base se hace de un volumen de rojo Liberty japonés, medio volumen de siena tostada japonesa, un cuarto de volumen de rojo naranja japonés, una décima de volumen de secante japonés y un cuarto de volumen de aguarrás. Si el yeso o la caseína de base necesita reparación siga las instrucciones dadas para el laqueado italiano, pasos 1 a 5. En otro caso aplique cuatro o cinco capas de la fórmula anterior y cuando se hayan secado alise con papel abrasivo al agua fino y una solución jabonosa no detergente.

Proteja esta capa de base con dos capas de goma laca naranja diluida, dejando secar una hora después de cada capa antes de frotarla ligeramente con la lana de acero más fina. Para la capa de encima mezcle los siguientes ingredientes: un volumen de sombra natural japonesa, un cuarto de volumen de negro de humo japonés, siete volúmenes de glaseador hecho con un volumen de aceite de soja, un volumen de barniz brillante sin diluir, un volumen de espíritu de petróleo refinado, uno a

dos volúmenes de secante japonés (después de utilizarse el glaseador debe guardarse en un tarro de color verde oscuro o marrón).

Aplique una capa de esta fórmula a brochazos anchos. El resultado es un acabado vivo que parece ser una combinación de negro y caoba; un fondo ideal para la decoración con pan de oro.

Laqueados inglés e italiano

Laqueado inglés

Mezcle cinco volúmenes de negro de humo con un volumen y medio de sombra tostada japonesa, medio volumen de barniz transparente y espíritu de petróleo para adelgazar. Aplique cuatro o cinco capas y alise, cuando se seque, con papel abrasivo al agua fino y solución jabonosa no detergente. Seque con un trapo blando y aplique una capa al final de la siguiente fórmula, calentada a temperatura ambiente (21° C): tres cuartos de volumen de sombra natural japonesa, dos volúmenes de asfalto, un volumen de barniz de intemperie, un volumen de disolvente mineral y un cuarto de volumen de secante japonés. Después de 48 horas frote con abrasivo suave tal como tripolí o polvo pómez y aceite, deje otras 24 horas antes de alisar con papel abrasivo al agua fino y solución de jabón puro. Proteja con una capa de goma laca mezclada a volúmenes iguales con alcohol desnaturalizado. Frote con lana de acero antes de decorar con un motivo pintado a mano.

Laqueado italiano

Este laqueado se parece al método del siglo XVIII. Fue aplicado sobre una capa de escayola que ocultaba la pobre artesanía o la mala calidad de la madera o el yeso de debajo. Es un proceso muy largo y sólo vale la pena emprenderlo para daños extensos.

1. Comience por remojar dos o tres hojas de cola de conejo en medio litro de agua. Disuélvala suavemente sobre el fuego colocando el cazo dentro de otro más grande de agua hirviendo, para obtener una sisa que se aplica con una brocha dura y se deja una noche para secar. Haga una mezcla de caseína revolviendo 170 gramos de caolín en polvo en un litro de pasta de caseína blanca, luego añada 70 gramos de emulsión de caseína, tres gotas de aceite de pino, 1,25 cc de hiel de buey, 1,25 cc de fungicida (machacado en 2,5 cc de agua) y 360 cc de agua.

2. Fíltrelo a través de una media de nylón en un tarro de vidrio, forzándolo a través de la malla con una brocha dura. La mezcla debe tener la consistencia de una crema espesa. Cubra el objeto con una película uniforme de la mezcla.

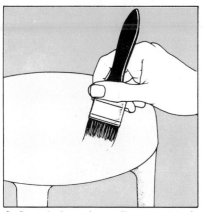

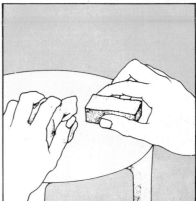

3. Después de una hora aplique una segunda capa cruzando los brochazos. En conjunto aplique cinco capas de esta manera, alisando después de cada capa con papel abrasivo del más fino. Lije también después de la capa final.

4. Disuelva el polvo de anilina blanco en agua caliente. Si se necesitasen tonos más claros añada agua fría.

5. Seguidamente frote la solución de anilina sobre la base de caseína utilizando una esponja natural de textura fina y enjuagando instantáneamente con un paño absorbente. Cuando se seque después de dos horas, cubra la pieza con goma laca blanca adelgazada, diluida con alcohol desnaturalizado a partes iguales. Aplique cinco capas en conjunto, dejando secar cada capa durante una noche antes de frotarla con lana de acero de la más fina. Cuando la última capa de goma laca esté completamente seca aplique dos capas de barniz brillante y frote la capa superior con trípoli y aceite de limón. Si se desea puede aplicarse sobre este acabado una laca teñida.

Laqueado francés (barniz Martin)

Esta es una aproximación moderna a la famosa fórmula de los hermanos Martín del siglo XVII: aplique cinco capas de pigmento japonés adelgazado de un tono medio, deje 24 horas entre las aplicaciones. Lije cada segunda capa ligeramente con papel abrasivo al agua fino y una solución jabonosa no detergente. Selle con una solución de goma laca blanca adelgazada con alcohol desnaturalizado a partes iguales, usando una brocha blanda para goma laca. Cuando se seque frote con lana de acero fina.

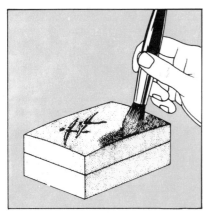

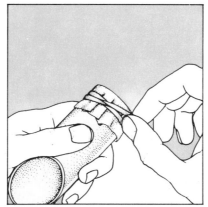

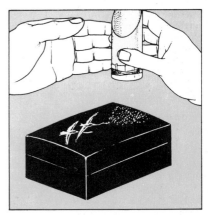

1. Luego aplique un medio glaseador (ver pasos 2-4, página 67), teñido con 14 gramos de color japonés de un tono algo más oscuro que el de la capa de base, utilizando una brocha o una esponja natural de textura fina. Déjelo secar durante una semana. Luego aplique una capa de barniz transparente adelgazado.

2. Déjelo secar durante 24 horas y aplique una segunda capa, salpicándolo, cuando esté pegajoso con polvos metálicos o para mayor autenticidad, pan de oro molido en partículas finas. Corte un tubo de cartón diagonalmente en un extremo y cubra el otro con estopilla fina fijada con una cinta de goma, para que sirva de tamiz.

3. Con un embudo de papel doblado eche las partículas en el tubo y luego espárzalas ligeramente sobre el barniz pegajoso golpeando suavemente el tubo. Cuando esté seco alise muy ligeramente con papel abrasivo al agua del más fino y agua jabonosa. Aplique varias capas de barniz adicionales alisando cada una hasta lograr el grado de traslucidez deseado.

Traspaso de un dibujo

1. Una vez se han aplicado las capas de base de laca y un sellado, el objeto está dispuesto para ser decorado. Si el dibujo trazado se ha de transferir a un objeto oscuro frote el reverso del papel de calcar con un trapo blando untado de tiza molida. Cuando se ha de pasar a objetos claros frótelos simplemente con lápiz blando.

2. Fije el dibujo al objeto en distintos lugares utilizando cinta adhesiva, con la cara untada de tiza o lápiz hacia abajo.

3. Utilizando un lápiz duro afilado pase por cada línea del dibujo muy cuidadosamente, de manera que quede transferido claramente a la superficie de debajo; debe ser bien visible cuando se quite el papel de calcar.

La decoración pintada a mano

Cuando se ha completado la transferencia del dibujo se está dispuesto para aplicar los motivos pintados a mano, seguidos por el fileteado y/o el dorado, toques que dan a la laca su encanto característico. Aunque pueden utilizarse pinturas de caseína (solubles en agua) son recomendables las pinturas al óleo para artistas. Estas dan a la decoración aspecto «flotante» más genuino. Procure siempre igualar los colores sobrevivientes, teniendo en cuenta que los pigmentos de pintura se oscurecen con el tiempo. Si se ha utilizado oro compre una pintura líquida en una tienda de artículos para artistas, de la mejor calidad posible. Si está restaurando trabajo estarcido, vea los pasos 1-9, página 76-7.

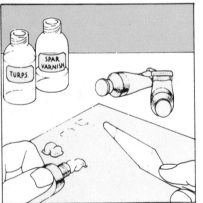

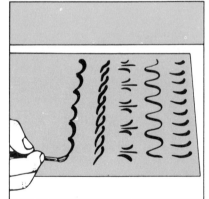

1. La pintura puede utilizarse directamente del tubo o sombreada con un pigmento entonador; para los azules y verdes se utiliza sombra natural, con los rojos y amarillos sombra tostada. Aplique un pigmento cada vez, mezclando las sombras de acuerdo con las notas hechas en el papel de calcar en el paso 3, página 68. Coloque una gota de pintura de cada tubo en el papel de paleta con una gota de barniz de intemperie a un lado y una gota de aguarrás en el otro. Mezcle los tres a una consistencia fluida utilizando la espátula de pintar pero limpiándola siempre antes de añadir otro color.

2. Antes de comenzar a pintar pruebe siempre primero sobre una hoja de papel de paleta. Pinte en un orden lógico, por ejemplo si el dibujo muestra una flor azul con un centro rojo, debe aplicarse primero el azul. Deje secar completamente cada aplicación y limpie el pincel con aguarrás antes de utilizarlo con el color siguiente.

3. Los profesionales obtienen la mayoría de las figuras de un solo movimiento. Esta única pincelada básica difiere según el tamaño del pincel, el uso de la pincelada para llenar la figura trazada y la presión ejercida.

Si desea añadir brillos dorados o estarcidos, acuda a los pasos 1-6, página 60-61. El fileteado y el envejecido son también toques de acabado opcionales (ver páginas 50-51 y 75 respectivamente).

Fileteado o bandeado

El fileteado o bandeado se aplica después del texturado pero antes del envejecido. También puede utilizarse sólo para añadir interés a un acabado pintado liso. Con objeto de poder quitar las líneas sucias aísle el acabado de debajo con una capa de barniz semibrillante. Para lograr un fileteado delicado y transparente utilice guasch de artistas o pintura acrílica diluida con un poco de agua a una consistencia cremosa; una gota de detergente puede también mejorar la fluidez. Los profesionales generalmente utilizan pinturas al óleo o tintes universales disueltos en un poco de espíritu de petróleo y barniz transparente.

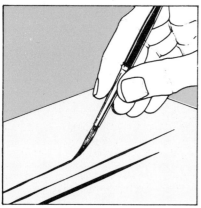

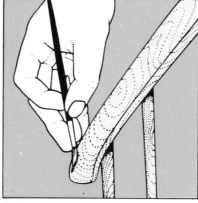

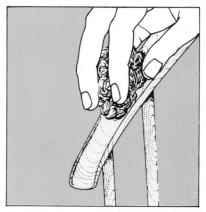

1. Para empezar cargue el pincel y ensaye pinceladas largas y fluidas sobre un trozo de cartón blanco. El grosor de la línea depende de la presión ejercida así como del ancho del pincel mismo. Lleve su vista por delante del pincel, de lo contrario puede vacilar y la pausa se notará en el trabajo.

2. Cuando se sienta seguro trace una ligera línea de lápiz en la zona a filetear, cargue el pincel y, utilizando sus dedos como guía, deslícelo a lo largo con una pincelada larga y uniforme. Evite utilizar el lado más ancho del pincel. Corrija los errores con un algodón empapado en disolvente adecuado.

3. Si la línea parece demasiado fuerte suavícela frotando con la lana de acero fina, pero en cualquier caso la línea no debe aparecer completamente perfecta. Debe aparecer como que ha sido trazada por mano humana, de lo contrario podrían utilizarse tiras de plástico de delineante en un rollo. De hecho, una vez se ha dominado, es fácil llevar a cabo este proceso; úselo libremente tanto en pequeños objetos como en grandes para darles una condición frágil y elegante.

Picado con esponja

1. Después de preparar el objeto como se indica en los pasos 1 a 6, página 45, cúbralo con aceite mate y haga un glaseador teñido como se indica en el epígrafe glaseador (pasos 1-3, página 67). Si trata de que un objeto haga juego con las paredes de la habitación, es posible utilizar las mismas pinturas al agua de las paredes para picar con la esponja pero por cada taza de pintura añada una cucharada (15 cc) de secante de terebeno y si es necesario añada agua para aclarar la pintura a la consistencia de crema clara. También pueden usarse pinturas al aceite tales como esmaltes y se prepararán de la misma manera usando espíritu de petróleo como disolvente.

2. Pruebe la consistencia del líquido eligiendo una esponja y mojándola en la pintura, exprima el exceso y golpetee la esponja mojada sobre un trozo de cartón blanco. Una esponja de estructura fina, tal como una esponjita de maquillaje, producirá una textura más fina; una esponja de estructura abierta producirá una textura más basta. Cuanto más cercanos dé los golpecitos y mayor presión aplique más denso será el efecto del picado. Generalmente hablando los objetos más pequeños requieren una textura de la esponja más pequeña, pero esto sólo es una orientación.

3. Cuando la primera aplicación se ha secado completamente puede añadirse una segunda e incluso una tercera. Prepare el segundo color de la misma manera manteniéndolo en valor y tono cercano al primero. Por ejemplo, si el primer color era un azul pálido, el segundo puede ser un verde menta. Una vez se haya secado el picado final proteja el acabado como se indica en los pasos 1-3, página 81. Después de haber sellado el picado la pieza puede adicionalmente envejecerse e incluso estropearse como se indica en las páginas 50-51 y 82 respectivamente.

Estarcido

Aunque el estarcido lleva tiempo es una manera barata y adaptable de animar telas, paredes y mobiliario. Pueden llevarse a cabo dibujos complicados sin necesidad de habilidad artística; los motivos pueden copiarse, agrandarse, reducirse o adaptarse partiendo de libros de modelos para estarcidos o de papeles para paredes y telas. También existen estarcidos ya recortados.

La colocación y coloración de los estarcidos es importante; si usted es un tradicionalista observe el mobiliario primitivo americano o escandinavo, de lo contrario deje ir su imaginación. Sin embargo no sea demasiado ambicioso. Comience con motivos sencillos de un solo color.

Para hacer sus propios estarcidos los materiales necesarios son: papel tela, hojas de acetato, cartón aceitado para estarcidos o, como último recurso, cartón delgado. (Las hojas de acetato son especialmente útiles cuando se aplican dos o más colores, ya que permiten un posicionamiento exacto.) Reúna también los siguientes elementos: cuchillas de hojas cambiables, cinta adhesiva, un lápiz afilado, un tablero de plástico para recortar o un trozo de cartón grueso, además de la pintura como se indica seguidamente.

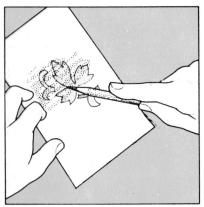

1. Para pasar el dibujo elegido al material del estarcido, intercale papel carbón entre ellos o frote el dorso del dibujo con lápiz blando.

2. Fije con cinta adhesiva el dibujo sobre el material del estarcido y trace cuidadosamente los perfiles del dibujo utilizando el lápiz más afilado y duro posible para asegurar la reproducción exacta.

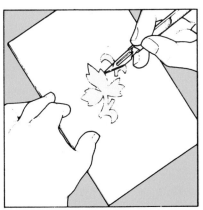

3. Utilizando la cuchilla de hojas cambiables recorte primero las figuras pequeñas, trabajando encima de un trozo de cartón o un tablero de cortar de plástico. Intente hacer los cortes lisos y fluidos. Los defectos pueden rectificarse en otro corte marginal por fuera del primero o lijando después las entallas con el papel abrasivo más fino. El proceso de recorte es quizás el paso más importante en la preparación de los estarcidos, por lo que debe tomarse su tiempo.

Estarcido alternativo

4. Si la combinación de colocación, superficie y/o tipo de pintura presentan verdaderos problemas hay un método alternativo de aplicación. Se traduce en un borde más «limpio» porque el estarcido recortado se utiliza como guía de forma que el dibujo puede trazarse directamente en la pieza utilizando un lápiz afilado para seguir los perfiles de las formas recortadas.

5. Separe el estarcido y aplique el primer color utilizando un pincel puntiagudo de artistas y cualquiera de las pinturas recomendadas en la página opuesta.

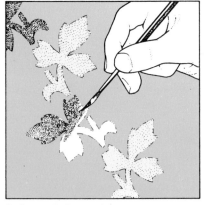

6. La ventaja de esta alternativa es que todo el dibujo puede trazarse de una vez de manera que el segundo y siguiente colores pueden aplicarse tan pronto como desee teniendo cuidado de no tocar accidentalmente con el pincel el primero.

Pinturas para estarcir

Muchos tipos de pinturas son adecuados para estarcir; la única exigencia es que pueda mezclarse con una consistencia de crema espesa para evitar que se escurra. Además deben ser de secado rápido o mezclarse con una pequeña cantidad de secante. Son ideales las pinturas de rotulistas y las pinturas acrílicas. También pueden servir las pinturas para carteles, los óleos para artista y las pinturas al aceite mates coloreadas con tintes universales. Pueden usarse de forma similar pinturas en spray pero no son aconsejables para principiantes; los efectos

son más suaves pero se ha de tapar toda la zona de alrededor debido a su tendencia a salpicar.

Evite mezclar demasiada pintura; se toma tan poca con el pincel que un platillo lleno es suficiente para toda una pieza. Asegúrese siempre de tener cerca a mano el disolvente adecuado para hacer borraduras rápidas. A veces se producen goteos especialmente sobre las superficies verticales; por tal razón dé vuelta a la pieza si es posible de manera que siempre esté trabajando con el estarcido en una superficie horizontal.

1. Utilice cinta adhesiva para colocar el estarcido recortado, luego moje la brocha de estarcir (que se parece a una brocha de afeitar excepto en que las cerdas son más rígidas) en la pintura. También pueden utilizarse esponjas o trapos suaves aunque es más difícil trabajar con ellos. Cualquiera que sea su elección asegúrese de mantener la pintura al mínimo, quitando el exceso sobre una hoja de papel secante o toalla de papel antes de cada aplicación.

2. Si utiliza pinturas en spray aplique la pintura en soplidos cortos y a un ángulo para lograr el sutil efecto de sombreado deseado, que sólo puede lograrse con estas pinturas. Desde luego la ventaja de utilizar éstas es que pueden lograrse calidades verdaderamente inusuales pulverizando la misma zona con tonos parecidos. Por ejemplo para lograr un verde azul puede primero rociar con un verde de base seguido por una segunda aplicación de azul en los rincones para lograr una acentuación.

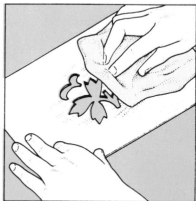

3. Después de unas pocas aplicaciones puede ser necesario limpiar el estarcido con el disolvente apropiado para evitar que la pintura pase a la superficie de debajo. Si se producen manchas enjúguelas con disolvente inmediatamente.

4. Deje secar la pintura, luego levante la cinta adhesiva cuidadosamente y desplace el estarcido a la zona siguiente a estarcir.

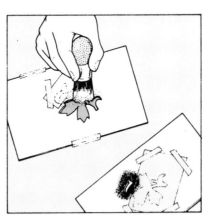

5. No quite el estarcido hasta que la pintura esté completamente seca o se producirán manchas. Para acelerar el proceso puede encontrar útil trabajar con dos estarcidos. Si trabaja con más de un color aplique cada uno separadamente.

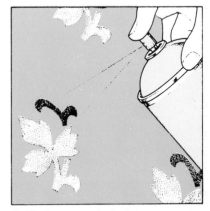

6. Finalmente proteja el trabajo con una capa de barniz; los mates o semibrillantes dan el mejor aspecto. El barniz puede estar teñido como se sugiere en el epígrafe Madera, página 46, para producir un efecto más apagado. Si trabaja con pinturas en spray utilice solamente barniz en spray de aerosol.

Imitación de carey

La pintura imitación de carey lo mejor es usarla sobre superficies planas o ligeramente redondeadas, más que en superficies talladas o irregulares que claramente puede verse que no pueden ser nunca de carey (concha de tortuga) auténtico. Además la imitación de carey no debe aplicarse a una extensión mayor de 15 cm en cuadro (la dimensión máxima de una placa de carey) a menos que con el efecto se intente simplemente un acabado de fantasía. Para el dibujo moteado utilice como referencia la fotografía enfrente de la página 32. Si se aplica este acabado decorativo para restaurar una pieza perdida de carey auténtico será obviamente necesario utilizar como referencia la concha no dañada intacta de alrededor, intentando igualar la tonalidad y textura exactamente. Si tal es el caso debe enmascarar el carey de alrededor con una aplicación de masilla de goma. Cuando se haya secado el proceso de pintura quite la masa frotando con sus dedos y pula el carey auténtico con una pasta hecha de polvos de casia mezclados con aceite de oliva.

1. El color de fondo va desde el marfil al amarillo pálido y se mezcla ajustando las proporciones de los siguientes ingredientes: 8 volúmenes de pintura blanca mate, 1/2 volumen de pigmento japonés ocre amarillo y 1 volumen de pigmento japonés amarillo cromo claro. Aplique tres capas, frotando cada una con papel abrasivo al agua y agua jabonosa. Cuando se haya secado la última capa protéjala con una capa de goma laca blanca adelgazada. Una vez se haya secado la goma laca utilice un lápiz 2H afilado para esbozar las marcas deseadas sobre el tono de fondo.

2. Los primeros brochazos transparentes del dibujo rayado de la concha de tortuga se aplican con una brocha de pelo de buey de 2,5 cm o con una esponjita de maquillaje. Cubra un poco más de la mitad del fondo con un baño de: 1 volumen de cada de asfalto, secante japonés y barniz de intemperie caliente sin diluir, mezclados con dos volúmenes de disolvente. Aplique estas marcas como si radiasen desde un punto central. Cuando se seque protéjalas con goma blanca diluida.

3. Las siguientes marcas de la concha se aplican de la misma manera. Comience por frotar la superficie con aceite mate preparado según se indica en el paso de la página 67. Luego aplique una mezcla de pigmento amarillo ocre y siena natural, diluidos a partes iguales con barniz transparente al que se ha añadido una pizca de secante japonés. Aplíquelo con una brocha de 13 mm cubriendo aproximadamente la mitad de la superficie, variando la pincelada de delgadas y gruesas a largas y cortas a intervalos irregulares.

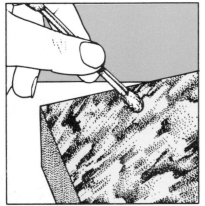

4. Después de esta aplicación de ocre amarillo emborrone los extremos de cada pincelada utilizando un trocito de algodón; este ligero toque de las pinceladas las hace más traslúcidas y los bordes emborronados son más parecidos al carey auténtico. Una vez se haya secado proteja esta primera aplicación con una capa de goma laca diluida.

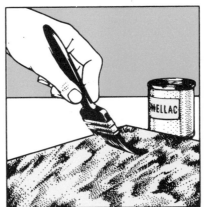

5. Una segunda, tercera y cuarta aplicaciones de las marcas del carey se aplican de la misma manera, encima o al lado de las anteriores. Para cada una use la fórmula dada en el paso 3 utilizando los siguientes colores de pinturas al óleo: siena natural, sombra natural y sombra tostada. Después de cada aplicación emborrone las pinceladas como en el paso 4 y luego selle con una capa de goma laca. Evite las marcas muy regulares o paralelas, variando las pinceladas tanto como sea posible.

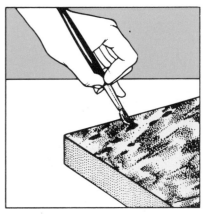

6. Finalmente aplique unos acentos en forma de rombos de una mezcla de 1 volumen de pigmento japonés sombra tostada y 1/4 de volumen de negro de humo. Utilice un pincel de artista del número 6 para tocar ligeramente los acentos aisladamente o en grupos y a un ligero ángulo con las pinceladas existentes. Proteja con dos capas de goma laca diluida, lijando entre las capas con papel abrasivo al agua fino y agua jabonosa. Después del frotado final la pieza o la zona tratada deben lavarse.

Pintura al vinagre

Para obtener el mismo tipo de efecto desenfadado que logran los niños con la pintura con los dedos, tenga en cuenta la pintura con vinagre. Es un procedimiento sencillo inventado por los artesanos rurales para imitar el falso veteado popular en el siglo XIX. Debe aplicarse con seguridad y rudeza y quizás luce en su mejor forma cuando se aplican tonos más oscuros directamente sobre un fondo muy claro.

La idea es dejar que el vinagre tome la huella de cualquier cosa que produzca una textura interesante: plastilina, papel arrugado, corcho, masilla, dedos, plumas, peines, etc. Puesto que la mezcla seca lentamente hay bastante tiempo para experimentar y las equivocaciones pueden corregirse fácilmente quitando la mezcla lavándola. Reúna los siguientes suministros: vinagre, azúcar, detergente líquido, tarro de vidrio, pigmento pulverizado y barniz semibrillante.

1. Prepare la pieza como para un acabado opaco, pasos 1 a 6, página 45, es decir cúbrala con pintura al aceite mate teñida al color requerido. Cuando se seque frótela con papel abrasivo al agua espumoso para un alisado perfecto.

2. Comience haciendo el medio mezclando en un tarro de vidrio 110 cc de vinagre con 5 cc de azúcar y un chorrito de líquido detergente. Agítelo, luego coloree aproximadamente 1/4 de la mezcla con pigmento en polvo. Mézclelo hasta hacer una pasta y luego añada el resto de la mezcla de vinagre.

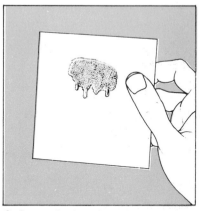

3. Ensaye el color sobre un trozo de cartón blanco y pruebe también la consistencia (sosteniendo el cartón vertical la mezcla debe chorrear ligeramente).

4. Experimente con la mezcla utilizando distintos dispositivos de texturar antes de comenzar realmente. Planee el dibujo antes de comenzar; trabajar con telas es divertido pero pueden resultar configuraciones terriblemente bastas. Para hacer menos monótonas las volutas o remolinos puede utilizar la mezcla simplemente como un baño en algunas zonas o darle una textura sencilla arrastrando un peine o una pluma a su través.

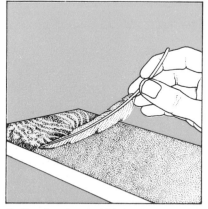

5. Cuando se han decidido los dibujos frote la superficie con vinagre puro, luego pinte con la mezcla sobre la superficie horizontal. Si la mezcla comienza a secarse antes de que se haya terminado el texturado simplemente pinte con más mezcla de vinagre.

6. Cuando la pintura de vinagre esté completamente seca proteja el trabajo con una capa de barniz semibrillante. Frote con papel abrasivo al agua espumoso para disminuir el brillo, luego pula con trípoli y aceite como se indica en los pasos 1 a 3, página 81.

Problemas con los acabados pintados

Como con cualquier habilidad, cuanto más práctica tenga en aplicar pintura opaca mejor será el resultado. Pero hasta que alcance este nivel de experiencia puede encontrarse con los problemas siguientes.

1. El sangrado, ocurre cuando el tinte, la masilla, la imprimación etc., rezuman a través de la capa siguiente. A menudo es causado por utilizar productos viejos y si parece realmente importante no hay más elección que el desnudarlo todo con objeto de dejar la madera desnuda otra vez. Sin embargo antes de tomar esta decisión drástica deje secar la capa «sangrada» y aplique otra capa de pintura opaca.

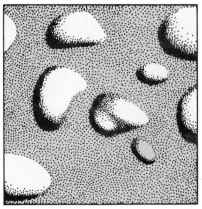

2. El ampollado, es causado por la exposición a un calor excesivo del sol, un radiador o un soplete, ya sea durante o después del período de secado. Alise con papel abrasivo y aplique una capa delgada de goma laca o barniz antes de proceder a la siguiente capa.

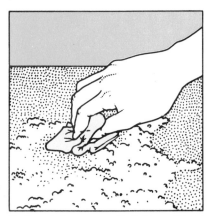

3. Empañado, es una película blanquecina o azulada que puede aparecer sobre la superficie de barnices o esmaltes cuando están secándose. Puede tener muchas causas. Para tratarlo frote con papel abrasivo al agua y espuma de jabón o con un abrasivo fino tal como piedra pómez o trípoli. Aclare con agua. Deje secar la superficie completamente antes de continuar.

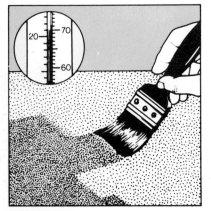

4. La veladura, se parece al empañado pero corrientemente comienza a aparecer cuando se aplica la laca, goma laca o barniz en una atmósfera demasiado húmeda o cuando la capa de debajo no se ha dejado secar completamente. Para remediarlo inunde toda la superficie con el disolvente recomendado, deje secar y comience de nuevo. Es ideal que la temperatura alcance los 20° C.

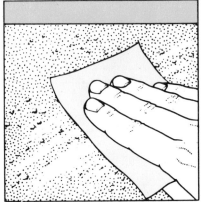

5. Las burbujas, se producen cuando la pintura no es suficientemente fluida o cuando no se haya aplicado correctamente con la brocha. También pueden producirse en superficies barnizadas, si el bote se ha sacudido para suspender el colorante en el líquido produciendo burbujas.de aire. Cuando esté seco, lije en favor de la veta usando el papel abrasivo más fino y aplique otra capa de pintura fluida.

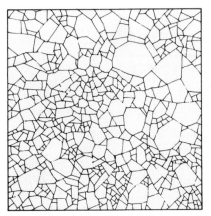

6. El craquelado o agrietamiento capilar, aparece como líneas irregulares en la superficie de la pintura seca. En piezas pintadas antiguas les da encanto a menudo; pero en piezas pintadas nuevas deben quitarse. Cuando esté seca, lije con el papel abrasivo más duro, enjugue con espíritu de petróleo y aplique otra capa.

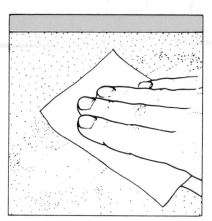

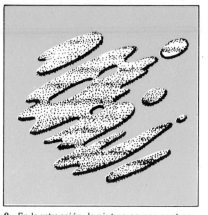

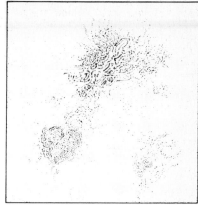

7. La peladura se produce si la capa de encima no puede adherirse a una capa demasiado lisa debajo de ella. Dé rugosidad a la superficie con papel abrasivo de grado medio, frote con espíritu de petróleo y aplique otra capa. (Las pinturas de esmalte necesitan especialmente superficies rugosas que proporcionen «mordiente».)

8. En la retracción, la pintura parece contraerse retirándose o evitando ciertas zonas porque éstas están engrasadas, húmedas o enceradas. Lave la zona con espíritu de petróleo, deje secar y reanude la pintura.

9. El arrugado, es causado por la aplicación de excesiva pintura en algún sitio, de forma que la pintura se apila sobre sí misma. El sobrepintado es un problema para los aficionados. Para remediarlo lije la zona con papel abrasivo fino y aplique otra capa fluida. Asegúrese de extender bien cada brochada.

Protección de los acabados de pintura decorativa

Después de la aplicación del envejecido, glaseado, estarcido o pintura de vinagre, es absolutamente obligado proteger el trabajo de lo contrario la textura se borrará pronto (es interesante observar que algunos especialistas ponen en uso la pieza hasta que se desgasta algo del acabado y solamente luego aplican las capas de protección).

Reúna las siguientes herramientas y suministros: barniz mate o semibrillante, trípoli y aceite fino, o uno de los productos de pulido alternativos que se indican luego y cera para muebles sin silicona.

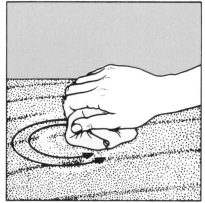

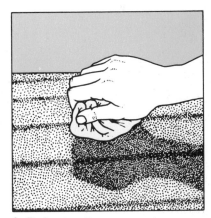

1. La protección más adecuada son dos o tres capas de barniz mate o semibrillante. Si solamente se dispone de brillante lije cada capa con papel abrasivo al agua espumoso. Utilice el barniz tal como se presenta a menos que desee realzar el tono de debajo. En este caso tíñalo con una diminuta cantidad de pintura al óleo para artistas.

2. Para un acabado de aspecto impecable y auténtico la última capa de barniz se pule a mano. El pulimento usual es una pasta de trípoli mezclado con un aceite fino tal como lanolina, aceite para ensalada o aceite de limón. Aplíquelo con un movimiento circular, enjúguelo con un trapo limpio y frótelo con un trozo de algodón blanco o toalla. Alternativamente use polvo pómez, tiza francesa o harina. Incluso puede emplearse polvo de fregar doméstico, aunque suele ser demasiado abrasivo y necesita usarse con mano suave.

3. Finalmente aplique una capa de cera para muebles y frote hasta lograr un brillo suave.

Estropeado físico

Este proceso se utiliza para dar a los objetos un aspecto artificial de mal trato por el tiempo, mediante la aplicación de señales, indentaciones, manchas y agujeros de carcoma simulados. Es un procedimiento bastante brutal y no puede recomendarse excepto cuando se trate de envejecer una pieza nueva sin pintar, que luego ha de ser teñida y encerada o tratada con uno de los acabados de pintura descritos al principio de este capítulo. También puede usarse con el tratamiento de pintura estropeada de la página 54.

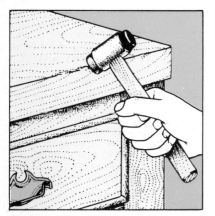

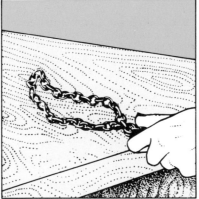

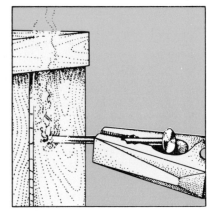

1. Puede usarse un martillo con las caras de goma para «ablandar» los cantos de las mesas y esquinas de las cómodas, etc., y para indentar o marcar superficies.

2. También puede golpearse un trozo de cadena o un juego de llaves contra la superficie superior de una pieza para producir indentaciones y marcas.

3. Para simular agujeros de carcoma puede calentarse una herramienta de metal puntiaguda afilada, tal como una lezna y golpearla contra la madera. Alternativamente puede introducirse en la madera un clavo delgado. En ambos casos asegúrese de que los agujeros son pequeños y bastante cercanos entre sí.

MOBILIARIO DE BAMBU

Aunque los europeos hayan estado fascinados por Oriente desde tiempo, no fue hasta el siglo XVIII cuando el comercio entre China y el Occidente se desarrolló en gran escala. La demanda de mercancías orientales se hizo tan grande que las importaciones eran insuficientes para cubrirla y los productores europeos comenzaron a hacer sus propias imitaciones. El gusto por la chinoiserie alcanzó su cumbre a mediados del siglo XVIII, estimulado por la publicación de libros de modelos para mobiliario en estilo chinoiserie por Thomas Chippendale y otros mueblistas. Aunque muchos de estos diseños se caracterizaban por la imitación del bambú no fue hasta finales de los 1700 cuando se importaron las primeras piezas de bambú auténtico.

La chinoiserie recibió un mayor impulso en su popularidad cuando el príncipe de Gales, más tarde príncipe regente, comenzó la creación del Pabellón Real en Brigthon. La galería china fue amueblada con piezas de bambú auténtico, compradas en China en nombre del príncipe, así como con algún mobiliario de imitación de bambú hecho en Londres. Otros propietarios ricos de casas campestres siguieron pronto la moda y compraron piezas de bambú para adornar sus habitaciones orientales. Al final del siglo XVIII el mayor importador en Inglaterra era la East India Company que vendía sus cargamentos en subastas, mientras que una gran colección de mobiliario chino llevada a Estados Unidos por un cónsul de este país a comienzos del siglo XIX ayudó a popularizar allí este estilo.

El mobiliario de bambú exportado incluía mesas, sillas y sofás. Los tableros de las mesas y los asientos eran a menudo laqueados negros, a veces lisos a veces decorados con dibujos estilizados de pájaros y flores; otros asientos y tableros eran de caña (rota), las patas consistían en un haz de tallos de bambú delgados prendidos entre sí. Las curvas en el bambú se lograban calentándolo y doblándolo pero también podían obtenerse haciendo crecer tallos de bambú en moldes. Tales piezas se exhibieron ampliamente en las exposiciones internacionales durante el siglo XIX, pero fue tal la ingeniosidad de los fabricantes victorianos y su deseo de aprovecharse de las tendencias populares, que pronto el bambú producido en el país se hizo y vendió en cantidades enormes, sobrepasando en popularidad a las importaciones. Aunque a menudo construido menos sólidamente que el mobiliario tradicional chino, los estilos producidos en Occidente estaban a menudo más acordes con las necesidades y gustos europeos que los artículos originales.

La moda por la japonesería, a diferencia de la chinoiserie, comenzó en los 1870 y alcanzó su cumbre alrededor del cambio de siglo dando mayor ímpetu a la manía por el bambú. Fue utilizado para cualquier tipo de mueble, de maneras ni siquiera soñadas por los chinos: armarios, cómodas, escritorios, mesas, vitrinas, jugueteros, biombos, sillas, banquetas, revisteros, jardineras, librerías, marcos para gongs, marcos de espejo, persianas, lámparas, percheros e incluso grandes piezas tales como guardarropas, sofás, camas e incluso ¡pianos! Realmente, algunos fabricantes incluso ofrecían producir por encargo cualquier artículo que pudiese hacerse en bambú.

Las primeras materias eran importadas principalmente del Japón, que realmente no producía mobiliario de bambú por sí mismo, contrariamente a la creencia errónea contemporánea.

Además de las barras de bambú los japoneses exportaban paneles y bandejas laqueadas y rollos de estera de hierba apretadamente tejidos, todo lo cual fue incorporado en su diseño por los fabricantes de Europa y América. Los métodos de construcción eran similares a los tradicionales chinos, excepto en que las clavijas y cuñas de madera originalmente utilizadas en las uniones fueron sustituidas por clavos y tornillos de metal, que no siempre les daban una mayor estabilidad. El fabricante más grande y mejor conocido de Inglaterra, W. F. Needham de Birminghan resolvió el problema con una junta metálica que patentó y denominó «ferrumjungo». Usualmente el bambú formaba el armazón completo de la pieza y proporcionaba añadidos decorativos; las superficies planas se dejan laqueadas o de estera de hierba, como en los diseños orientales, pero también de azulejos, una innovación victoriana característica. Para las partes curvadas se empleaba el calor y doblado y los extremos huecos de las cañas se taponaban o encapuchaban con metal o madera.

A veces se añadió decoración con tintes marrones o barnices y con líneas de oro pintadas alrededor de los anillos de nudos. A veces se aplicaron pequeñas marcas descortezadas para darle un efecto de carey. Finalmente el bambú se tiñó con tonos distintos de marrón, especialmente en Francia, donde fueron populares los colores vivos. Una superficie grande de estera podía contener trozos de bambú espaciados decorativamente, rectos o curvados.

Desde los 1860 a los 1930 hubo más de 150 productores de mobiliario de bambú en Inglaterra, ninguno tan grande como Needham (cuya producción estaba presumiblemente en el orden de las 4.000 piezas semanales), pero todos lanzaban enormes cantidades tanto para el mercado interior como para la exportación. Uno de los primeros detallistas especializados en bambú fue Liberty and Company, cuyo fundador Arthur Lazenby Liberty, emprendedoramente, estableció su propio almacén especializado en productos orientales. Otros almacenes le siguieron pronto y sus catálogos desde los 1880 a los 1890 muestran grandes cantidades de objetos de bambú.

El bambú logró un buen grado de popularidad en América, aunque menor que en Inglaterra y hubo pocos productores nativos, siendo preferida generalmente la imitación de bambú. El bambú fue importado desde Inglaterra y Francia donde el fabricante más grande fue Perret Fils & Vibert. El estilo del mobiliario francés de bambú fue bastante diferente que el de Inglaterra: así como era mucho más vivo fue corrientemente más utilizado en jardines y en terrazas que en el interior y era mucho más pesado, con palos de hasta 13 cms de diámetro, utilizados para proporcionar un efecto de solidez.

Aunque la moda del bambú decayó después de los 1930, desde cuando se consideró más adecuado para el jardín y el invernadero, está otra vez haciéndose popular y se está importando una serie de muebles creciente, a menudo mejor hechos que las piezas victorianas y eduardinas que se encuentran en las tiendas de antigüedades y de segunda mano. Pero éstas tienen con frecuencia un encanto y sencillez que va bien con los interiores modernos y con sólo un poco de atención pueden hacerse utilizables y atractivas durante muchos más años.

Reparación de mobiliario de bambú

Puesto que el mobiliario de bambú se consideró relativamente sin valor hasta bastante recientemente, a menudo se encuentra en un estado de deterioro considerable. Sin embargo, ya que aún se pueden encontrar fácilmente cañas de bambú de distintos diámetros y es fuerte y resistente, excepto en sus anillos de crecimiento o nudos, el mobiliario hecho con él es fácilmente reparable.

Corrientemente la restauración de muebles de bambú implica la atención a uno o más de sus componentes: las esteras de hierba utilizadas para cubrir encimeras y costados el trabajo de laqueado utilizado en algunas de estas mismas zonas y el armazón de bambú en sí. Los métodos de construcción pueden clasificarse generalmente en tres categorías: enclavijados o atarugados, clavados (el menos satisfactorio) y envueltos con tiras metálicas (el más satisfactorio).

Antes de comenzar las reparaciones limpie la pieza: limpie el armazón de bambú como la madera y, si es necesario, quite el barniz viejo (ver paso 3, página 39); limpie las esteras de paja como se indica en la página 85; y si hay paneles laqueados no utilice limpiadores en solución acuosa; en vez de esto ríjase por los pasos 1 a 3, página 69.

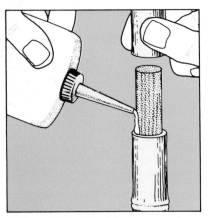

1. Los muebles de bambú están a menudo enclavijados o atarugados con gruesas clavijas de madera encoladas en las uniones, aprovechando que son huecas las cañas de bambú. Si éstas se han perdido cámbielas con trozos de clavija moderna de un diámetro que asegure un ajuste fuerte y que se hayan teñido si es necesario. Encole la clavija en ambos extremos del bambú utilizando pegamento para madera.

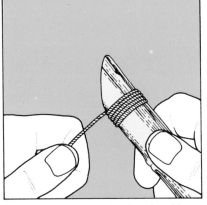

2. Si las uniones son clavadas el problema puede ser complicado, por el hecho de que el bambú puede también haberse rajado a lo largo. En este caso introduzca, forzándolo, pegamento para madera en las rajas y átelo con cordel húmedo. Cuando se seque vuelva a introducir un clavo de acero o un tornillo de latón en el agujero, volviéndolo a taladrar si es necesario utilizando una broca fina.

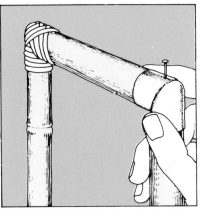

3. El método más satisfactorio de unir el bambú es por medio de recubrimientos de metal en todas las uniones. Esto se hace envolviendo una cinta de metal alrededor de las cañas y soldando en plaza los extremos solapados. La unión se refuerza a veces adicionalmente con un clavito o un tornillo como anteriormente y luego se tapa con una envoltura de bambú delgado rajado. (Ver pasos 4-7, páginas 108-109 para las instrucciones de cómo habérselas con las envolturas de caña).

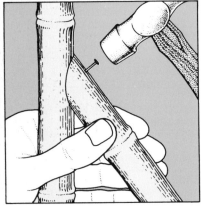

4. El método antes descrito se usa más a menudo cuando se trata de hacer una unión en diagonal, en cuyo caso los extremos de la pieza en diagonal pueden tenerse que raspar hacia adentro para ajustarlos a la curva de la pieza que se une. Luego pueden clavarse o atornillarse en su sitio envolviéndolos con metal y luego recubriéndolos con caña como en el paso 3.

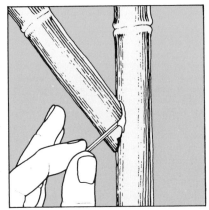

5. Las malas uniones pueden rellenarse con una pasta hecha de serrín y adhesivo para madera soluble en agua. La masilla resultante puede ser barnizada para igualar el color de alrededor. Las cañas de bambú con el barniz dañado o con masilla sobresaliente pueden necesitar alisarse después con lana de acero fina, seguida de una aplicación de barniz.

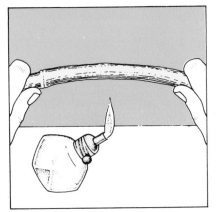

6. Cuando repare el armazón de bambú y antes de unirlo, puede ser necesario cambiar una pieza de bambú curvada. El bambú de pequeño diámetro se curva más fácilmente que el más grueso y el bambú antiguo no se dobla tan fácilmente como el nuevo; si es posible haga la curva entre los nudos. Curve un trozo de unos 20 cms de largo cada vez moviéndolo a un lado y otro sobre una llama sin humo en el punto en que quiera doblarlo. No deje que la llama toque demasiado tiempo al bambú en un punto. El trabajo de doblado debe hacerse lentamente o el bambú puede rajarse. (Al doblar puede haber algo de pérdida de la forma cilíndrica).

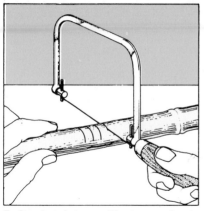

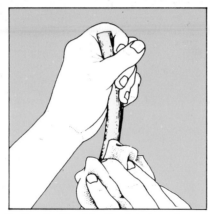

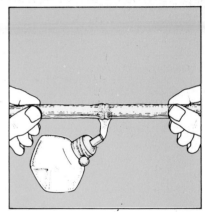

7. Cuando trabaje con diámetros grandes de bambú o cuando trate de hacer curvas cerradas, puede ayudar al doblado hacer unos cuantos cortes poco profundos utilizando una sierra de hoja fina tal como una sierra de marquetería, a través de la curva interior del bambú.

8. Cuando el bambú esté suficientemente curvado frote la curva con un trapo húmedo hasta que se enfríe, usando la mano izquierda para sostener la caña en su posición de doblado. Cuando se requiere un doblado agudo es mejor enfriar el bambú cuando está solamente a mitad de doblar y luego reanudar el calentamiento y doblado.

9. El calentamiento puede usarse también para aplicar pequeñas señales de quemado decorativas, como los pequeños parches oscuros que se encuentran en muchos mobiliarios de bambú. Para hacer esto sostenga el bambú quieto sobre la llama hasta que se marca la superficie. A menudo el marcado se hace en la zona de alrededor de los nudos. Vuelva a aplicar después por lo menos una capa protectora de barniz fluido.

Reparación y reemplazo de esteras de hierba

Los distintos tipos de esteras de hierba utilizados en los muebles de bambú pueden fregarse utilizando un cepillo de cerdas naturales blandas y un poco de agua jabonosa y aclarándolas completamente después. Después de la limpieza deje secar la estera completamente antes de comenzar las reparaciones.

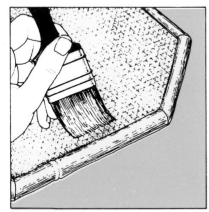

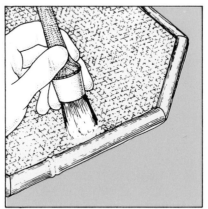

1. De vez en cuando, la estera de hierba puede estar intacta, pero la superficie de barniz protector se ha desgastado. En tal caso, simplemente limpie el polvo de encima con una brocha de pintar dura, para quitar la suciedad acumulada, lave con disolvente sustituto de aguarrás y un trapo suave y vuelva a aplicar un barniz no sintético; si es necesario tíñalo con pigmento para artistas o compre un barniz teñido con un color lo más parecido al existente.

2. Si la estera parece estar en perfectas condiciones pero está pintada encima, aplique un quitapinturas adecuado a la superficie y friégela suavemente con un cepillo natural fuerte o una rasqueta, para quitar las capas de pintura. Sin embargo antes de aplicar el quitapinturas asegúrese de que hay los signos característicos de la textura de hierbas; si no es así la pieza puede haber sido laqueada, en cuyo caso el decapante de pintura no debe aplicarse. En vez de ello la pintura debe quitarse mecánicamente (vea el paso 1 página 37).

3. Después de que se haya quitado la pintura enjuague la estera con disolvente y aplique barniz (vea pasos 1 a 3, página 43) para protegerla. Si después de esto la estera tiene aún pintura incrustada, no habrá otra elección más que quitarla.

Reparación y reemplazo de esteras de hierba. Continuación

4. Si la estera está solamente manchada, frote la mancha con un blanqueador de madera adecuado utilizando un pincel barato. Repita la operación hasta que la mancha se haya ido, deje secar y selle la superficie de la estera con dos capas de barniz transparente semibrillante.

5. A menudo la estera se ha pintado encima o está estropeada con señales de quemaduras o trozos pelados, en cuyo caso debe reemplazarse. Para comenzar desmonte las tiras delgadas de bambú que la mantienen en su lugar a lo largo de los bordes, utilizando una hoja flexible tal como una espátula o una rasqueta de empastar. No olvide que el bambú se raja muy fácilmente a lo largo, por lo que se requiere el máximo cuidado.

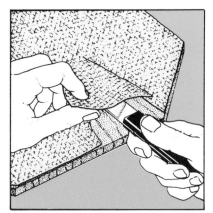

6. Para quitar la estera aplique agua caliente a la superficie, lo cual ablandará la cola que la mantiene sujeta. Utilice la rasqueta de empastar para separar la estera rascando.

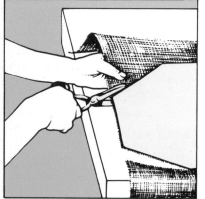

7. Una vez la estera se ha quitado, debe alisarse lijando la superficie de debajo y cortar una encimera nueva. Si la estera vieja está aún entera utilícela como patrón trazando a su alrededor sobre papel de periódico con un rotulador de fieltro; y si sólo quedan restos ponga la mesa boca abajo sobre el papel de periódico y trace alrededor de la misma para obtener una plantilla. Fije con cinta adhesiva o alfileres el patrón de papel de periódico a la estera comprada y recorte la figura, observe que la estera debe llegar hasta los bordes del tablero pero no sobresalir de ellos. Córtela si es necesario.

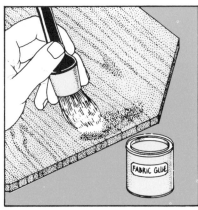

8. Aplique cola para telas de secado transparente o cola blanca soluble en agua en capa gruesa sobre el tablero de la mesa utilizando una brocha de pintar vieja y coloque cuidadosamente en posición la pieza nueva de estera. Déjelo secar.

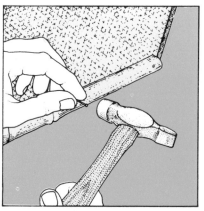

9. Cuando se haya secado la cola, deben volverse a colocar las piezas de bambú quitadas anteriormente de los bordes. Si su superficie barnizada se ha pelado puede ser necesario alisarla con lana de acero fina y volverlas a pintar antes de volverlas a colocar. Si no, simplemente fije las piezas en su lugar con clavitos de acero para tableros o chapa, si es necesario aceite ligeramente los clavillos para que entren más fácilmente.

VIDRIO

El vidrio es una sustancia única en cuanto que, contrariamente a las apariencias, no es un sólido. Según su definición científica es un líquido sobreenfriado, un hecho que explica sus cualidades especiales de brillo y fragilidad. El principal constituyente del vidrio es la sílice, que en estado puro tiene un alto punto de fusión impracticable y por ello se hace trabajable mediante la adición de alrededor de un 15 % de sosa (óxido sódico). También se le añade cal para reducir la solubilidad en agua del vidrio, para hacer el vidrio ordinario de sodio y calcio utilizado para las ventanas. Aunque los ingredientes básicos —arena, piedra caliza y cenizas de sosa (procedentes de quemar maderas duras)— han sido siempre fácilmente obtenibles, la capacidad de hacer vidrio se limitó a muy pocas culturas primitivas aunque muchas dominaron el trabajo de los metales y alguna forma de cerámica.

El objeto de vidrio más antiguo conocido es una varilla encontrada en Mesopotamia que se cree data de aproximadamente 2.600 A.C. Una pieza de vidrio azul de Mesopotamia data de aproximadamente 2.200 A.C. mientras que se sabe que recipientes de vidrio se hicieron en Egipto desde la época de la XVIII dinastía —a partir de 1490 A.C. En estos primeros recipientes el vidrio se hizo sobre un núcleo de arcilla decorado envolviendo encima hilos de vidrio coloreado (amarillo, blanco, verde o rojo) que después se volvían a calentar y peinaban enrollándolos luego a la superficie lisa. El vidrio primitivo era siempre más o menos azul o verde debido a su contaminación con óxidos de hierro y este vidrio es hecho aún para fines domésticos en algunos países mediterráneos.

A partir de estos comienzos el hacer vidrio se desarrolló pronto hasta convertirse en un arte. Los componentes se coloreaban para parecer piedras semipreciosas tales como el lapislázuli, jade y turquesa y se fundían juntos en pequeños crisoles; cuando se habían enfriado los bloques se tallaban, frotaban, grababan y pulían para hacer recipientes decorados. A veces se colocaban pequeños trozos de vidrio juntos en el horno para fundirlos y formar dibujos durante la cocción. Este método de tallar objetos de bloques macizos de vidrio fue corriente en Mesopotamia desde el siglo octavo A.C. Desde aquí el vidrio se extendió a Grecia y el Egeo y por el primer siglo A.C. Alejandría se había transformado en el centro más grande de producción de vidrio. Por esta época se había desarrollado la técnica de agrupar varillas de vidrio en haces de diversos colores y cortarlas a través para mostrar un dibujo en mosaico. Se usaron óxidos metálicos para colorear el vidrio. También se hizo en Alejandría vidrio moldeado prensando vidrio en molde o recubriendo los moldes con capas de vidrio en polvo que luego se fundían. Tales piezas podían estar «pulidas al fuego» volviéndolas a calentar en el horno, pulidas con abrasivos, grabadas o talladas. Los artesanos de Alejandría también inventaron la pintura con esmalte en la que vidrio coloreado pulverizado se fundía en la superficie en una cocción separada.

En algún momento alrededor del comienzo del siglo I A.C. se descubrió la nueva técnica de soplar el vidrio, probablemente en Siria. Esto fue un avance revolucionario, ya que el vidrio soplado era un material totalmente diferente, transparente y altamente adaptable. El vidrio recogido en un extremo del tubo de soplar podía soplarse entre moldes, de manera que formas tales como frascos podían hacerse más fácil y rápidamente que tallándolos a partir de bloques. El vidrio se hizo así un medio viable para la producción comercial en gran escala de botellas y jarros para almacenar aceite, vino, cosméticos y alimentos y su uso se extendió por todo el área comercial romana. El primitivo vidrio soplado era verde pálido, semitransparente y de peso sorprendentemente ligero, aunque algo del grosor original puede haberse erosionado por siglos de enterramiento. El tinte verdoso procede del óxido de hierro de la arena.

Por el siglo I D.C. los productores de vidrio estuvieron también bien establecidos en Italia donde se hizo primero el vidrio camafeo; en éste una capa exterior de un color, corrientemente blanco, se tallaba para mostrar un dibujo de diferente color en una capa inferior. En el período postromano los productores de vidrio estaban ampliamente distribuidos alrededor del litoral mediterráneo; en Siria se hicieron progresos en las técnicas de dorar y esmaltar principalmente para decorar las lámparas de las mezquitas islámicas.

Durante la Edad Media desaparecieron los diseños complicados, excepto en el llamado «vidrio del bosque»: vasijas primitivas para uso doméstico producidas en pequeñas vidrierías locales. Aunque pueden ser chapuceros y toscos, los mejores tazones tienen una elegante robustez.

Fue más al sur, en Venecia, donde la producción de vidrio se había de revolucionar. Era una artesanía largamente establecida cuando al final del siglo XIII los hornos se trasladaron a la isla de Murano, principalmente para reducir el riesgo de fuego en la ciudad. El gran avance de los agremiados venecianos fue el descubrimiento de aditivos que decoloraban el vidrio (aunque de hecho lo dejaba con un tinte marrón o grisáceo). Se emplearon todos los tipos de técnicas del vidrio pero los venecianos se especializaron en formas complicadas y fantásticas sobre vidrio delgado y frágil. Hasta el siglo XV los gremios obtuvieron vasos para beber, soplados estilizados, bandejas ornamentales, platos y tazas todos ellos ricamente coloreados y decorados complicadamente con esmalte e incluso piedras preciosas. Durante los siglos siguientes el *cristallo* veneciano fue inigualable en calidad y exportado a todo el mundo conocido. Los trabajadores del vidrio de Murano tenían prohibido dejar o comunicar los secretos de su arte a los extranjeros, pero a despecho de sus severas penas muchos huyeron para establecer vidrierías rivales en otras ciudades, especialmente Altare, Amberes, París y Londres.

En Inglaterra se había hecho vidrio primitivo durante la Edad Media pero fue la llegada en 1570 del veneciano Jacobo Verzelini y su creación en Londres de una vidriería para hacer servicio de mesa fino —«vidrio angloveneciano»— lo que dio un nuevo ímpetu a la manufactura del vidrio. En 1615 la vidriería Vauxhall cerca de Londres se fundó para hacer vidrios para beber, vidrios de ventana y espejos y continuó, con un solo intervalo, hasta 1745.

El vidrio hecho a partir de los constituyentes tradicionales de arena, caliza y ceniza de sosa no era suficientemente fuerte para resistir el uso diario, puesto que se utilizaba más y más extensamente entre las clases medias rápidamente crecientes. En Londres, la Worshipful Company of Glass Sellers contrataron a George Ravenscroft para experimentar en las maneras de hacer un tipo de vidrio más resistente. Reemplazando la arena por cuarzo calcinado machacado y añadiendo óxido de plomo como fundente para estabilizar el vidrio (el cual estaba por otra parte sometido al agrietamiento espontáneo) fue capaz de producir una mezcla grandemente superior, conocida como «flint glass». Por 1700 el vidrio de plomo o flint glass había más o menos sustituido al *cristallo*. Actualmente es corrientemente llamado cristal a un cristal de plomo y continúa siendo el tipo de vidrio más fino que se encuentra. Sus características particulares son su densidad y durabilidad y un brillo excepcional que se deja desarrollar porque puede grabarse o tallarse en facetas o en figuras fluidas y esculturales.

El establecimiento de un impuesto por peso sobre el vidrio en 1745 dio como resultado la producción de copas más ligeras y esbeltas a menudo con un fuste retorcido (el impuesto duró hasta 1845). El vidrio irlandés estaba exento de impuestos y fue más pesado que el inglés, aunque de un estilo indistinguible. Los vidrios eran esmaltados o dorados, especialmente por la familia Beilby de Newcastle. Sin embargo la contribución característica a la decoración del vidrio inglés e irlandés residía en la talla. Esta fue ayudada por la introducción, en los 1740, del horno de túnel, que posibilitaba recocer el vidrio y hacerlo más tenaz. La talla se hizo incluso más complicada a mediados del siglo XIX. Muy admirado y buscado después fue copiado extensamente en el continente.

En Estados Unidos en 1608 se hicieron intentos de establecer una industria vidriera en Jamestown, Virginia, pero sin éxito. Sin embargo por el 1739 Caspar Wistar había establecido una vidriería en el condado de Salem, New Jersey, y en 1763 Henry Stiegel puso una en marcha en el condado de Lancaster, Pennsylvania. Ambas se dedicaban principalmente a hacer botellas y vidrio para ventanas. Después de la guerra de 1812, cuando la producción de vidrio de plomo se había dominado e introducido el prensado mecánico, creció una industria próspera. En el prensado el vidrio fundido es forzado a entrar en un molde por bombeo mecánico, posibilitando hacer copias bastante realistas del vidrio tallado, aunque faltas de algo de la brillantez del original.

Los pisapapeles mostraban las cualidades decorativas del vidrio de una manera diferente. Inventados por los papeleros franceses alrededor de 1850 como un juguete de escritorio, su producción fue recogida por las factorías francesas más grandes como St. Louis y Baccarat. Actualmente son muy buscados por los coleccionistas y en consecuencia caros. Pequeñas rodajas de varillas de vidrio con dibujos de mil flores y entrelazados fantásticos y figuritas de animales de la mejor tradición victoriana se incluyeron en cúpulas de vidrio transparente rodeadas luego a veces por segunda vez con capas rojas o azules con ventanas talladas para mostrar la escena del interior.

La fabricación del vidrio plano ha progresado también enormemente en los últimos cien años aproximadamente. Hasta el siglo XIX la única manera de producirlo era por medio de la caña de soplar; se soplaba un globo de vidrio, se aplanaba, se volvía a calentar y se hacía girar hasta que fluía hacia afuera en una enorme hoja redonda llamada corona de vidrio. Luego podía cortarse en paneles, el centro del disco formaba los ojos de buey que a veces se ven en las ventanas antiguas (y ahora se copian a menudo deliberadamente). Mas tarde se soplaba un cilindro de vidrio, se cortaba a lo largo y se dejaba aplanar sobre una mesa de hierro. Si se necesitaba una hoja de vidrio verdaderamente plana sólo podía hacerse puliendo una hoja soplada extendida o fundida, un proceso muy caro antes de llegar la energía mecánica barata. Actualmente las hojas de vidrio plano se hacen por laminación, por flotación del vidrio sobre una superficie de metal fundido o dirigiendo verticalmente una especie de cortina de vidrio fundido.

En muchos aspectos el vidrio soplado ha cambiado poco a lo largo de siglos, aunque ahora los hornos son eléctricos. Las herramientas son tradicionales: una caña de soplar para hacer la primera burbuja, una pesada superficie plana de metal o mármol para hacer rodar la burbuja dándole forma, moldes de metal o madera para ayudar a hacer diseños uniformes para cada vaso, unas tijeras para recortar el borde y un pontil, barra maciza de hierro para sostener la pieza de vidrio por el pie mientras se aplican los toques de acabado. Usualmente el trabajo se lleva a cabo por un equipo, aunque en muchos talleres modernos se hacen también vidrios de estudio por individuos trabajando en piezas decorativas especiales, con técnicas adaptadas de todas las tradiciones del vidrio.

La historia del vidrio coloreado está indisolublemente unida con el arte y la arquitectura cristianos. Aunque sus orígenes técnicos puedan basarse en los mosaicos clásicos el arte fue perfeccionado por los artesanos medievales que lo utilizaron en las iglesias y catedrales para ilustrar y glorificar su fe.

Ha sobrevivido poco de los primitivos vidrios coloreados, aunque se sabe que las ventanas de la iglesia de San Martín en Tours estaban vidriadas con vidrio coloreado en el siglo VI. La edad de oro del vidriado de colores comenzó con la emergencia del estilo gótico, caracterizado por elevadas bóvedas, arcos apuntados agudos y finos arbotantes que se extendió a través de toda Europa en el siglo XIII. Las zonas de las ventanas se hicieron mucho más grandes, aumentando el campo de los artesanos de las vidrieras de color. Los colores utilizados se hicieron más oscuros y espectaculares, con azules y violetas profundos e intensos, utilizados especialmente para crear una atmósfera mística.

El fin de la gran época de las vidrieras coloreadas llegó con la reforma en el siglo XVI cuando la imaginería de la iglesia católica medieval fue rechazada como idólatra por los protestantes. En Holanda los calvinistas saquearon las iglesias y en la Inglaterra de los siglos XVI y XVII hubo una destrucción al por mayor de vidrieras y otras obras de arte religiosas. El siglo XVIII mostró un mínimo resurgir pero estuvo limitado por el clima religioso y por los estilos arquitectónicos del barroco y el rococó con los que el vidrio coloreado era poco adecuado.

El siguiente florecimiento del arte del vidrio coloreado se produjo en el siglo XIX. En sus fundamentos históricos fue en gran parte debido a la obsesión victoriana por los mitos y leyendas medievales, que condujeron a un resurgir del gótico en el arte y la arquitectura; en las bases técnicas hubo una enorme mejora en la calidad del vidrio manufacturado. En su aspecto peor el vidrio coloreado victoriano surgía de un excesivo sentimentalismo y una comprensión muy imprecisa de la Edad Media, pero en su mejor aspecto, en las manos de maestros tales como William Morris y Edward Burne-Jones podía resistir la comparación con el trabajo de los primeros siglos.

El movimiento Art Noveau tuvo también una marcada influencia en el vidrio coloreado: introdujo un nuevo sentido del naturalismo lírico en los diseños y estableció también el vidrio coloreado, quizás por primera vez, como un medio secular válido para los artistas. Al final de siglo muchos artistas y diseñadores famosos estaban trabajando con éxito en el vidrio coloreado: Charles Renni Mackintosh en Escocia, Gustav Klimt en Austria, Horta en Bélgica, Gaudí en España y Louis Comfort Tiffany en América.

El siglo XX trajo muchos cambios tanto en el estilo como en la técnica. Los nuevos materiales arquitectónicos tales como el hormigón y el acero proporcionaron oportunidades espectaculares: gruesas losas de vidrio podían colocarse directamente en la fábrica de piedra para transformarse en parte integrante de la estructura del edificio y piezas de vidrio coloreado pueden fundirse entre sí en un vidrio plano para formar un dibujo, prescindiendo del emplomado del conjunto. La abstracción como movimiento artístico fue respondida por los artistas del vidrio con resultados brillantes. Libre de sus papeles religiosos y representativos tradicionales, el vidrio coloreado es actualmente un medio excitante que merece ser usado más ampliamente en arquitectura y decoración.

Limpieza y reparación de vidrio

Generalmente el vidrio puede limpiarse por lavado con agua caliente jabonosa. Dé un aclarado. Si el objeto de vidrio está especialmente sucio añada una o dos gotas de vinagre o amoníaco a la solución detergente o use en el agua un líquido limpiador de ventanas apropiado. Para que destellen más pueden añadirse unas pocas gotas de vinagre al agua de aclarado.

Puede hacerse un limpiador más fuerte con: 125 cc de alcohol desnaturalizado, 125 cc de amoníaco doméstico y 250 cc de agua. Después de aclarado seque el vidrio con un trapo limpio libre de hilachas (el lino es ideal) o quedarán manchas de gotas de agua. No frote el vidrio pintado o dorado para secarlo. Séquelo dándole golpecitos.

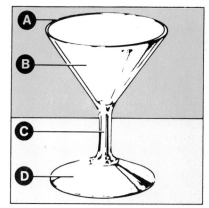

1. Si el fondo de un jarrón, botella o recipiente similar con cuello estrecho ha llegado a estar muy mugriento y el lavado con las soluciones anteriores no tiene efecto con la suciedad depositada, ensaye lo siguiente: coloque una cucharada de arena en el fondo del recipiente utilizando un embudo si es necesario.

2. Añada una pizca de líquido detergente, unas cuantas gotas de vinagre blanco y suficiente agua caliente para cubrir el fondo. Agite la mezcla abrasiva alrededor de la base, aclare y repita la operación si es necesario y luego seque como anteriormente.

El aficionado puede limpiar vidrio con éxito, pero no repararlo con el mismo éxito. Pueden intentarse las reparaciones sencillas siguientes, pero el vidrio malamente dañado debe enviarse a un restaurador experto, especialmente si la pieza es valiosa. Los expertos son capaces de eliminar rayas por pulido y alisar bordes desportillados, pero no pueden unir una rotura de forma invisible ya que la transparencia del vidrio mostrará la línea.

Reparación de una copa con fuste

3. Las roturas más corrientes son las de las copas con fuste, que están formadas por el borde (A), el vaso (B), el fuste (C) y el pie (D). Las instrucciones siguientes se refieren concretamente a éstas, pero pueden también aplicarse a otras reparaciones. Cuando emprenda la restauración trabaje en una habitación caliente y evite aplicar demasiada presión al vidrio para evitar roturas adicionales. Recuerde que el vidrio no es un sólido sino un líquido sobre-enfriado. La ilustración muestra las partes de una copa con fuste.

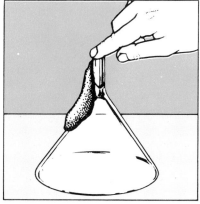

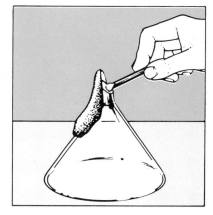

4. Arreglar un fuste roto es una de las reparaciones más delicadas, incluso aunque corrientemente el vaso se separa bastante limpiamente. Después de lavar y secar ambas piezas como se indica en el paso 1, ponga el vaso boca abajo apoyado en un trapo blanco. Haga girar cuidadosamente el fuste hasta que se apoye en la posición correcta sobre el vaso a lo largo de la línea de rotura. Si el fuste está roto en dos o más piezas coloque primero la pieza más cercana al vaso.

5. Tome una pellita de arcilla de modelar o plastilina y haga un rollo de unos 2,5 cms de largo, suficientemente grueso para apoyar el fuste. Empuje un extremo firmemente pero no demasiado fuerte a un lado del vaso justo por debajo o a un lado de la rotura pero no lo comprima contra el fuste roto todavía.

6. Separe el trozo del fuste y cubra ambas superficies de la rotura con una gota de pegamento sintético; elija uno que sea transparente y resistente al agua. Trate de no dejar que el pegamento se deslice sobre los lados del fuste. Un palito de cerilla es un aplicador muy útil si se ha perdido el clavito o expendedor del pegamento.

Limpieza y reparación de vidrio. Continuación

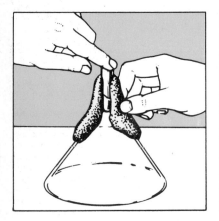

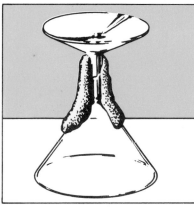

7. Acople de nuevo rápidamente el fuste en su lugar sobre el vaso. Manténgalo firmemente en su sitio durante un minuto, mientras mantiene el fuste recto con una mano empuje la arcilla o plastilina contra la parte alta con la otra.

8. Para una rotura muy recta que no pueda equilibrarse fácilmente, o un fuste grueso, utilice un apoyo de arcilla adicional en el otro lado pero asegurándose de no empujar la parte alta del fuste fuera de su sitio. Para las roturas cercanas al pie habrá de ser probablemente un poco más abundante, de modo que la pieza se mantenga en equilibrio. Deje los apoyos en posición mientras fragua la cola, por lo menos 24 horas, y asegúrese de que la superficie en que está apoyado el vidrio se mantenga quieta y no vibre. El mismo procedimiento puede seguirse para grandes desconchados y piezas rotas de todo tipo.

9. Alternativamente puede utilizarse cinta adhesiva para mantener las piezas en su sitio. Encinte desde una parte no rota rectamente a través de la rotura hasta una zona no rota en el otro lado. En una rotura múltiple pegue y encinte una pieza por vez, esperando por lo menos 24 horas antes de añadir cada uno de los otros fragmentos.

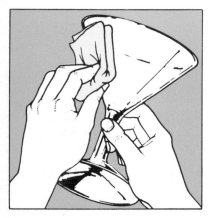

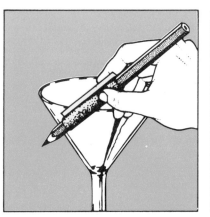

10. Teóricamente el vidrio puede hacerse fluir suficientemente para recubrir rayas pequeñas. Si tiene tiempo y paciencia tome un trozo de gamuza y frote en una sola dirección hasta que la raya se desvanezca. Sin embargo tenga en cuenta que las rayas en la base de cualquier pieza de vidrio no pueden quitarse nunca por desgastado o amolado sin desfigurar el objeto. Tales marcas son signos para cualquier evaluador de que el vidrio es antiguo y ha sobrevivido a una cierta cantidad de uso y aflicción.

11. Un desportillado pequeño puede alisarse con papel abrasivo; utilice un papel abrasivo al agua de grado medio envuelto alrededor de un lápiz o un trocito de madera, de manera que pueda frotar los bordes uniformemente. Alternativamente puede quitarse el canto del borde de la copa por un cortador de vidrio profesional, aunque la apariencia de la copa puede quedar algo cambiada. Sin embargo esto vale la pena cuando la desportilladura es realmente mala o hay grietas radiales que pueden producir que se rompan más trozos.

12. Haga el corte por debajo del daño. El vidrio grueso puede cortarse con un cortador de botellas doméstico que se encuentra en muchos grandes almacenes, pero una copa fina o valiosa necesita atención profesional. Después del corte el borde debe alisarse. En las vidrierías esto puede hacerse fundiendo ligeramente el borde, pero los aficionados deben utilizar solamente papel abrasivo fino. Puede producirse un ligero efecto de deslustrado, pero utilizando progresivamente grados más finos y puliéndolo luego bien el empañamiento será mínimo.

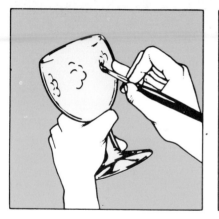

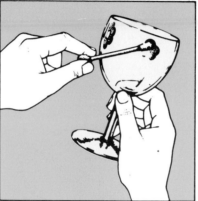

13. Sostenga el vaso a la luz. La pintura usualmente deja un ligero residuo y será capaz de trazar fácilmente las partes que falten utilizando un pincel puntiagudo a un rotulador de punta de fieltro. Pinte sobre las marcas con el mismo color que ya hay sobre el vidrio, utilizando pinturas especiales para vidrio. Si no dispone de ellas pueden servir pinturas acrílicas o esmaltes. Ninguna pintura que no ha sido cocida o semipermanente resistirá mucho el lavado y el uso diario; por ello es mejor reservar tal decoración para artículos de adorno. Utilice un pincel muy pequeño y trate de trabajar tan uniformemente como sea posible. Haga un color por vez dejando secar la pintura completamente entre cada capa.

14. Para las instrucciones paso a paso sobre pintura de un motivo o dibujos nuevos, vea los pasos 1 a 3, página 74. Si desea utilizar un patrón a partir de un vaso de lados rectos pero colocarlo en una copa cónica será necesario adaptarlo. Lo mejor es comenzar con dibujos a mano alzada bastante simples, pero evitar los límites geométricos, pues tales dibujos son muy difíciles para un principiante e inmediatamente ponen de manifiesto el trabajo de pincel chapucero. Con las pinceladas mal colocadas moje un palito de algodón en quitapinturas y borre el error en seguida.

Limpieza y restauración de espejos
Hay muchas razones para no cambiar un espejo viejo por uno nuevo: la agradable tonalidad irregular, el fino borde biselado, incluso las imperfecciones añaden valor a un espejo antiguo. Sin embargo es aconsejable limpiar los espejos periódicamente. Siga las instrucciones de los pasos 1 y 2, página 89 o frote la superficie con una pelota de papel mojada en alcohol desnaturalizado. Si solamente se ha desgastado o perdido un parche de plateado, alise una delgada capa de hoja reflectante de la más fina sobre la trasera y encíntela en su lugar.

La restauración de pinturas por el revés del vidrio

Debido a que la lisura de la superficie del vidrio hace difícil que la pintura se adhiera correctamente, estas encantadoras pinturas están a menudo seriamente dañadas. Si la pintura se ha desprendido del vidrio el panel no debe tocarse excepto por un restaurador experto, que puede aconsejar que se coloque otra placa de vidrio delgado de respaldo sobre la pintura suelta para sostenerla en su sitio.

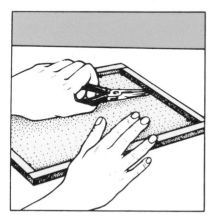

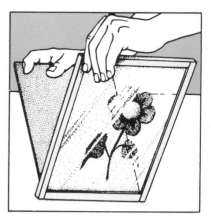

1. Si el vidrio aparece simplemente sucio y la pintura es bastante estable es aconsejable limpiar el frente y el dorso del panel y reemplazar el tablero de respaldo con cartón libre de ácido. Para hacer esto levante los clavitos que sostienen el tablero de respaldo en su sitio, utilizando unos alicates de puntas, teniendo mucho cuidado de no rayar el marco o la pintura. Levante el panel de vidrio. Deseche el tablero de respaldo y quite el polvo del panel cuidadosamente por las dos caras. Lávelo con agua jabonosa, luego aclárelo y séquelo dando golpecitos con un trapo de lino.

2. Quite el polvo al marco, restáurelo y púlalo si es necesario, como se ha indicado en capítulos anteriores. Luego recorte una pieza de cartón libre de ácido del mismo tamaño del respaldo original, teniendo en cuenta que el color del cartón se verá a través del vidrio cuando se mire de frente; usualmente lo mejor son los cartones blancos o blanco roto.

3. Devuelva el panel de cristal al marco, introduzca el cartón de respaldo y empuje los clavillos de detrás hacia abajo de manera que sostengan el respaldo y el vidrio firmemente en su sitio.

Restauración y reparación de vidrieras de colores

Las antiguas vidrieras de colores pueden solamente necesitar limpiarse y algunas de las sencillas reparaciones descritas a continuación para hermosear su apariencia y consolidar su estado. Los paneles de vidrios de colores en puertas y ventanas pueden a menudo repararse in situ por aficionados y el único problema es la decoloración o grietas mínimas. Sin embargo, si existe alguna duda sobre la antigüedad o valor de la vidriera es esencial consultar a un experto antes de intentar su restauración.

Cuando trabaje con vidrio recuerde que una vez sacado de sus alojamientos los paneles son muy frágiles; además de las piezas de vidrio en sí, las tiras de plomo es posible que se hayan vuelto frágiles con el tiempo y la masilla puede haberse pulverizado con el resultado de que todo el panel puede fácilmente caer en pedazos.

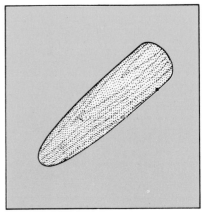

Herramientas de trabajar el vidrio

El cortador de vidrio: puede se adecuado un cortador ordinario de una sola ruleta, aunque los especialistas utilizan un tipo más fuerte de cortador con un pomo en el mango y una ruleta cambiable. Un cortador de rueda de tungsteno dura más tiempo afilado, pero cuesta más. Mantenga el cortador lubrificado cuando no lo utilice guardándolo en un tarro pequeño conteniendo una almohadilla de tela absorbente humedecida con espíritu de petróleo o aceite ligero. Una vez embotado el cortador es inútil y debe desecharse a menos que la ruleta sea cambiable.

Los alicates de vidriero se pueden encontrar en las tiendas de suministros especiales, pero pueden utilizarse unos alicates ordinarios de mordaza plana en su lugar para recortar el vidrio a su forma.

El cuchillo de emplomar: es posible hacer uno cortando un cuchillo de mesa anticuado no inoxidable y afilando el extremo de la punta. Se usa para cortar el plomo, levantar las pestañas del mismo y apalancar los cristales para que entren en su sitio.

El listoncillo: se usa para aplastar el plomo contra el vidrio y hacerlo correr por la entalla del plomo para enderezarlo. Los vidrieros corrientemente hacen el suyo propio de madera de boj o hueso, pero cualquier madera delgada dura puede servir (un trozo de regla de madera, la tapa de una caja de puros o un trozo de buen contrachapado delgado). Sus dimensiones deben ser 10 a 12,5 cm por 3 cm por 3 mm; un extremo está suavemente curvado y el otro más puntiagudo; todos los bordes deben alisarse con papel abrasivo fino. Manténgalo bien pulido.

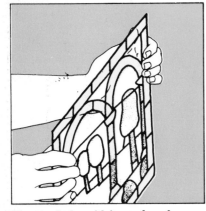

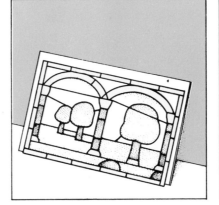

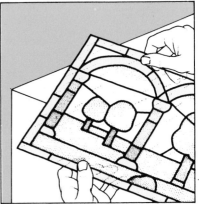

Manejo de las vidrieras de colores

1. Cuando maneje vidrieras de colores tenga mucho cuidado, pues el plomo se dobla fácilmente y el peso del vidrio puede producir un esfuerzo en las uniones del panel haciendo que se doble en el centro o incluso se desarme. Por tal razón una vidriera emplomada debe transportarse siempre verticalmente, nunca horizontalmente como una bandeja.

2. Si se almacena plano sobre una mesa o estante debe estar apoyado todo el panel y no colocar nada encima. Si se apoya contra una pared debe colocarse un tablero de apoyo detrás y con el mismo ángulo.

3. Cuando levante un panel desde una posición plana deslícelo hasta el centro sobre el borde de la mesa, sosteniendo el borde frontal del panel con una mano y levantando el extremo más alejado con la otra de modo que el centro esté apoyado por el borde de la mesa. El panel puede entonces inclinarse y ponerse vertical sin ejercer esfuerzo sobre el vidrio. Puede dejarse plano otra vez de la misma manera.

Limpieza y reparación de vidrieras de colores

Para limpiar un panel de vidrios de colores y reparar las grietas y roturas pequeñas se necesitan las siguientes herramientas y productos: una brocha pequeña, agua, amoníaco, detergente líquido, adhesivo (resina epoxílica de dos componentes, silicona, selladora para acuarios o pegamento para vidrio de fra-

guado con luz ultravioleta), hoja de afeitar de un solo filo, cinta adhesiva transparente o arcilla de modelar blanda, tiras de plomo autoadhesivas (se emplean para imitar el emplomado y se compran en rollos en algunos almacenes de ferretería) y tijeras.

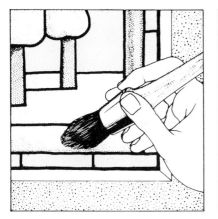

Limpieza del vidrio
1. Primero cepille con la brocha todo el polvo y suciedad sueltos. Si la cara exterior del vidrio está recubierta de una capa de mugre pegajoso lávela con una solución fuerte de líquido detergente y luego aclárela con agua limpia.

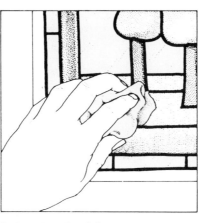

2. Lave el panel cuidadosamente con agua caliente a la que se hayan añadido unas gotas de amoníaco. El interior de la ventana debe ser más fácil de limpiar y debe tratarse muy cuidadosamente pues es el lado pintado de las vidrieras de color. Si hay cualquier signo de pintura floja consulte a un experto y no intente ningún tratamiento más.

Reparación de grietas y roturas
3. Cualquier grieta aparecerá con la limpieza; las muy pequeñas no necesitan tocarse pero las grandes deben tratarse utilizando cualquiera de los adhesivos anteriormente indicados. (Cuando mezcle una resina de dos componentes siga las instrucciones del fabricante cuidadosamente en cuanto a las proporciones: el endurecedor excesivo puede producir un efecto de amarilleamiento.) Pinte el adhesivo sobre la grieta con un pincelito y deje que se introduzca en ella.

4. Cuando esté completamente seco y duro, el exceso de aldhesivo puede rascarse de la superficie con una hoja de afeitar de un solo filo.

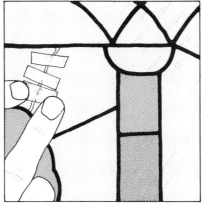

5. Si la grieta es realmente una rotura limpia utilice el mismo pegamento. (Vea los pasos 6 a 9, páginas 89-90 para las instrucciones sobre el pegado del vidrio roto.) Utilice cinta adhesiva transparente o arcilla blanda de modelar para sostener las piezas entre sí hasta que fragüe el pegamento.

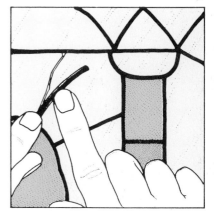

6. Si la reparación es visible o de mal efecto puede disimularse con imitación de emplomado. Corte una tira de plomo autoadhesivo de la longitud correcta, utilizando las tijeras y presiónela firmemente en su sitio sobre la grieta. Repita lo mismo por el otro lado del panel. Cuando el panel está a contraluz el nuevo «plomo» difícilmente se distinguirá del original.

Reemplazo de vidrios rotos

Si una pieza de vidrio está agrietada en mala forma o rota probablemente necesitará quitarse y reemplazarse. Puede no ser posible para un aficionado hacer esto en las vidrieras pintadas, pues la pieza rota ha de igualarse con la nueva pieza de vidrio pintado que debe cocerse en un horno. Pero los vidrios lisos, blancos o coloreados pueden cambiarse domésticamente si se puede encontrar el vidrio del tipo correcto.

Reúna las herramientas y suministros siguientes: lápiz blando o crayón o cera con negro de humo de la utilizada para hacer frotados de bronce, papel marrón fuerte o craft, cuchillo de plomero, listón de plomero, alicates pequeños, alicates de vidriero o de puntas planas, cartón, papel blanco, rotulador de fieltro, cortador de vidrio, una lima pequeña o papel abrasivo fino, masilla de aceite de linaza, polvo de pintura negro, cuchillo de vidriero o espátula de empastar.

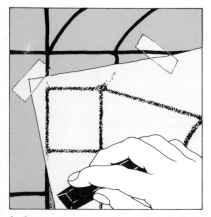

1. Saque primero un calco por frotado de la zona de alrededor incluyendo el cristal dañado utilizando un lápiz blando o crayón, o pasta de frotar. Este indica la posición de los plomos y posibilitará hacer una plantilla del vidrio a reemplazar.

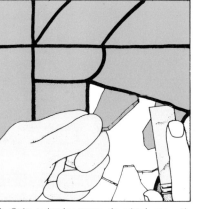

2. Quite todos los trozos de cristal rotos utilizando el cuchillo y el listón de plomero y si es necesario unos alicates pequeños para abrir las pestañas del plomo. Puede ser útil cortar suavemente en las esquinas de las uniones para que el plomo pueda volverse limpiamente. Haga esto por un lado solo del panel. Si se trata de una ventana trabaje siempre por el lado del interior.

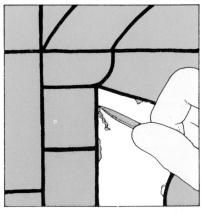

3. Quite rascando la masilla vieja y cualquier fragmento de cristal restante con un palito de punta aguda u otra herramienta pequeña y delgada.

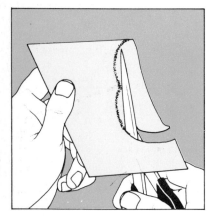

4. A partir del frotado recorte una plantilla de un trozo de cartón y ensaye su ajuste en el agujero, retocándola si es necesario. Debe ajustarse bastante floja pues el vidrio, siendo rígido, será más difícil de introducir.

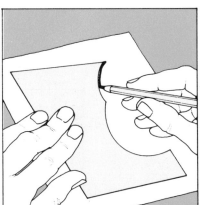

5. Coloque la plantilla sobre un trozo de papel blanco y trace el perfil a su alrededor con un rotulador de fieltro de forma que la línea pueda verse claramente a través del vidrio a cortar.

6. Coloque el perfil dibujado bajo el vidrio sobre una superficie plana y recorte la pieza. Sostenga el cortador de vidrio entre los dedos índice y medio, con el pulgar como apoyo adicional detrás de la herrramienta, no se sostiene como un lápiz. Manténgalo casi vertical con la cara dentada hacia el cuerpo. Utilizando una presión firme, empuje el cortador a lo largo de la línea a cortar o estire hacia adelante. Cuando la ruleta corte sobre el vidrio hará un ruidito de rascado, mostrando así que esta mordiendo eficazmente en la superficie.

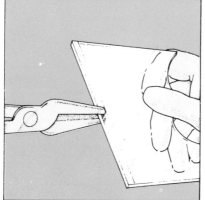

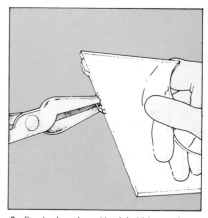

7. Cuando el corte se ha hecho adecuadamente el vidrio puede a menudo chascarse fácilmente a mano, pero puede ser necesario golpear ligeramente a lo largo de la línea del corte desde debajo con los dientes del cortador (no con la ruleta que podría dañarse). Esto inicia una grieta que va a lo largo de la línea y el vidrio puede luego romperse.

8. Si se ha de cortar una tira delgada de vidrio pueden necesitarse los alicates para romperlo.

9. Pruebe la colocación del vidrio en el agujero; probablemente necesitará recortarse para que ajuste bien. Use unos alicates de vidriero o planos para «mordisquear» gradualmente en los bordes, quite las puntas agudas con los puntos en que tropiecen. Esto debe hacerse muy delicada y cuidadosamente. Sostenga la pieza de vidrio finalmente agarrada en una mano cerca del borde a retocar y desplace los alicates trabajando con cuidado con la otra.

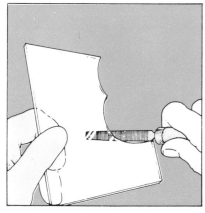

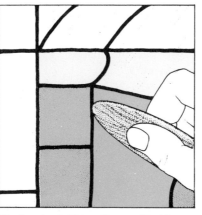

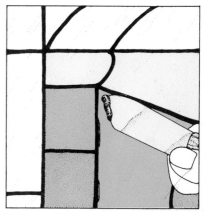

10. Finalmente utilice una lima pequeña y/o papel abrasivo fino para alisar los bordes de manera que el vidrio pueda deslizarse más fácilmente en su sitio. Si está ajustado fuerte puede ser útil apalancar utilizando el cuchillo de plomero.

11. Cuando el vidrio está es su sitio, las pestañas de plomo deben empujarse sobre él suave pero firmemente utilizando el listoncillo. El plomo de buena calidad puede ser rígido y difícil de doblar, pero es importante aplastarlo hacia abajo tan lisamente como sea possible.

12. Selle el vidrio en su sitio con pasta de aceite de linaza oscurecida al mismo color que el plomo con polvo de pintura negro. Con el cuchillo de vidriero empújela debajo de las pestañas del plomo a ambos lados del panel; quite cuidadosamente cualquier exceso en las capas del cristal.

Reparación de otros daños

Según las reparaciones a emprender pueden ser necesarias las siguientes herramientas y suministros: cuchillo de plomero, cepillo de alambre, masilla de aceite de linaza, pintura en polvo negra o marrón, sisa de dorar, soldadura y hierro de soldar. Pueden utilizarse hierros de soldar de gas o eléctrico (para el eléctrico de un mínimo de 65 watios) con soldadura de plomo para soplete y un fundente. El fundente tradicional es el sebo pero puede utilizarse en su lugar una pasta de soldar. Como soldadura puede utilizarse macarrón de soldar que lleva un núcleo de fundente (se encuentra enrollado en carretes) y no necesita fundente adicional, pero tiende a dejar un depósito duro de resina que es difícil de quitar.

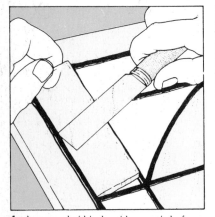

1. A veces el vidrio ha sido empujado fuera del emplomado y éste puede haberse deformado. Si es así deje el panel sobre un tablero y acomode el vidrio hacia atrás utilizando el cuchillo de plomero. Luego presione los plomos hasta su posición original con el listoncito.

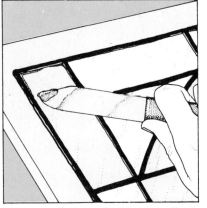

2. Rasque toda la masilla vieja y reemplácela como antes. Es mucho más difícil hacer esto si el panel está verticalmente in situ en una ventana o puerta. Si es así, será útil tener alguien que ayude desde el otro lado.

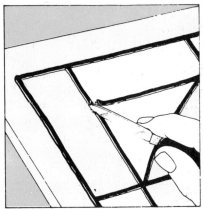

3. Si algunos de los plomos está realmente roto puede ser necesario volver a soldar las uniones, utilizando el equipo detallado arriba. Limpie la superficie totalmente rascando con la hoja de un cuchillo o cepillándola con un cepillo de alambre antes de aplicar el fundente.

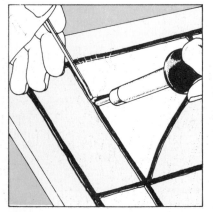

4. Luego aplique una gota de soldadura fundida en la unión prensándola y alisándola con el hierro de soldar. Al principio la nueva unión será muy brillante pero se oscurecerá con el tiempo cuando se oxide; inicialmente puede entonarse con negro de plomo o betún para zapatos negro. (Es casi imposible soldar uniones verticalmente, por lo que si el emplomado de una ventana necesita atención es mejor tomar el panel y repararlo plano.)

5. La masilla antigua puede haberse secado y pulverizado. Si los plomos están aún firmes rasque toda la masilla vieja y coloque masilla nueva de aceite de linaza que se haya oscurecido con polvo de pintura negro. Sin embargo, si los plomos se han vuelto muy secos y frágiles, con el tiempo todo el panel necesitará emplomarse, en cuyo caso debe llevarse a un experto.

6. La pintura desprendida en escamas de un cristal antiguo valioso sólo puede ser tocada por un experto, pero para restaurar la apariencia de un panel de vidrio nuevo es posible reforzar los perfiles de pintura desvanecidos. Mezcle pigmentos pulverizados negro o marrón oscuro con sisa de dorador hasta obtener el tono deseado; luego aplíquelo utilizando un pincel fino de artista.

Una silla Arts and Crafs con respaldo en escalera y asiento de junco característico, fotografiada antes de la restauración (ver también el dorso de la lámina).

CESTERIA Y TRABAJOS DE CAÑA

La cestería es una de las artesanías más antiguas, datando de más antiguo que la cerámica y el tejido, y es practicada en todo el mundo. Recipientes que se hacen actualmente a menudo con papel, plástico y metal fueron hechos en los primeros tiempos con mimbres, raíces, juncos y hierba. El material natural de plantas que se encontraban al alcance de la mano se utilizó para hacer recipientes para el transporte, almacenamiento y muchas otras finalidades; siendo las técnicas empleadas dictadas por la naturaleza de los materiales disponibles.

En Africa se han encontrado trozos de cerámica con impresión de trabajo de cestería datando de antes de 8.000 A.C. y algunos de los cestos primitivos encontrados en Oriente Medio datan de 6.500 A.C. El tipo de trabajo trenzado y enrollado encontrado en Egipto y hecho alrededor de 3.000 A.C. se hace aun todavía y las técnicas de estaquillado y retorcido empleadas en algunos de los primeros ejemplos de cestería británica encontrados cerca de Glanstonbury y que se cree que tienen más de 2.000 años de antigüedad es bastante familiar a los cesteros modernos.

El uso de la cestería ha ido siempre bastante más allá de la simple realización de recipientes para alimentos, bienes o animales domésticos. El trabajo de cestería sirvió al hombre bastante literalmente desde la cuna a la tumba, pues al recién nacido se le balanceaba para dormirle en una cuna hecha de mimbres, juncos o hierba. Los muertos fueron alguna vez enterrados en ataúdes hechos de mimbre. Se utilizó para construir casas entrelazando ramas y embadurnándolas con barro y con paja para techarlas y en los climas cálidos formaba las paredes, techos y puertas.

Los cestos fueron en un tiempo una parte esencial de casi cualquier aspecto de la vida diaria. Se usaron para trampas para peces, animales y pájaros, como recipientes para las semillas antes de la siembra y el grano después de la cosecha, para recoger fruta, para comerciar, para subir materiales a lo alto de los edificios, para bajar a los mineros a los pozos de las minas y para subir el carbón y para contener la lana en las hilanderías y el pan en las panaderías. Los cestos domésticos para contener alimento y bebida, los bienes del hogar y las ropas han sido siempre mucho más que objetos estrictamente utilitarios. En muchas partes del mundo su belleza de diseño y ejecución eran una indicación de categoría social. Los indios americanos hicieron algunos de los más hermosos cestos encontrados en todo el mundo y la posición en la tribu de su realizador (generalmente una mujer) se basaba en su excelencia. A menudo sus mejores trabajos se quemaban después de su muerte o se enterraban con ella.

En tiempos de guerra la cestería tiene muchos usos importantes. Los romanos tenían escudos de mimbres (la policía alemana utiliza aún escudos de mimbre en los disturbios) y hubo carros de cestería lo mismo que de madera. Las cajas de cestería para municiones, tan necesarias al ejército de Carlos II, se hacían aún durante la Primera Guerra Mundial, y en la Segunda Guerra Mundial cada cestero inglés hubo de hacer su cuota de cestos con tapa con los que se lanzaban en paracaídas suministros vitales a las zonas de combate. En tiempos más pacíficos los carros de guerra se convirtieron en carruajes alcanzando gran altura de elegancia en el siglo XIX con paneles tanto de cestería como de trabajo en caña, pero estos materiales pronto descendieron de escala social empleándose para carritos de amas, carritos de granja y los pequeños carritos de mano de mimbre utilizados hasta tiempos bastante recientes por los carteros. Los barcos también fueron otro medio de transporte en el que se usaron materiales de cestería con éxito, desde las embarcaciones de caña construidas y utilizadas para la expedición de la Kon Tiki hasta las embarcaciones con armazón recubierto de cuero utilizadas en Bretaña antes de la llegada de los romanos y empleadas aún de vez en cuando en Irlanda y Gales.

Los primeros hombres que volaron con éxito, los primeros aerosteros, utilizaban una góndola suspendida bajo el globo, hecha de cestería debido a su resistencia y ligereza. Sus cestas eran delgadas, algunas de sólo 76 cm de largo y 30 cm de profundidad; pero los modernos aerosteros utilizan cestas enormemente resistentes con bases de contrachapado. Los asientos de los primeros aeroplanos eran sillas de caña, tanto para los pilotos como para los pasajeros.

Recubrimientos de suelos, hamacas y camas se hicieron en otro tiempo de juncos, juncia y hierba; el mobiliario hecho de mimbre y caña nunca ha perdido su atractivo. Los romanos tenían sillas de cesta; y en Inglaterra así como en las islas Horcadas fueron populares sillas de junco enrollado y paja, a menudo con dosel sobre la cabeza, y se encontraron sillas de mimbre con caperuzas en las comarcas occidentales y en Gales. Todas éstas se hacen aún por especialistas. Las sillas con asiento de junco llegaron a ser de uso general en Inglaterra en el siglo XVII, pero en el Museo Británico hay un taburete egipcio de 4.000 años de antigüedad con asiento de juncos o palma enrollados. A finales del siglo XIX Julian Morris diseñó algunas sillas hermosas con asiento de junco, basadas sobre estilos campesinos tradicionales y muchas sillas modernas y atractivas escandinavas y españolas tienen asientos de juncos. Las sillas con asiento de caña (rota) procedente de la península Malaya se hicieron populares en Holanda y Francia en el siglo XVII, donde se usó el mobiliario de gran elegancia. Fue una de las modas traídas a Inglaterra por Carlos II en la época de la restauración de la monarquía. Pero las técnicas utilizadas en los asientos de caña tienen muchos miles de años de antigüedad y quizás el primer ejemplo es el hermoso lecho de día que estaba entre los tesoros encontrados en la tumba de Tutankamon.

Aunque el mobiliario de caña se ha puesto y dejado de poner de moda muchas veces desde el siglo XVII, ha disfrutado de épocas de gran popularidad y se combina bien con muchos estilos tales como el mobiliario de bambú de japonesería y las hermosas formas de mobiliario de madera curvada diseñado por el austríaco Michael Tonet en el siglo XIX. Las influencias orientales sobre el diseño doméstico proliferaron en los últimos años del siglo y por el 1870 había ciento cincuenta productores de japonesería sólo en Inglaterra, fabricando la increíble cifra de 5.000 objetos a la semana; una serie que incluía cualquier cosa desde portaplumas a conjuntos enteros de dormitorio. La mayor parte de las piezas de segunda mano de bambú laqueado y caña que se encuentran actualmente se produjeron durante el período desde 1840 a 1930, muchas de ellas necesitan repararse.

El tiempo, la suciedad, la sequedad y los ataques de carcoma y otros insectos son los enemigos de todos los materiales naturales y los propietarios de trabajos de cestería desgraciadamente prestan poca atención a su cuidado. El mimbre puede lavarse con agua con seguridad, con una brocha blanda para las hendiduras, y dejado secar al aire libre aunque no a la luz del sol directa. Otra cestería dura tal como la caña y el bambú pueden también lavarse. Los asientos de caña y junco pueden beneficiarse pasándoles un trapo húmedo pero no permiten humedecerse demasiado. La cestería blanda tal como el junco, juncia y paja se beneficiará también del uso de una esponja con agua caliente. Todos los cestos se deterioran si se guardan demasiado secos y un cesto de mimbre viejo se mejorará con un buen empapado, pero la cestería blanda no debe ser humedecida demasiado o se enmohecerá.

Una silla Arts and Crafts con respaldo en escalera y asiento de junco característico, fotografiada después de cambiar el asiento dañado con juncos nuevos (ver también la página anterior).

Restauración de asientos de caña

Rara vez es posible remendar un asiento o respaldo de caña estropeado y siempre es más satisfactorio renovarlo. El modelo normal de seis direcciones que se describe en las siguientes páginas es el que se encuentra más corrientemente en mobiliario antiguo. Este incluye dos «preparaciones» verticales, dos «entretejidos» horizontales y dos «cruzados» diagonales.

Antes de quitar cortándolo el asiento de cañas viejo haga un dibujo de la caña que aún esté intacta, anotando el número de cañas en cada agujero y su dirección. Luego quite el guardavivo que quede y quite las clavijas viejas golpeando desde abajo con una herramienta de desmontar. Recorte el asiento antiguo dejándolo tan intacto como sea posible y guárdelo

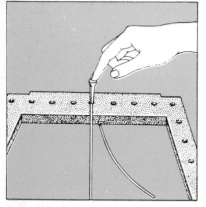

1. La caña puede trabajarse seca, húmeda o frotada con cera de abejas para hacerla flexible. Comience la primera «preparación» encontrando los agujeros centrales en los travesaños delantero y trasero. Marque cada uno con una clavija o un tee de golf. Enhebre un largo de caña del número 2 a través del agujero del centro de detrás hasta la mitad de su longitud, fíjelo firmemente con la clavija o el tee. Traiga el extremo por encima hacia adelante y páselo a través del agujero central del travesaño delantero con la cara lisa hacia arriba; enclavíjelo. Enhebre este extremo hacia arriba a través del agujero de la izquierda con la cara lisa pegada al travesaño; enclavíjelo firmemente. Lleve la caña a través introduciéndola en el agujero de la izquierda del agujero central de detrás.

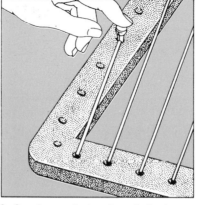

2. Cuando se acaba la caña enclavije el extremo corto dejando unos 8 cms debajo del travesaño. Comience con una nueva caña en el agujero adyacente dejando 8 cms de cola y enclavijándola firmemente. Proceda como anteriormente. Llene todos los agujeros de los travesaños frontal y trasero, excepto los de los rincones. Si las silla tiene una forma irregular, es decir un frente más ancho que la trasera, llene los agujeros del travesaño frontal utilizando preparaciones más cortas conectando los laterales. Mantenga las preparaciones paralelas. Cuando se haya completado el lado izquierdo tome la segunda mitad de la caña original y complete el lado derecho de la misma manera. Asegúrese de que las preparaciones cortas casen en ambos lados.

3. Comience el primer entretejido a través con caña del número 2 comenzando en el segundo agujero desde detrás a la izquierda y trabajando de lado a lado por encima de la primera preparación; llenando cada agujero excepto los de las esquinas. Mantenga la tensión bastante firme. Nota: en una silla con el frente arqueado puede ser necesario utilizar entretejidos cortos en el frente para llenar el espacio; los agujeros de la esquina frontal pueden ser entonces los de las reparaciones más cortas. Déjelos libres de entretejido si es necesario para mantener uniformes las distancias de éste.

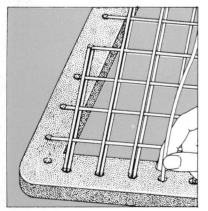

4. Trabaje la segunda preparación otra vez encima y a la izquierda de la primera. Comience desde el frente de la silla trabajando en dirección opuesta a la primera preparación de manera que por debajo de los travesaños llene los espacios dejados libres entre los agujeros por la primera preparación. Esto evita una apariencia de ondas después que se hayan completado las últimas etapas. Enclavije cuidadosamente para asegurar que las preparaciones se juntan lado a lado cuando suben o bajan a través del mismo agujero. Como anteriormente para añadir una caña nueva enclavije el extremo de la anterior y luego enclavije una nueva en el agujero adyacente, dejando otra vez 8 cms de cola.

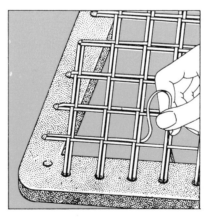

5. El segundo entretejido utiliza los mismos agujeros que el primero pero va de derecha a izquierda de manera que la caña debajo del travesaño se alterne con las del primer entretejido. Comience a partir del segundo agujero de detrás manteniéndose siempre el segundo entretejido detrás del primero, es decir más cercano al respaldo de la silla y entretejiéndolo con las preparaciones, pasa por debajo de la primera preparación y por encima de la segunda, es decir por debajo de la preparación de la derecha y por encima de la de la izquierda. Use la caña en la dirección en que se estire más suavemente; para encontrar ésta pase su dedo a lo largo del borde.

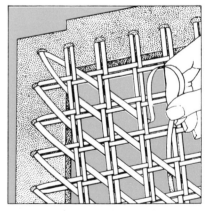

6. Las diagonales o cruzados se trabajan con caña del número 3. El primero va desde la esquina izquierda de detrás a la esquina derecha de delante. Enclavije la caña en el agujero de la izquierda de detrás, luego pásela debajo de las preparaciones y por encima de los entretejidos. Continúe hacia el frente, pase la caña sobre la punta del último entretejido antes de pasarla hacia abajo por un agujero del lado. Súbala a través del próximo agujero de delante y trabaje hacia la esquina de detrás a la izquierda. Cada agujero de esquina tiene dos cruzados o «dobles». Cada preparación corta necesitará un doble en uno de los agujeros del frente para mantener el cruzado en verdadera diagonal.

como referencia. Luego limpie todos los agujeros restantes. Finalmente haga cualquier reparación necesaria o restauración de la silla y bastidor del asiento antes de volver o colocar la caña (ver páginas 25-27).

Se precisarán una aguja de hacer punto de acero o un clavo serrado de unos 8 cm; cuchilla de hojas cambiables; un martillo; unas clavijas pequeñas de madera o tees de golf de plástico; cizalla o tijeras fuertes; un punzón curvado y acanalado para enhebrar las cañas en lugares complicados.

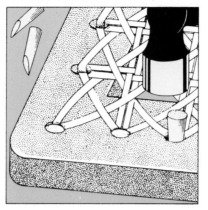

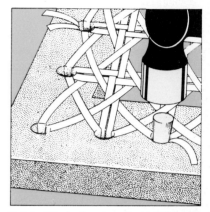

7. Después de haber completado en la mitad frontal de la silla comience la mitad trasera. Donde hay un doble en el lado de la izquierda el agujero correspondiente en la derecha debe dejarse vacío (cada agujero debe tener un igual número de cruzados en él y un doble en la izquierda debe igualarse con un doble en la derecha en el segundo cruzado). Cuando el primer cruzado se ha completado comience el segundo a partir de la esquina izquierda de detrás. Este va por encima de las preparaciones y por debajo de los entretejidos desde la derecha de detrás a la izquierda de delante. Los agujeros de las esquinas son dobles y habrá dobles en los agujeros laterales omitidos en el primer cruzado.

8. Las sillas hechas antes de 1850 estarán corrientemente acabadas con una clavija en cada agujero. Para hacer las clavijas, corte trocitos de caña del número 12 haciéndoles una punta en un extremo. Con un martillo introduzca el extremo apuntado en el agujero, luego córtelas justo por encima del travesaño. Golpéelas hacia adentro con un botador hasta que queden ligeramente por debajo del nivel del travesaño. Las clavijas deben ajustarse fuertemente y no deben sobresalir por debajo del travesaño. Cuando todos los agujeros están enclavijados pueden recortarse los extremos de la caña de debajo del travesaño de manera que no queden extremos afilados sobresaliendo. Por debajo no debe haber bucles o bultos.

9. Las sillas hechas después de 1850 están acabadas corrientemente con un reborde de caña del número 6 enlazado hacia abajo sobre los agujeros con caña del número 2. Antes de comenzar el rebordeado todos los extremos de caña deben de estar fijados en agujeros alternativos con cuñas. Las cañas en agujeros no enclavijados deben llevarse hacia arriba a través de agujeros adyacentes y sujetarse firmemente mientras las clavijas se introducen hasta justo por debajo de las superficies de los travesaños. Recórtelas muy al ras. Deje sin enclavijar todos los agujeros de las esquinas más los de a cada lado de ellos; si hay un número impar de agujeros deje sin enclavijar además los agujeros del centro del travesaño.

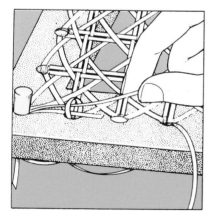

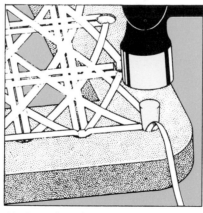

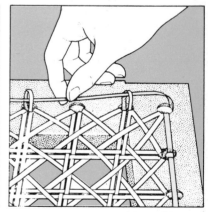

10. Para comenzar el enlazado pase el extremo de una pieza de caña del número 6 hacia abajo a través del agujero de la esquina. Pase el extremo de un trozo de caña del número 2 hacia arriba a través de este agujero justo lo suficiente para alcanzar más allá del próximo agujero. Pase el extremo largo de la caña del número 2 hacia arriba a través del segundo agujero sobre la caña del número 6 y su propio extremo corto y hacia abajo a través del mismo agujero. Continúe enlazando a través de los agujeros sin clavija manteniendo las cañas tensas y planas con los lados lisos viéndose por encima y por debajo del travesaño. Si se ha de añadir otra caña del número 2 mientras se enlaza, fije los extremos de la nueva y la anterior como se ha indicado antes.

11. Cuando se alcanza una esquina introduzca el extremo de la caña del número 6 hacia abajo a través del agujero. Pase una caña nueva del número 6 hacia abajo en el mismo agujero y vuélvala hacia atrás mientras se introduce una clavija.

12. Vuelva la nueva pieza sobre la clavija y comience a enlazarla hacia abajo, llevando la caña del número 2 a través de la esquina por debajo del travesaño. Cuando se alcance la última esquina lleve la caña del número 2 hacia arriba a través del agujero y empuje la del número 6 hacia abajo. Coloque una clavija y martíllela en su sitio. Recorte todos los extremos limpiamente. (Para una silla de frente curvado la caña de rebordear va desde una esquina del respaldo alrededor del frente hasta la otra esquina del respaldo en un trozo continuo.)

El asiento acabado debe ser tenso y firme con todas las preparaciones y entrejidos en el orden correcto de modo que los cruzados se asienten perfectamente.

Restauración de asientos de caña pretejida

Muchas sillas de fabricación moderna tienen asiento o respaldo o ambos hechos de caña pretejida. La plancha de cana pretejida se encola en una ranura alrededor del asiento o respaldo de la silla y luego la ranura se rellena con una tira de caña redonda. Sin embargo, este tipo de asientos de caña no son ni de cerca tan resistentes como el modelo normal de seis direcciones descrito en las páginas anteriores, pero puesto que su uso es creciente se incluye su reparación seguidamente.

Reúna lo siguientes materiales: una hoja de caña pretejida de aproximadamente 10 cms más grande todo alrededor que

la superficie a encañar; caña redonda del número 12 (alrededor de 3 mm de diámetro) suficientemente larga para ir toda alrededor del asiento o respaldo en su ranura; adhesivo para madera o cola. Las herramientas necesarias son: un formón estrecho o herramienta puntiaguda, un martillo, tijeras, cuchilla de hojas reemplazables, unos cuantos palillos para obligar a la cola a entrar en la ranura; y una docena de cuñas de madera dura de aproximadamente 8 cms de largo por 2,5 cms de ancho y 5 mm de grueso afiladas a una punta redondeada.

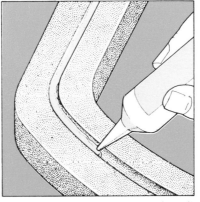

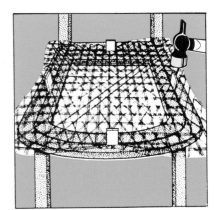

1. Quite todas las cañas viejas cortándolas con la cuchilla. Utilizando la herramienta puntiaguda o el formón rasque los restos de la caña de acabar y la hoja de caña pretejida de las ranuras asegurándose de que éstas quedan completamente limpias. Remoje la nueva hoja de caña en agua fría durante unos 15 minutos hasta que quede flexible.

2. Haga correr el pegamento para madera o la cola en la ranura todo alrededor del asiento o el respaldo de la silla, asegurándose de que tanto los lados como el fondo de la ranura queda recubierto con cola, utilizando un palillo de dientes para forzarla en la ranura si es necesario.

3. Coloque la hoja de caña sobre la zona a recubrir, asegurándose de que los hilos de la caña quedan paralelos a un borde recto. Utilizando el martillo introduzca una cuña en la ranura en el centro del respaldo de la silla, obligando a la caña a introducirse en la ranura. Alise la caña sobre el asiento y luego introduzca una segunda cuña en la ranura en el centro del frente; esto estirará la caña húmeda de atrás a delante a través del asiento. Luego introduzca dos cuñas más, cada una en el centro de cada lado. Esto estirará la caña de un costado al otro.

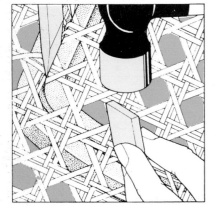

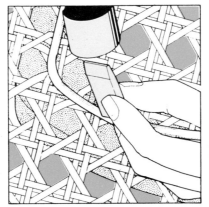

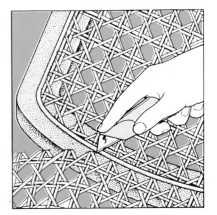

4. Introduzca más cuñas trabajando de dos en dos en los lados opuestos de la silla asegurándose de que las cañas permanecen paralelas a los lados rectos de la silla. Cuando todas las cuñas se hayan introducido quite una de ellas y trabaje todo alrededor de la silla utilizando esta cuña para prensar las zonas restantes de la hoja de caña dentro de la ranura. Tenga cuidado en las esquinas tratando de no dañar hebras de la caña; si esto llega a suceder encole los extremos rotos en su sitio. Seguidamente quite todas las cuñas y la caña debe permanecer en posición aunque la cola pueda no estar aún completamente seca.

5. Pase más cola por la ranura encima de la caña. Luego corte un trozo de la caña de acabar de la longitud del respaldo del asiento. Utilizando el martillo y el extremo ancho de una de las cuñas martillee la caña de acabar en la ranura hasta que se nivele con la superficie del asiento. Si la silla es de frente arqueado termínela con una sola pieza de caña de acabado cortada a la longitud de la curva; si tiene lados rectos utilice un trozo separado de caña para cada lado cortándolo con la cuchilla a la longitud exacta.

6. Para acabar utilice una cuchilla afilada para recortar el exceso de plancha de caña apuntando la hoja de la cuchilla contra el borde exterior de la ranura mientras apoya el plano de la hoja sobre la caña de acabar. Corte cuidadosamente alrededor de la hoja, asegurándose de que no quedan desgarrones o cantos agudos de la caña pegados.

Reparación de asientos de junco

Los asientos de junco están formados por dos o más juncos retorcidos entre sí (según el grosor deseado) para formar un torcido. El ancho normal son dos torcidos por centímetro, pero la decisión del grosor del torcido es una cuestión de estética. Utilice el asiento original como guía a menos que le parezca mal; por regla general las sillas rústicas tienen los torcidos más gruesos mientras que el mobiliario más delicado los tiene más delgados. Los torcidos se envuelven luego alrededor del marco del asiento en un cordón continuo que se alarga retorciendo nuevos juncos a medida que se necesitan. Incluso cuando está dañada sólo una parte del asiento es aconsejable quitarlo todo y comenzar de nuevo, pues los intentos de reemplazar unos pocos torcidos rotos rara vez tienen éxito. El método inglés descrito a continuación tiene buen aspecto y resiste bien en la mayoría de las sillas con asiento de junco. Sin embargo un examen más detallado de los distintos asientos de junco mostrará el empleo de distintas técnicas y dibujos (por ejemplo algunos trabajos de junco estarán enrollados totalmente en la dirección de las agujas del reloj).

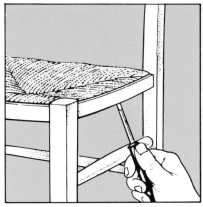

1. Antes de desmontar el asiento de junco dañado tome notas o haga una fotografía o ambas cosas o haga un esquema de lo que quede de manera que pueda igualar el modelo. Haga también cualquier renovación del armazón de la silla antes de rehacer el asiento de junco; los travesaños de debajo del junco deben de estar lisos o cortarán o rasgarán los juncos nuevos debilitándolos finalmente. Además puede haber un listón de madera recubriendo los bordes del junco entre cada pata. Sáquelos con un formón o las garras de un martillo y corte el junco abriéndolo a lo largo del travesaño.

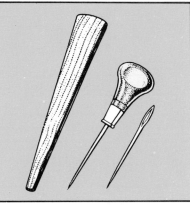

2. El junco se compra en rollos pesando cada rollo alrededor de dos kilos; como promedio una silla lleva alrededor de dos tercios de un rollo. Prepare los juncos mojándolos con una manguera o regadera o sumergiéndolos en agua durante un minuto. Seguidamente envuélvalos en un trapo grueso durante unas tres horas para que se vuelvan flexibles. También necesitará un palo de rellenar, es decir un trozo de madera en forma de cuña de aproximadamente 22 cms de largo y 4 cms de ancho; puede servir una espátula de cocina ancha, así como una cuchara de madera. Para enhebrar los torcidos finales utilice un pasacintas.

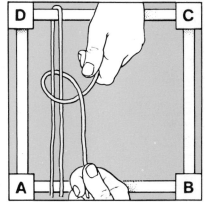

3. Para comenzar un asiento de junco rectangular doble un junco sobre el travesaño trasero y traiga ambos extremos hacia adelante de manera que descansen sobre el travesaño delantero. Si se desea un torcido más grueso añada otro junco por su extremo más grueso utilizando un nudo de cote como se muestra trabajando desde el centro a lo largo del torcido. Para apretar el nudo tire del extremo grueso hacia detrás del asiento con la mano izquierda estire del extremo largo hacia adelante con la mano derecha sosteniendo el nudo en su posición central.

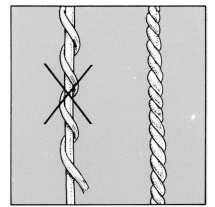

4. Para comenzar a retorcer recoja los tres extremos largos juntos y retuérzalos según el giro de las agujas del reloj, trabajando alejándose de la esquina hacia el centro del travesaño delantero. Retuerza y alise con la mano derecha utilizando la izquierda para exprimir el aire y quitar la irregularidad. No retuerza un junco alrededor de otros sino trabájelos juntos para producir un torcido liso y firme. Retuerza suficiente para que pase sobre el travesaño delantero, le dé la vuelta y se extienda por debajo unos 3 cms (los juncos se retuercen sobre la parte alta del asiento pero se dejan sin retorcer por debajo).

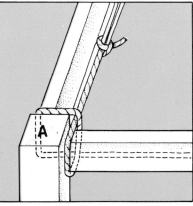

5. Descanse el torcido sobre el travesaño frontal alineándolo sobre la esquina A y tensándolo; luego lleve el torcido hacia arriba por dentro del marco de la silla y utilizando la mano izquierda tuérzalo en sentido contrario a las agujas del reloj. Bájelo hacia el lado izquierdo sobre el travesaño lateral para formar un ángulo recto sobre el primer torcido. A menudo es más fácil retorcer a derechas en la primera mitad de la esquina, luego dar la vuelta a la silla y retorcer la segunda mitad a izquierdas.

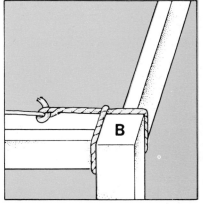

6. Lleve el torcido hacia arriba a través del travesaño opuesto, anude un nuevo junco por su extremo grueso a medio camino del asiento si el torcido original se hace demasiado delgado en el momento de comenzar a retorcer para la segunda esquina. Tome cada junco tan lejos como pueda ir hasta la punta o extremo delgado dejándolo caer fuera del torcido en el centro de la silla cuando las puntas no sean suficientemente largas para envolver el travesaño siguiente. Repita en las esquinas de C y D el proceso seguido anteriormente para la esquina A.

Reparación de asientos de junco. Continuación

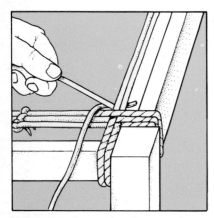

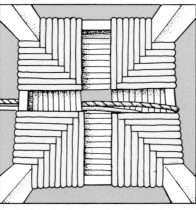

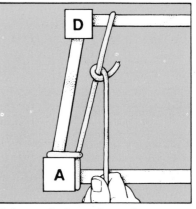

7. A veces será necesario unir un nuevo junco en las esquinas. Para hacer esto levante el junco trabajado antes de formar el ángulo recto y remeta debajo el extremo grueso de un junco nuevo de modo que una cola del nuevo junco sobresalga unos 5 cms por debajo. Retuerza lisamente los juncos anteriores y el añadido para formar el nuevo torcido. Cuando éste pase por debajo del asiento páselo por debajo del extremo sobresaliente, que quedará así oculto manteniendo limpio el tejido en la parte inferior.

8. Cuando el asiento está casi lleno de junco no habrá sitio para añadir nuevos juncos anudados. En vez de esto ponga el junco a añadir a través del centro de la silla como arremetiendo el extremo grueso en los torcidos de debajo del asiento de detrás de la abertura sobre la esquina que se acaba de completar y comience a retorcer donde los juncos anteriores y el nuevo emergen en el centro. Este método sujetará fuertemente en su sitio el nuevo junco.

Asientos de forma irregular

9. Para poner los juncos en un asiento con un travesaño frontal más ancho, es necesario rellenar el espacio en exceso de este travesaño. Trabaje las esquinas del frente como se explicó en los pasos 3, 4 y 5 y ate provisionalmente los torcidos y travesaño lateral entre las esquinas B y C utilizando otra vez nudos de cote, ate suficientes juncos para hacer un nuevo torcido sobre el original entre las esquinas D y A y trabaje de nuevo las esquinas A y B.

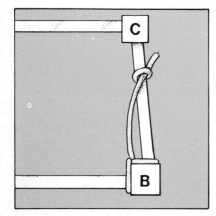

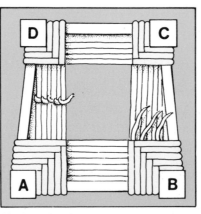

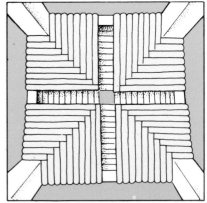

10. Desate el primer torcido y tome suficientes juncos del primero y segundo para continuar con un solo torcido sobre las esquinas C y D, esto se traduce en dos torcidos en el frente por cada uno en la trasera. Recorte todos los picos sobrantes entre las esquinas B y C, guardando el desperdicio para el relleno (ver paso 13).

11. Continúe trabajando de esta manera hasta que la separación entre las esquinas completadas en el travesaño delantero mida lo mismo en el travesaño trasero. Mida solamente cuando haya completado una vuelta de juncos, es decir después de envolver la esquina D.

12. Continúe alrededor de la silla, como se indicó en los pasos 5 y 6, teniendo cuidado de formar ángulos rectos con los torcidos (esto previene los problemas que se compendian más adelante). Trabaje hasta que la separación de los torcidos en los travesaños laterales sea de unos 4 cms de ancha. Observe que la mayoría de las sillas con el frente más ancho que la trasera y todas las banquetas rectangulares tendrán mayor separación en los travesaños delantero y trasero que en los laterales, mientras que los asientos cuadrados tienen unas aberturas similares en los cuatro travesaños.

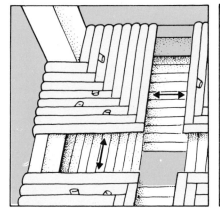

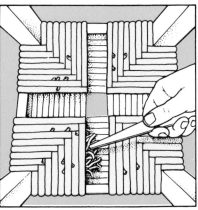

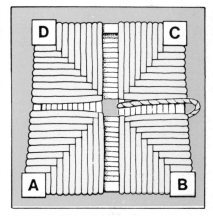

El relleno

13. Deje secar los torcidos antes de comenzar el proceso de relleno (si el relleno se efectúa mientras el asiento está aún húmedo, los torcidos se estirarán y producirán un asiento más débil y flojo). En este momento ponga la silla boca abajo de modo que los «bolsillos» (espacios entre los torcidos de encima y los juncos sin retorcer de debajo), dos en cada esquina, queden a la vista.

14. Llene estos bolsillos con juncos secos sueltos forzándolos a entrar con el útil de rellenar. Esto levanta ligeramente los torcidos por encima de los travesaños, apretando el trabajo, y ayuda a que el asiento dure más. Cuando los bolsillos estén llenos introduzca más juncos secos en los espacios centrales, remetiendo este relleno debajo de los torcidos para que se sostengan en su sitio. Esto proporcionará relleno para los torcidos finales. Mientras realice el trabajo guarde cualquier desperdicio de junco para el relleno.

15. Después de rellenar puede completarse el recubrimiento de junco. En los asientos cuadrados el torcido final estará sobre el travesaño trasero en la esquina D, como resultado de que el asiento y los travesaños deben estar uniformemente llenos con los torcidos. A veces aparecen unos huecos feos entre los últimos torcidos de los laterales. Cuando haya terminado la esquina C, antes de comenzar el travesaño opuesto, cubra los huecos remetiendo la envoltura del travesaño derecho, manteniendo plano el torcido en el centro. Luego cruce el lado izquierdo y haga dos envolturas antes de pasar al travesaño trasero en D.

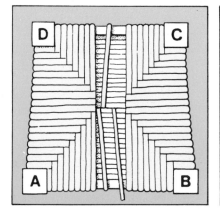

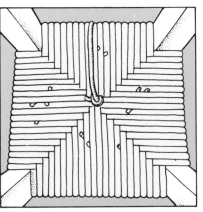

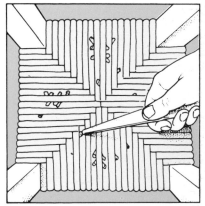

16. El espacio central se llena con torcidos en forma de ocho pasando por encima de los travesaños delantero y trasero. Después de terminar la esquina D, trabaje de izquierda a derecha, volviendo hacia el travesaño de la derecha a medida que cruza los travesaños trasero y delantero. Comprima estos torcidos finales apretándolos fuertemente entre sí, empleando el pasacintas para pasar a través de los últimos. Ponga tantos torcidos como sea posible recordando que se contraen cuando se secan.

17. Cuando el último torcido se halla envuelto sobre el travesaño trasero ponga la silla al revés y lleve este último torcido hasta el centro, enhébrelo la mitad por la izquierda y la mitad por la derecha, por debajo del torcido opuesto del travesaño delantero. Ate los extremos en un nudo y remátelo entre los torcidos para que no se vea.

18. Utilizando el palo de rellenar o el pasacintas empuje todos los extremos sobresalientes hacia dentro del trabajo, de modo que la cara inferior del asiento quede lisa y apretada, sin que se vea ningún extremo. Para hacer esto más fácil puede ser útil humedecer ligeramente la parte de debajo del asiento con una esponja mojada, para evitar dañar los juncos cuando se remeten.

Problemas en la colocación de los juncos

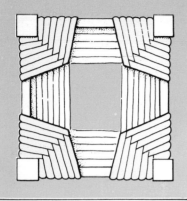  

1. Si se dejan formar ángulos obtusos los travesaños se llenarán pero habrá separación en el centro del asiento dejando al descubierto los torcidos de debajo.

2. Si se dejan formar ángulos agudos el centro de la silla se llenará dejando aberturas en los travesaños traduciéndose en que los torcidos montarán unos sobre otros en el centro de la silla si trata de llenar los travesaños.

3. Los ángulos rectos exactos en cada esquina con los torcidos yendo paralelos desde el centro del asiento a los travesaños asegurarán que el asiento se va formando uniformemente. No habrá huecos en el centro y los torcidos estarán colocados uniformemente uno al lado de otro. Mantenga la parte inferior del asiento lisa estirando firmemente los torcidos cuando se elevan hacia arriba en el interior del marco de la silla utilizando su mano libre para aplanarlos.

Cestería

Los cestos están hechos de alguno de estos materiales: caña, junco, mimbre o rafia, la mayoría estarán hechos con la técnica tradicional de hebras o ramales entretejidos por encima y debajo de un armazón de «estacas». Un examen cuidadoso le posibilitará seguir el modelo de tejido cuando haga reparaciones.

Cualquier cesta afectada seriamente de carcoma debe quemarse inmediatamente. Si hay sólo un salpicado de agujeros, trátelo como se indica en los pasos 1 a 3, página 22.

Caña
La caña procede de la rota o caña india, una trepadora tropical. La corteza exterior espinosa se descarta y la corteza interior dura y brillante se utiliza como caña para asientos, que es plana. La caña pulida, que es plana pero más ancha que la caña para asientos, se utiliza para recubrir y afirmar las asas de los cestos. Otros tipos de caña tales como el kooboo y palembang se utilizan para asas de arco y cestos muy grandes.

Cuando compre elija los números 3 y 6. Para preparar la caña empápela en agua durante unos 10 minutos y envuélvala luego en un trapo mojado para mantenerla flexible.

Mimbre
El mimbre se corta en invierno y se clasifica por longitud. Cuando compre elija varillas de 90 o 120 cms que serán adecuadas para la mayoría de las reparaciones. El mimbre anteado es el más corriente; para obtenerlo las varillas o tallos se hierven durante ocho horas de manera que se tiñen con el tanino de su propia corteza la cual se quita luego. El mimbre blanco se pela en primavera habiéndolo dejado permanecer en agua todo el invierno de manera que retoñe y se haga más fácil pelarlo. En el mimbre marrón se ha dejado la corteza y es de un color tostado oscuro.

Para preparar el mimbre remójelo en agua durante unas dos horas, luego colóquelo vertical para escurrir durante unos treinta minutos. Envuélvalo en un trapo húmedo de forma que se haga flexible, preferiblemente durante toda la noche. Utilícelo en 24 horas o déjelo secar y vuelva a remojarlo.

Junco
Los juncos crecen en los ríos, charcas y terrenos pantanosos y se cosechan en julio, cortándolos cerca de las raíces, atándolos en haces o «rollos» y secándose al aire libre.

Para preparar los juncos déjelos sobre el suelo o en la bañera y mójelos dándoles vuelta de manera que se humedezcan uniformemente. Seguidamente envuélvalos en un trapo grueso húmedo, al menos durante tres horas o hasta que se vuelvan flexibles, utilícelos en 24 horas o déjelos secar otra vez y vuelva a humedecerlos como antes.

Rafia
La rafia procede de la hoja de una palma tropical y es usada muy corrientemente en la cestería europea, asiática y africana.

Corrientemente se compra en madejas en colores naturales o teñidos o en formas sintéticas. Una rafia natural más barata se vende como rafia cultivada y puede utilizarse para reparar muchas clases de cestería blanda.

Puede necesitarse las siguientes herramientas y suministros: lezna o aguja de sacos para los juncos (D); cuchillo afilado o cuchilla de hojas reemplazables para cortar mimbres y cañas (E); cizallas para recortar mimbres y cañas (A); tijeras para cortar juncos y rafias (I); cordel delgado para reparar trenzas cosidas (B); un pincho o lezna (H); un martillo (F) y tachuelas pequeñas (G) para afirmar las asas.

Para identificar los materiales de que está hecho el cesto estudie las fotografías frente a la página 112.

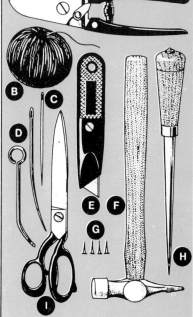

Partes de un cesto
Las estacas de la base (I) están hechas del material más grueso; y las estacas laterales (F) son del grueso siguiente, cortadas en punta e introducidas en una base tejida. El refuerzo (G) es una faja resistente que se ha tejido sobre las estacas laterales vueltas hacia arriba para dar la forma deseada a la base. En el fondo del cesto hay un aro de material tejido proporcionando una base de apoyo firme para que se mantenga en pie a la que se puede llamar aro de la base (H). Los laterales (E) incorporan material delgado y variedad de modelos de entretejido, mientras que el orillo (D) consiste en varias filas de tejido más grueso para dar resistencia a la parte alta del cesto. El borde (C) se hace volviendo hacia abajo las estacas laterales y entrelazándolas. El asa de arco (B) está formada por una varilla gruesa que se ha apuntado e introducida en los laterales y luego recubierta o «acordonada» (A).

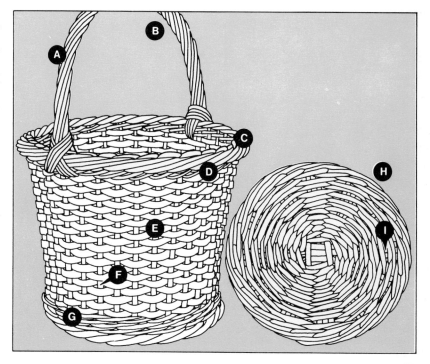

Reparación de cestos de mimbre y caña

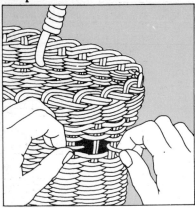

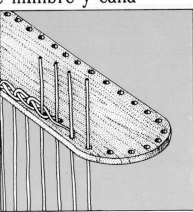

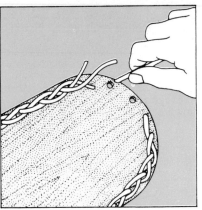

1. Prepare el material como se ha indicado anteriormente y remoje el cesto durante dos o tres horas, pues trabajando sobre el cesto seco sólo causara más daños. Quite las piezas rotas cuanto sea posible. Si el daño está en el tejido se necesitarán varillas de 90 cm o caña del número 3; si están rotas las estacas utilice varillas de 1,2 metros o caña del número 6.

2. Algunos cestos de caña están hechos sobre una base de madera o plástico, con las estacas enhebradas a través de agujeros taladrados cn la base; teja entonces un borde para sostenerlas en su sitio.

3. Si sólo se han roto o perdido algunas pocas estacas reemplácelas enhebrando una nueva estaca a través del agujero en la base, extendiéndolo unos cuantos centímetros en el tejido bajo ella antes de retejer el reborde del pie. Sin embargo, si se han de reemplazar demasiadas estacas o repararlas, de esta manera puede debilitarse el fondo.

Reparación de una base tejida

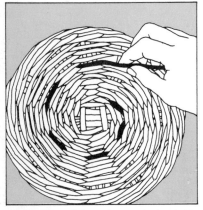

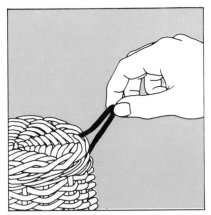

1. Para reparar la base de un cesto de mimbre o caña cambie los ramales dañados enhebrando otros nuevos de mimbre de 90 cm o caña del número 3, asegurándose de seguir el modelo del tejido. Las varillas de mimbre se adelgazan desde el extremo grueso a la punta fina y se unen de tope a tope o de punta a punta para evitar huecos en el tejido.

2. Las estacas rotas de la base pueden cambiarse con mimbre de 1,20 metros o caña del número 6 ambas con una punta afilada en el extremo. En ambos casos empuje la estaca nueva desde el borde exterior hacia el centro del cesto, a lo largo de la estaca rota utilizando un pincho o instrumento puntiagudo similar para hacer un agujero para ella a través del tejido. Una vez firmemente en posición recorte el extremo de la nueva estaca utilizando la cizalla y asegurándose de que no sobresale y está a nivel con el borde del cesto.

3. Si se ha roto una estaca lateral en el ángulo en que se dobla hacia arriba entre la base y el costado del cesto a veces puede reforzarse con una pieza corta de caña o mimbre aguzada en las dos puntas, arquéela en el punto que desea el doblez, luego empújela en la base y lateral al mismo tiempo.

Reparación del refuerzo y el lateral

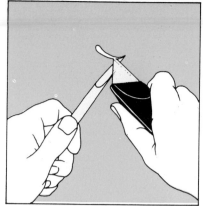  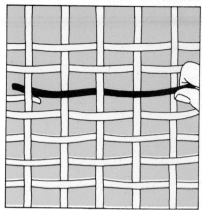

1. El refuerzo (cercano a la base) utiliza ramales más gruesos para soportar el lateral que hay encima. Para reemplazar el mimbre del refuerzo escoja varillas de 1,20 m flexibles y siga el modelo del entretejido que aún esté intacto. Tenga presente que una vez un mimbre se ha arqueado o doblado no se enderezará, por lo tanto cúrvelo con suavidad en su lugar. Rebane el tope o extremo más grueso en un ángulo muy agudo con la cuchilla haciéndolo más fácil de introducir. Para los refuerzos de caña utilice la caña del número 6.

2. El entretejido utilizado para el refuerzo es similar al de la pared; implica trabajar tres ramales a la vez aunque sólo uno de los tres necesite cambiarse. Para cada paso el ramal de la izquierda pasará por encima de dos estacas por detrás de una estaca y por fuera a lo largo del siguiente espacio.

3. El entretejido de los laterales puede estar hecho siguiendo distintos patrones, así que observe cuál está tratando de copiar, antes de comenzar la reparación. Con los mimbres coloque los topes y las puntas en la misma dirección que las uniones existentes, utilizando varillas de 90 centímetros y tratando de utilizar la tendencia curvada de los mimbres para hacer el entretejido más fácil.

Los cestos de caña tienen corrientemente los costados de caña del número 3. No utilice longitudes de caña demasiado largas o se volverá áspera y «peluda» mientras teje, haciendo la tarea difícil. Siga el tejido y luego recorte todos los extremos con cizalla, cortando a un ángulo tal que no sobresalga nada.

Estacas dañadas en el borde

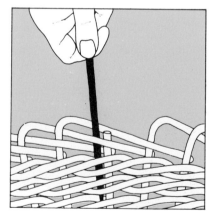  

1. Si las estacas del borde se han roto o perdido recorte lo que queda a nivel del borde de arriba del tejido y luego quite las piezas rotas. Use una varilla gruesa o una caña del número 6 y acople el extremo. Haga un espacio o canal con el pincho a la izquierda de la estaca vieja, luego empuje bien adentro en el tejido, la estaca nueva. Doble la estaca a nivel con lo alto del borde y enhebre la punta en el borde siguiendo el patrón, utilizando el pincho para abrirle paso en el tejido.

2. En un borde de «festón» cada estaca a su vez se horquilla unos dos centímetros y medio aproximadamente por encima del costado y luego se pasa por dentro y fuera de las estacas. Para reemplazar una estaca dañada introduzca una nueva como antes, luego abra un espacio en el borde con el pincho y luego dirija una nueva varilla o caña a su través tratando de no dejar que se enrosque. Recorte los extremos en ángulo donde se apoyen contra una estaca; sobre el interior o el exterior del cesto según su tipo.

3. La reparación de un borde acordonado implica entretejidos complicados de dos, tres, cuatro o más varillas o cañas dando distintos grados de anchura y solidez. El número de varillas o cañas en un borde de cordón afecta también el número de estacas que llegan frente a él. Básicamente cada varilla o caña baja por detrás de una que está a su derecha y por fuera del cesto luego cruza frente a dos (o más) estacas del interior yendo finalmente detrás de otra de nuevo en el exterior.

Reparación del asa

Las asas de un cesto parecen sufrir más daños que cualquier otra parte de él. Antes de comenzar la reparación moje el cesto durante dos o tres horas, luego quite toda la envoltura para ver si el núcleo del asa está roto. Si es así debe hacerse uno nuevo de caña para asas (una caña gruesa que se vende por haces y que se encuentra en las tiendas de artesanía), una varilla de mimbre gruesa o un largo de fresno o avellano.

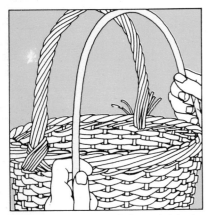

1. Corte un arco nuevo de los materiales indicados anteriormente y si es posible mida el asa antigua para asegurarse de que la nueva longitud alcanza por lo menos 10 centímetros dentro de los lados del cesto.

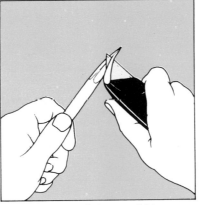

2. Haga punta a cada extremo del trozo nuevo, con una cuchilla afilada, de manera que se forme una punta larga. Frote con jabón el pincho antes de utilizarle para agrandar el canal que sujetaba el asa antigua; esto hará más fácil deslizar la pieza nueva en su sitio.

3. Remoje la pieza del nuevo arco durante unos cuantos minutos antes de comenzar su introducción. Luego cúrvelo cuidadosamente tratando de igualar la forma del asa original. Empuje el nuevo arco tanto como le sea posible hacia abajo en los lados, es decir por lo menos 10 centímetros en cada lado.

Cuando se ha insertado el nuevo arco, puede reemplazarse la envoltura exterior del asa. Hay dos tipos muy corrientes: los que están acordonados (es decir recubiertos con varillas de mimbre o caña redonda) y los que están envueltos en caña pulida brillante.

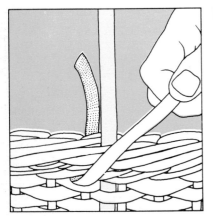

4. Para reparar un asa envuelta con caña pulida, después de remojar la caña introduzca un extremo a poca distancia a través del lateral hacia el interior del cesto por debajo de la banda sobre la izquierda del arco. Lleve este extremo corto contra el arco. Envuelva el extremo largo por encima del borde hacia la derecha del arco llevándolo desde el interior al exterior por debajo de la banda.

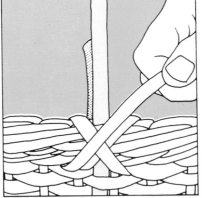

5. Seguidamente lleve el extremo largo diagonalmente a través hacia la izquierda del arco y por encima del borde formando una «x», luego enhébrelo a través del borde por debajo de la banda hacia afuera. Repita el proceso.

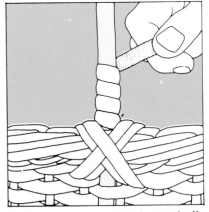

6. Después de haber formado la segunda «X» envuelva la caña pulida remojada apretadamente alrededor del asa de manera que esté borde con borde en cada vuelta cubriendo completamente el arco.

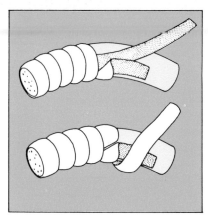

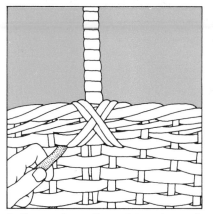

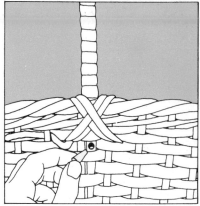

7. Si es necesario introducir un nuevo trozo de caña evite que la unión esté en el centro del asa donde podría haber un punto débil en la envoltura.

Cuando aún haya bastante caña para completar varias vueltas de la envoltura introduzca un nuevo trozo con la cara brillante hacia abajo contra el arco, en la parte inferior del asa. Envuelva sobre él. Cuando queden solamente 5 centímetros de la primera caña deje ésta, vuélvala en ángulo recto dejando el lado brillante hacia abajo, luego haga girar la nueva caña de manera que su superficie brillante quede hacia afuera y comience a envolver con ella sobre el extremo de la primera caña.

8. Una vez el asa esté completamente envuelta con la nueva caña y alcance el otro extremo, lleve la caña pulida a través y por encima del borde de la manera descrita en los pasos 4 y 5, acabando en el interior. El extremo se enhebra hacia el lado en el tejido enlazándolo delante y detrás de unas cuantas estacas pero acabando en el interior del cesto.

9. Para este tipo de asa puede necesitarse una clavija para asegurar el arco. Taladre un pequeño agujero a través de la caña del asa por debajo de la envoltura e introduzca golpeando una pequeña clavija de mimbre o caña en él, dejando los extremos de la clavija sobresaliendo ligeramente de manera que se alojen contra el tejido. Alternativamente puede introducirse una tachuelita de acero a través del tejido en el arco desde el interior.

Reparación de un asa cableada

Para reparar un asa cableada utilice mimbres de 1,2 metros o caña del número 6, cuatro a cada lado del cesto le serán suficientes. Haga punta a los extremos e introduzca los cuatro hacia abajo en el espacio de la izquierda del arco en el lado exterior del cesto.

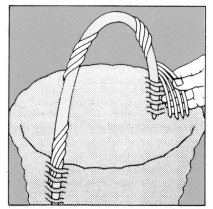

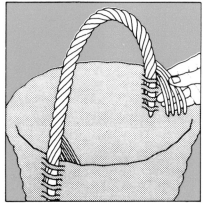

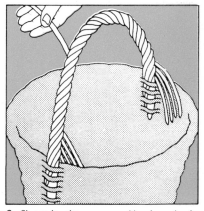

1. Colóquelos lado a lado trabajando a lo largo del arco de izquierda a derecha, llevando las puntas debajo del arco. No deje que se enrosquen o crucen unos con otros. Repita esto dos veces haciendo tres envolturas a través del arco dejando separaciones entre las envolturas como se muestra. Una vez se alcanza el lado opuesto deje las puntas colgando dentro del cesto.

2. Introduzca cuatro mimbres o cañas más en el lado donde están las cuatro primeras y repita el proceso llenando los huecos dejados en el paso 1.

3. Si queda alguna separación después de esta segunda envoltura ponga una varilla más en uno o los dos lados y envuélvala como antes, asegurándose de que asienta bien y llena los huecos de manera que el asa tenga una apariencia uniforme agradable.

Reparación de un asa cableada. Continuación

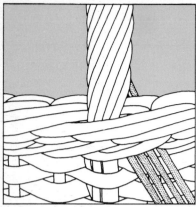

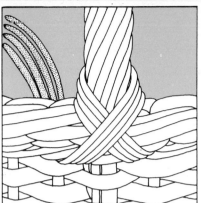

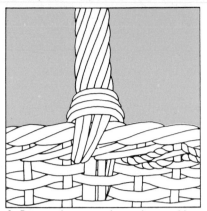

4. Para acabar enhebre las puntas a través de los costados del cesto por debajo de la banda y a la derecha del arco en la parte de afuera, asegurándose de mantener el mismo orden con que están envueltos.

5. Lleve las puntas hacia arriba a la izquierda del asa, alrededor y por detrás y luego diagonalmente hacia abajo a la izquierda estírelas fuertemente mientras trabaja. Seguidamente enhébrelas hacia atrás por debajo de la banda al interior del cesto.

6. Retuerza las puntas formando un cable y enhébrelo hacia el lado en el tejido para asegurarlo, llevándolo por delante y por detrás de varias estacas, acabando en el interior. Recorte los extremos salientes contra una estaca. Finalmente el asa puede enclavijarse o clavarse como se indica en el paso 9, página 109, aunque esto puede no ser necesario.

Reparación de cestos de juncos

La reparación de cestos hechos con junco se realiza bastante fácilmente enhebrando nuevas estacas o ramales en su sitio con una lezna o aguja de sacos. Prepare los juncos como se ha indicado en la página 105 pero no remoje el cesto o perderá su forma.

Los cestos de trabajo de junco pueden repararse utilizando rafia, caña de asientos, juncos, paja o incluso cordel, pero elija el material que case con el original lo más parecidamente posible. Moje el material si es necesario pero no remoje el cesto a menos que sus fibras parezcan estar quebradizas.

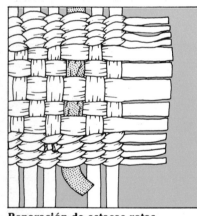

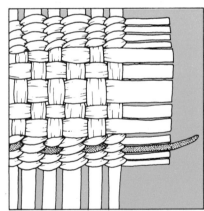

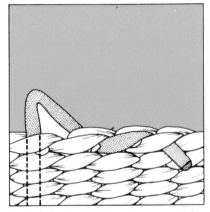

Reparación de estacas rotas

1. En los cestos de junco las estacas van a través del cesto desde un borde al otro. Una estaca rota puede repararse enhebrando un junco grueso en el tejido de manera que se superponga con el roto en varias filas. Los extremos se recortan en ángulo cuando se seca.

2. Los ramales rotos pueden reemplazarse, enhebrando un junco más delgado en el tejido, solapando al roto unos tres centímetros a cada lado del daño.

3. En un borde dañado pueden reponerse las estacas introduciéndolas bien abajo en el tejido, antes de seguir el patrón del borde.

Reemplazo del asa

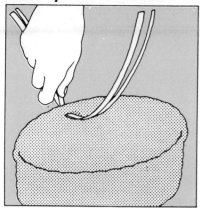

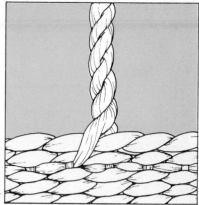

1. Los cestos de juncos tienen asas blandas de juncos retorcidos. Quite completamente el asa dañada. Luego tome un número par de juncos, alternando las bases y las puntas, y enhébrelos en el agujero original del costado del cesto, varias filas por debajo en el tejido. Estírelos hasta la mitad y retuerza cada mitad a derechas, hasta que se encuentren por encima del borde.

2. Coloque el torcido de la mano derecha encima del de la izquierda. Dé a este grupo un retorcido a derechas y póngalo sobre el de la mano izquierda. Siga retorciendo el grupo de la mano derecha una vuelta y colocándolo sobre el de la mano izquierda, formando así un nuevo cable. Continúe hasta que el asa tenga la longitud correcta.

3. Para acabar lleve los extremos de los dos torcidos al lado opuesto del cesto. Enhebre un torcido por fuera y otro por dentro, pasándolos a través del agujero original del asa. Siguiendo el patrón del tejido introduzca los extremos de cada ramal desde el tejido enlazando uno a la derecha y otro a la izquierda del asa. Entreteja los extremos hacia adentro y afuera varias veces acabando dentro. Finalmente recorte todos los extremos con la cizalla.

Otras reparaciones corrientes

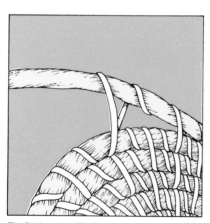

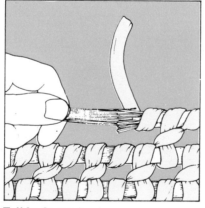

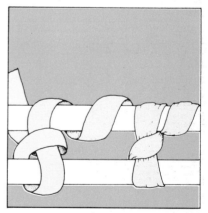

Trabajo enrollado
1. El trabajo enrollado de esteras y cestos consiste en material flexible tal como rafia o junco envueltos sobre un núcleo de cordel, caña o médula. Este trabajo se enrolla siempre desde el centro hacia afuera, cosiéndose cada espira sobre la anterior. Moje el material de entretejer y con una aguja grande siga el modelo de puntadas existentes: corrientemente una figura de ocho sencilla o el punto que se muestra arriba. Comience y acabe introduciendo la hebra en el enrollado.

Tejido de mariposa
2. En el tejido de mariposa se envuelven hojas de trigo o maíz alrededor de un núcleo de médula, caña o paja. Los zurcidos se unen con el nudo que se muestra en el paso 3. Para reparar el tejido puede usarse junco, rafia o anea. Para comenzar moje el cesto y deshaga el tejido malamente dañado. Para reforzar o reemplazar un núcleo dañado corte varias tiras de médula del número 3 de la longitud adecuada e introdúzcalas en las partes más fuertes del núcleo existente.

3. Repare el entretejido con una aguja espartera, pasando los extremos de la nueva hebra a través de algunos puntos sanos, para afirmarla. Trabajando desde detrás suba la hebra y luego bájela envolviendo la espira de arriba, súbala otra vez y envuélvala sobre la espira de arriba y la de abajo, luego sáquela entre las espiras a la izquierda de la «basta» que se acaba de hacer y envuélvala en ella una o dos veces, luego saque la hebra por detrás y a la derecha de la basta llevándola hacia arriba para envolver la espira superior como anteriormente. Una vez hecha la reparación introduzca la hebra en un punto separado.

Otras reparaciones corrientes. Continuación

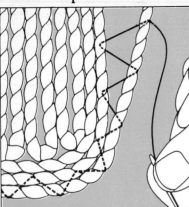

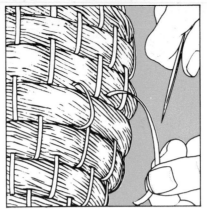

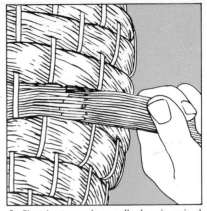

Esteras

4. Las esteras hechas de juncos trenzados están unidas corrientemente con cordel, pero éste se desgasta a menudo. Para reemplazar el cordel use uno de torcido blando y suelto. Un cordel más fuerte tiende a cortar los juncos. Enhebre una aguja fuerte de ojo grande con el cordel y recosa los juncos con un punto corrido en V, como se muestra. Una vez se han asegurado los juncos introduzca el cordel en ellos y anúdelo. Si son los juncos mismos los que están dañados o perdidos remoje juncos nuevos, tréncelos en trozos nuevos y fíjelos a los trozos antiguos.

Trabajo de paja

5. Los cestos de paja son corrientemente bastante grandes y a menudo con una tapa haciendo juego. Están hechos cosiendo rollos de paja entre sí, con caña de asientos. Si la caña se ha roto puede reemplazarse; utilice una lezna o una aguja gruesa para hacer agujeros en los rollos para poder pasar la caña a su través; cosa luego siguiendo el patrón existente. Asegure los extremos anudándolos por dentro, finalmente arrope los nudos en la paja.

6. Si está estropeado un rollo de paja moje el cesto con una pulverización fina de agua y remoje la paja nueva antes de empaquetarla en un rollo apretado y luego cósala en su sitio como en el paso 5 (compre siempre la paja en trozos lo más grande posible). Si el daño está en los lados del cesto intercale la paja nueva con la vieja asegurándose que la nueva está empaquetada muy apretadamente.

Una selección de cestas de distintos materiales (de izquierda a derecha y de arriba a abajo): Cesta con tapa, de hierba enrollada, con dibujos geométricos de hierba de color, procedente de Sudáfrica. Cesta de rollos gruesos procedente de Ghana, con tapa sujeta por una presilla envuelta. Cestillo en forma de hoja, verde y blanco, de bambú rajado, apoyado en una cesta con tapa de trabajo inglés de junco, junto a un cestillo enrollado africano, sobre un cesto plano de mimbre blanco. Cesta grande de mimbre blanco y anteado con asa y borde de varillas, dentro de la cual hay un cestillo de junco trenzado y otro de bambú rajado y rota, con los lados enrejados. En primer término un cesto de mimbre blanco con borde trenzado descansa sobre un cesto plano de mimbre con costado trenzado y asas retorcidas.

CUERO

No hay duda de que en la era glaciar el hombre se vestía con pieles; pero las pieles duran poco al Sol, son duras y se rompen fácilmente. Para convertirlas en cuero utilizable deben limpiarse, curtirse y acabarse para darles flexibilidad y elasticidad. Los fundamentos del curtido y acabado son sencillos, y así se encuentran entre los primeros descubrimientos del hombre. Aunque el cuero es un material orgánico sujeto de por sí a pudrirse puede subsistir durante largo tiempo cuando está protegido de la luz, el calor y las materias destructoras, así que se han recuperado antiguos artículos de cuero procedentes de pantanos, pozos de basura y lugares similares. Se han encontrado muestras de todos los períodos hasta los 5.100 A.C., corrientemente sandalias y otro calzado, en Europa, Oriente Medio, India y China. Desde los primeros tiempos el cuero se utilizó para muchas cosas: vestidos, arreos, recipientes para vino y agua, tiendas, barcas, tambores, pergamino para escribir, cuerdas para arcos, escudos y armaduras, camas, cortinas y cojines. Algunos de los usos más increíbles se han conservado hasta tiempos relativamente recientes, por ejemplo pozales de cuero (en los almacenes de pólvora), armaduras japonesas y las barcas de pesca recubiertas de cuero. El llamado trabajo de cuero dorado con el que se hicieron colgaduras, biombos, frontales de altar, ropajes, bolsas y casquetes, con cuero repujado recubierto con dibujos delicados y complicados en oro y colores se hizo en grandes cantidades desde el siglo XIII al XVIII.

El proceso de la manufactura del cuero es adaptable y similar tanto si se hace a mano con instrumentos sencillos como por métodos industriales sofisticados. Lo primero necesariamente es quitar la carne y el pelo indeseables. Probablemente esto se hizo al principio rascándolos con rascadores de piedra. Luego se descubrió que el pelo se caía de un cuero parcialmente podrido. A partir de la edad media en adelante se utilizó la cal o la piel se estiraba pasándola sobre una cuchilla afilada fija. La cal se utiliza aún, pero el sistema de la cuchilla fija se ha sustituido por máquinas con cuchillas móviles.

Una vez se ha quitado el pelo y todas las trazas de cal la piel se curte. En algunos lugares del mundo esto se hizo por ahumado y frotado con determinados aceites. Otro agente curtiente primitivo fue el alumbre que originalmente se usó por error en lugar de la sal para conservar la piel. Pero corrientemente el curtido se hace con cortezas o raíces u otros productos vegetales. Un método era formar con la piel un saco y llenarlo con el producto curtiente y agua de manera que el líquido penetrase lentamente en la piel. El método tradicional inglés era poner capas alternativas de piel y corteza de roble en un pozo, cubriéndolo con agua y dejado durante algunos meses, un proceso que producía un olor característico muy desagradable. En la segunda mitad del siglo XIX se introdujo el curtido químico después de descubrir en alrededor de 1860 el valor curtiente de sales de cromo; el curtido al cromo es muy rápido, llevando solamente tres o cuatro horas y el cuero resultante es muy tenaz y tiene alta resistencia al calor y al agua.

Después de curtir la piel puede ser tajada o dividida para hacer clases de cuero más delgado. La cara exterior es veteada pero los cortes son lisos y no muestran veteado. Luego, si es necesario, puede ser teñido. Luego el cuero debe ser lubrificado pues de lo contrario se seca y endurece y se agrieta rápidamente. Los lubrificantes pueden ser aceites vegetales, de pescado o minerales, grasa animal o vegetal, parafina o jabón, con aditivos tales como grafito coloidal, azufre o sales minerales. Luego el cuero se deja secar, lo que puede hacer que se contraiga o cambie de color. Por último puede ser laqueado, abrillantado o laminado o repujado en una prensa.

Casi cualquier piel puede curtirse y transformarse en cuero: el vacuno, ovejas, cabras, caballos, camellos, zorros, cerdos, con todos sus parientes, son los más corrientes. Luego hay otras sales como las de foca, ballena y tiburón, caimán y cocodrilo, ciervo, canguro y avestruz, aunque ya que algunas de éstas son actualmente especies protegidas el comercio de sus pieles es ilegal en muchos países.

El ante es el más corriente de los cueros especiales. Es una piel partida que se ha tratado para levantar la pelusilla. La piel de zapa o lija es un cuero delgado, tenaz e impermeable, a menudo teñido de verde, utilizado para forrar estuches de instrumentos y joyas; originalmente hecho con piel de asnos salvajes y más tarde con piel de peces similares al tiburón, con las escamas limadas para darle su superficie irregular característica; ésta se ha imitado por prensado. El tafilete es una piel de cabra de veta fina, de origen moro, curtida con zumaque y teñida de rojo, verde y azul; se ha utilizado para encuadernación de libros y desde el siglo XVIII para tableros de escritorio. El ruano es una piel de cordero grande flexible utilizada para cojines y tapicería. El cuero ruso está hecho de piel de ternero y está impregnado con aceite de corteza de abedul; en el siglo XIX se utilizó mucho para fuelles de cámaras. La gamuza no tiene que ver con el gamo, sino que está preparada por un proceso antiguo, que fue descrito por Homero en la Ilíada; éste da al cuero una estructura abierta que puede mojarse y secarse repetidamente. El proceso incluye estirar el cuero y machacarlo con aceite de pescado y luego se cuelga en una cámara caliente para que se oxide el aceite. Fue utilizada para hacer muchas de las mejores ropas griegas. Debido a la rapidez con que el cuero se vuelve quebradizo y se agrieta en pocos años si no se «alimenta» regularmente, los objetos de cuero de cualquier tiempo son raros y cosas tales como guantes y biombos de los siglos XVI y XVII sobreviven principalmente en los museos. Aparte de los antiguos pergaminos y vitelas y encuadernaciones de libros que pueden sobrevivir en estado más o menos agrietado procedentes del siglo XVII, es raro tropezarse con cosas de más de unos cien años de antigüedad y éstas, probablemente, están limitadas a artículos de cuero tales como equipaje, biombos y tapicería y quizás algunos de los raros cubiletes para beber de cuero impermeabilizado con pez.

Una selección de encuadernaciones en cuero: en lo alto, una encuadernación en piel del siglo XVII; en la pila de la izquierda «Watts Logick» en cuero del 1772; opuesta a ésta, una encuadernación en ante del cambio de siglo; en la base de la pila de la derecha, encuadernación a media piel, con el lomo de tafilete fileteado y tapas con papel marmoleado; a la izquierda «In Darkest Africa», de 1890, con lomo de tafilete negro y tapas de vitela; a la derecha «The Great White South», mostrando signos de deterioro del cuero y necesidad de restauración.

Limpieza, restauración y reparaciones sencillas

El cuero es piel animal especialmente tratada. Mantiene una alta proporción de agua, que pierde si no se mantiene sellado por aceites o pulimentos. Entonces el cuero se agrieta. Cuando sucede esto o se desgasta la superficie y no se reemplaza con más pulimento, la acción de la atmósfera debilitará aún más el cuero.

Para evitar esto o cualquier otro daño, nunca guarde los objetos de cuero a la luz directa, pues el cuero puede decolorarse igual que las telas; nunca guarde el cuero en ningún lugar caliente, porque se secará; nunca guarde el cuero en una atmósfera húmeda ya que es orgánico y se pudre fácilmente, y nunca seque el cuero mojado rápidamente en un lugar caliente —envuélvalo con material absorbente y déjelo secar en forma natural. Además nunca limpie o engrase las colgaduras de cuero de las paredes ni ningún cuero que esté pintado o dorado, pues éstos son trabajos de conservación, altamente especializados; nunca encole parches sobre objetos de cuero para reparar los desgarros, esto también es un trabajo para el experto; y nunca trate de limpiar o reengrasar el cuero que esté asociado a tejidos.

1. Todos los objetos de cuero deben desempolvarse regularmente, tanto si se va a repararlos como si no. Utilice una brocha de artista blanda grande y desempolve suavemente. Luego quite el polvo suelto con un pequeño aspirador de mano, con la boquilla recubierta con red (vea paso 2, página 140).

2. Pase por la superficie un algodón, escurrido, con disolvente especial para cuero que no reseque los aceites naturales (white spirit BS245 o disolvente de Stoddard); el cuero se oscurecerá al aplicar el disolvente y se vuelve a aclarar cuando el disolvente se evapora.

3. Los cueros que se han secado necesitan reengrasarse. Para cueros pesados, gruesos, con superficies altamente pulidas aplique un alimentador de cuero siguiendo las instrucciones del fabricante (el alimentador de cuero es una preparación especial y no es lo mismo que la crema para limpiar zapatos o sillas de montar). Púlalo cuando se seque. Los cueros de menos peso pueden tratarse con loción para niños. Moje un algodón con ella y golpetee toda la superficie. Cuando el cuero no pueda absorber más déjelo secar y luego selle y abrillante la superficie con una cera microcristalina de especialista.

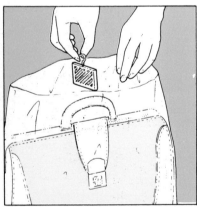

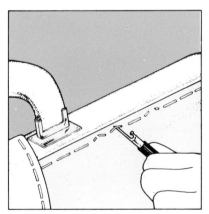

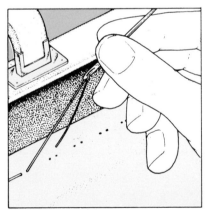

4. Si un objeto de cuero ha sido atacado por insectos, séllelo dentro de una bolsa de plástico con una tira de insecticida. Déjelo durante dos o tres semanas. Sáquelo y déjelo en condiciones normales durante tres semanas y luego vuelva a ponerlo otra vez en la bolsa de plástico con el insecticida. Déjelo durante otras dos o tres semanas. Es esencial repetir el tratamiento de esta manera para matar todos los huevos que pueden haber criado desde el primer tratamiento, porque la mayoría de los huevos de los insectos no son afectados en absoluto por los insecticidas. Después del tratamiento limpie el objeto bien según se ha indicado antes.

5. Cuando el cosido se ha roto o desgastado debe reemplazarse. Quite primero el cosido antiguo, la herramienta ideal es un descosedor de modista.

6. Para el nuevo cosido utilice hilo de lino, encerado previamente pasándolo por cera de abejas blanda. Luego enhebre una aguja de guantero y haga el nuevo cosido. Una aguja de guantero es mejor, porque tiene una punta cortante que no daña los agujeros existentes tanto como una aguja embotada.

Reparación de libros encuadernados en cuero

Para reparar encuadernaciones de cuero pueden necesitarse las siguientes herramientas y suministros: goma de borrar, cintas anchas, un pincel de artista grande y uno pequeño, tapones de algodón, disolvente especial para cuero (white spirit BS 245 o disolvente de Stoddard), plumero, harina y agua o pasta de empapelar, papel de seda, cuchilla afilada o escalpelo, papel encerado y grapas sujetapapeles.

1. Las encuadernaciones de cuero que no están muy sucias pueden necesitar solamente un ligero desempolvado de vez en cuando. Use un plumero blando o bien un pincel de artista grande blando, desempolvando tanto la encuadernación como los cantos del libro.

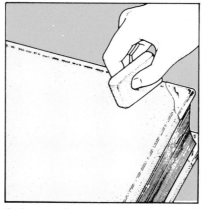

2. Las encuadernaciones de piel de cerdo, vitela o pergamino no deben lavarse, no sólo porque absorberán agua sino también porque puede dañarse o quitarse cualquier estampado en oro. Para limpiar la superficie de la encuadernación frótela con un tampón de algodón humedecido en disolvente especial para limpieza de cuero. También es eficaz una goma de borrar limpia y puede utilizarse sobre curtidos al alumbre (ver la introducción de este apartado), vitela o piel de cerdo.

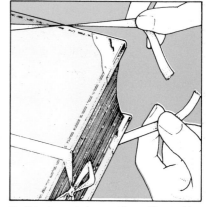

3. Si las tapas de la encuadernación recubiertas de vitela o piel de cerdo están curvadas pueden, a menudo, aplanarse durante una temporada de tiempo húmedo. Envuelva cintas anchas alrededor del libro y átelas de manera que las tapas queden planas. No cargue peso sobre el libro porque esto podría impedir que el aire alcanzase el cuero evitando que reabsorbiese la humedad. Mantenga el libro en esta posición hasta el final de un período de tiempo seco, para cuando las tapas se habrán aplanado y secado de nuevo.

4. Los bordes sueltos de desgarrones y agujeros pueden encolarse con engrudo (ver paso 1, página 181) o con pasta de empapelar. Aplique la cola parcamente con un pequeño pincel o un palito de fósforo. Enjugue el exceso, cúbralo con papel de seda y póngale peso para asegurar que el cuero se adhiere apretada y lisamente.

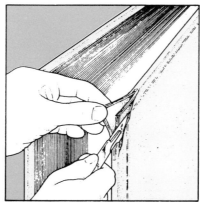

5. Las esquinas, desgastadas a menudo hasta dañar el cartón, pueden reconstruirse con engrudo como antes o cola de empapelar. Primero separe las capas de cartón con un escalpelo o con una cuchilla afilada, luego aplique la cola con un pincelito o un palito de fósforo.

6. Dé presión a las esquinas reparadas entre papel encerado y cartón rígido, utilizando grapas sujetapapeles para sostenerlos en su sitio. No los deje apretados por más de quince o veinte minutos o la humedad oscurecerá el cuero. Cuando se hayan acabado todas las reparaciones vuelva a engrasar el cuero de la encuadernación con restaurador de cuero o loción de niños, como se ha indicado anteriormente, prestando atención especial a los extremos de la cabeza y pie del lomo y a las vueltas del cuero en las bisagras.

Reemplazo de superficies recubiertas de cuero

Reúna las siguientes herramientas y suministros: tacos de lijar y papeles abrasivos de distintos grados, espíritu de petróleo, pasta de empapelar y una brocha vieja, cinta adhesiva libre de ácido, almohadilla de corcho o un trozo redondeado de madera blanda (opcional), papel encerado o papel vegetal, escalpelo o cuchilla con hoja recambiable, regla metálica, ruleta de embutir de latón y pan de oro (opcional).

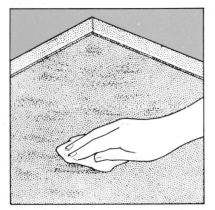

1. Arranque el cuero viejo estropeado. Lave toda la cola vieja y cualquier resto de trozo de cuero, con agua caliente. Trate de no dejar demasiado mojada la madera de alrededor.

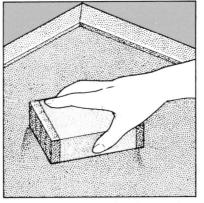

2. Enmasille todas las indentaduras o grietas de la superficie de la mesa o escritorio, siguiendo los pasos 5-6, página 21, o de lo contrario se verán a través y afearán la nueva superficie. Alise la superficie con un taco de lijar, utilizando trozos de papel abrasivo cada vez más finos, hasta que se alcance una lisura media; una ligera rugosidad proporciona a la cola algo a que agarrarse. Después de lijar quite el polvo y luego enjugue con espíritu de petróleo.

3. Cubra la madera de alrededor con papel sujeto con cinta adhesiva de enmascarar libre de ácido, para evitar que la pasta se filtre en él. Luego aplique a la superficie pasta de empapelar de doble fuerza utilizando una brocha vieja. Aplique unas cuantas capas hasta que quede gomoso.

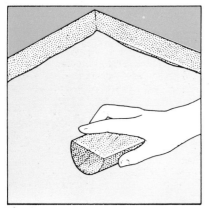

4. Recorte la nueva pieza de cuero un poco más grande que la superficie a cubrir. Coloque el cuero en su posición sobre la superficie. Luego, comenzando desde el centro y trabajando hacia los bordes alise quitando todas las arrugas y bolsas con una almohadilla de corcho o un trozo redondeado de madera blanda, o incluso el talón de su mano. A menudo es una ayuda, especialmente con piezas de cuero grandes, colocar una pieza de papel encerado o papel vegetal entre el cuero y la superficie encolada; sacando gradualmente el papel a medida que se pega el cuero en su sitio. Esta técnica asegura la lisura de la superficie.

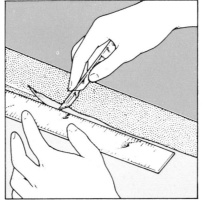

5. Una vez el cuero está plano déjelo secar durante una hora. Luego recorte el exceso cuidadosamente con un escalpelo o cuchilla afilada de hoja recambiable y una regla de metal.

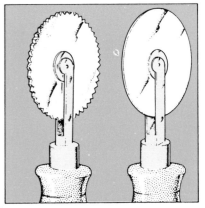

6. Pase una ruleta de embutir que se haya calentado a la temperatura de la mano a lo largo del borde del cuero, para sellarlo sobre la superficie (si la ruleta está demasiado caliente el cuero puede fruncirse). El embutido de oro da un bonito acabado pero es un trabajo de habilidad. Sin embargo, si desea intentarlo compre un rollo de hoja de oro. Vaya colocando la tira de oro con una mano y prensándola en su lugar con la ruleta de embutir sostenida en la otra mano. Oscile la rueda de lado a lado para asegurar que ambos bordes de la hoja se adhieren fuertemente y mueva la rueda hacia adelante y hacia detrás para que la hoja se pegue firmemente en toda su longitud.

PIEDRA

Toda la piedra era originalmente, desde luego, parte de la masa fundida de la que se ha formado la Tierra y de la cual, cuando se enfrió, se solidificaron las rocas; pero han pasado muchas cosas desde entonces y los geólogos clasifican las rocas en ígneas, sedimentarias y metamórficas. Las rocas ígneas son las formadas por la acción volcánica. Las sedimentarias están hechas por el depósito de materiales tales como cantos rodados, grava, guijos arena y arcilla, formados a partir de otras rocas, a veces junto con materia orgánica tal como vegetación muerta. Las rocas metamórficas están formadas por el cambio o metamorfosis de rocas sedimentarias, debido a influencias posteriores tales como el calor y la presión.

La propiedad más notable de las rocas volcánicas es su gran dureza, y una alta proporción del material de la mayoría de ellas es la sílice, dioxido de silicio que es más conocido por nosotros como arena. La más comunes de las rocas volcánicas son el basalto y el granito. El basalto es químicamente un feldespato, silicoaluminato de sodio y potasio, no es muy usado por el hombre porque se astilla con facilidad, pero él solo constituye asombrosas formaciones naturales. El granito, que se presenta en formas grises y rojas, se ha utilizado cuando se necesitaba gran resistencia, como para faros y rompeolas y para construcciones monumentales e incluso domésticas en lugares donde es una piedra local. Como admite un gran pulido fue a veces preferido por los victorianos para plintos y otros elementos arquitectónicos destacados y para laudas sepulcrales, y en tiempos pasados fueron corrientes en Londres los abrevaderos de granito.

Otra forma de la sílice es la obsidiana, un vidrio que se encuentra en las escorias volcánicas. Corrientemente es de color negro y debido a la contaminación con hierro; fue favorito de los aztecas para cuchillos y herramientas y a veces para ornamentos tallados. El pedernal es también sílice impura y como la obsidiana fue usado por el hombre de la edad de piedra para cuchillos, puntas de flechas; y piedras de pedernal fracturadas o partidas por la mitad colocadas en mortero son material de construcción característico y atractivo en algunas partes de Inglaterra.

El pórfido es una roca volcánica corrientemente de color rojo o púrpura o verde oliva, con inclusiones más claras de feldespato o cuarzo. El pórfido, como el granito, puede pulirse en alto grado y se ha usado para pilares, tableros de mesa y ornamentos. El jaspe es otra forma de sílice, es en su mayoría rojo, marrón o listado, a veces con tinte amarillo o verde. Otra forma de sílice aún es el ágata, una calcedonia de color listado; la cornalina, la sardónica, el crisófano y el ónix son variantes del mismo material. Piedras tales como éstas se encuentran en las cavidades formadas por los gases en la piedra pómez que es lava solidificada.

Probablemente el material más preciado de origen volcánico es el jade, amado por los chinos, aunque el jade no se encuentra allí. Hasta principios del siglo XVIII los chinos utilizaban una forma de jade llamada nefrita, encontrada en Asia Central en forma de cantos rodados que va desde verde «espinaca» oscuro a blanco verdoso, a veces con vetas o manchas marrones o de color herrumbre. Especialmente deseable era el tipo blanco amarillento suave denominado «grasa de carnero». Los trabajos posteriores son de jadeíta, procedente de las minas de Burma, verde más vivo y más brillante que la nefrita. Las piezas complicadamente talladas del siglo XIX son de jadeíta. La nefrita se encuentra también en Norteamérica y hay muchas copias modernas de este material. También es fá-

cil confundir el jade con el crisofano, otro material volcánico; la serpentina, principalmente un silicato de magnesia verde, conocida en el occidente de Irlanda como mármol de Connemara; y el jaboncillo, una mezcla natural de magnesio y caolín, también llamada esteatita. Tanto la serpentina como la esteatita son materiales blandos.

Una roca sedimentaria común es el carbón mineral, derivado de la vegetación comprimida. En la forma de lignito negro llamada azabache, encontrado en filones en el noreste de Inglaterra, fue popular en los tiempos victorianos para adornos y joyería de luto, y recientemente ha tenido algún resurgimiento de popularidad.

Los tipos más corrientes de piedras tanto para la edificación como la escultura son diferentes clases de caliza y arenisca. Ambas son rocas metamórficas, formadas por haber estado sometidas a una gran presión. La caliza es principalmente carbonato cálcico, mientras que la arenisca son granos de arena de cuarzo cementados entre sí por óxido de hierro (arenisca roja) o por cal en forma de calcita o por una mezcla ya que la arenisca blanca pura es rara.

El mármol es carbonato cálcico (caliza) más o menos puro que se ha endurecido por el calor volcánico y se encuentra en muchos lugares del mundo. El mármol uniformemente blanco, como el de Carrara, en el noroeste de Italia, siempre solicitado por los escultores, es raro; la mayoría están coloreados o veteados por impurezas. El mármol pentélico con que está construido el Partenón es de un color crema cálido, los mosaicos romanos están hechos de piezas de mármoles coloredos de aproximadamente 1,5 centímetros en cuadro. El mármol palo rosa inglés es de color marrón oscuro veteado y recuerda la madera de palo rosa como indica su nombre.

El mármol admite un pulimento elevado y en tiempos georgianos y victorianos fue popular para muchos usos tales como: tableros de mesa, hogares chimenea, estantes de lecherías y mostradores de tiendas de alimentos. Actualmente se considera demasiado caro para usos utilitarios, pero aún se hacen en Italia y en todas partes objetos ornamentales, tales como lámparas, jarrones y ceniceros de mármol. De hecho los tipos de mármol más ornamentales siempre han sido caros. Italia a partir del siglo XVII en adelante exportó un sustituto hecho de yeso coloreado y cola de pescado con trocitos de mármol incrustados.

La pizarra es otra roca metamórfica, constituida principalmente por silicato de aluminio y formada a partir de arcilla y fango endurecidos por presión. Se encuentra en diversidad de tonos desde el gris muy oscuro a través de gris pálido hasta el verde y el rojo.

Una piedra especialmente popular en el antiguo Egipcio fue el alabastro; una forma de yeso (sulfato cálcico) más dura que el usado para el yeso escayola, pero aún así muy blanda. Se utilizó por los tallistas para hacer escarabeos y figuritas y también para sarcófagos. Durante la Edad Media se utilizó a veces para figuras de tumbas y fines parecidos, donde no estaba expuesto a la intemperie, puesto que es absorbente y no debe lavarse ni dejar que se moje.

Una piedra interesante es el «blue-john» de Derbyshire, una variedad de fluorespato (floruro cálcico) de color moteado púrpura, azul y amatista. Desde 1770 se hicieron con este material cantidades masivas de jarrones y otros adornos y como era muy frágil era a veces reforzado con resina. Las minas fueron explotadas intensamente en el siglo XIX y actualmente sólo se hacen pequeños objetos como bisutería y «huevos».

Limpieza y pulido del mármol

Básicamente hay dos tipos de mármol: el tipo de grano fino y compacto utilizado para estatuas y tallas ornamentales y el tipo abigarrado en el que la caliza se ha impregnado con impurezas minerales resultando un vivo veteado y complicado dibujo. El mármol blanco se encuentra fundamentalmente en Italia, el más puro y fino procede de las canteras de alrededor de Carrara. Sin embargo otros países producen también piedra de buena calidad: las canteras de la zona de Nueva Inglaterra en Estados Unidos y en Inglaterra en Purbeck, Dorset, son famosas por sus mármoles. Los artesanos indios trabajando para los siempre esplendorosos maharajás eran capaces de basarse en grandes cantidades de hermosos mármoles pálidos procedentes de Rajputnan y Jablapur.

El mármol abigarrado está formado por una combinación de minerales de caliza y sílice y se encuentra en una enorme variedad de tonos desde el oscuro verde de bosque a los más

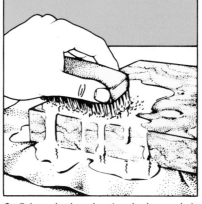

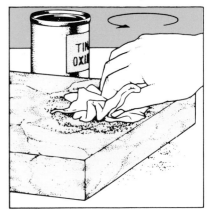

1. Antes de comenzar el proceso de limpieza quite la pieza de mármol de la base, para evitar que el agua dañe las partes de madera. Si el objeto de mármol es pequeño puede sumergirse en un cuenco o barreño de plástico con la siguiente solución: disuelva una taza de copos de jabón (no detergentes) en 4 litros de agua a la que se haya añadido unas cuantas gotas de amoníaco al 10 %.

2. Coloque la placa de mármol sobre una hoja de plástico o, mejor aún, manténgala plana y deje correr un chorro constante de agua sobre la superficie que se está limpiando. Comience frotando con un cepillo de cerdas duras en una esquina trabajando a través de la superficie aclarándola y enjugándola a medida que avanza, utilizando trapos blancos limpios o toallitas de papel blancas (no utilice trapos o toallitas teñidos pues el colorante puede pasar al mármol).

3. Después del primer lavado examine la pieza para ver si hay melladuras o manchas, los tableros de mesa y piezas de cubierta a menudo tienen manchas causadas por sustancias ácidas, tales como jugos de fruta y vino, donde el ácido se ha comido el pulido y disuelto la superficie de la piedra. Si el daño no es profundo el pulido puede restaurar la superficie. Utilice tiza pulverizada, polvo de pómez u óxido de estaño, con un trapo de algodón húmedo frotando la zona manchada en círculos. Cuando la superficie parezca lisa y la mancha se haya desvanecido quite el polvo enjuagando con agua limpia y seque por completo con trapos o toallas de papel blancos.

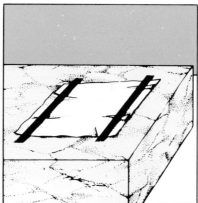

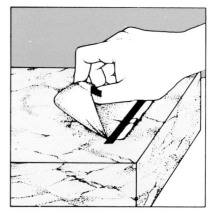

Eliminación de manchas de grasa
1. Estas manchas son causadas por líquidos oleosos empapándose en los poros del mármol sin dañarlo realmente. Para quitar éstas la idea es arrastrar hacia afuera la grasa. Esto puede realizarse con una serie de cataplasmas: haga una pequeña cantidad de pasta bien sea con partes iguales de caolín en polvo y benceno o almidón de patata y espíritu de petróleo. Como alternativa humedezca un trozo de papel secante blanco con acetona.

2. Coloque la pasta o el papel saturado sobre la zona manchada y luego cúbralo con un trozo de plástico o papel de estaño fijándolo en su sitio con cinta adhesiva libre de ácido para evitar que la cataplasma se seque demasiado rápidamente.

3. Después de alrededor de una hora quite la cubierta y déjelo evaporar. Luego compruebe la mancha. Si no ha desaparecido puede ser necesario repetir el proceso unas cuantas veces utilizando cataplasmas recién mezcladas.

pálidos rubores de rosa y amarillo. Estos mármoles más raros se usan fundamentalmente en grandes piezas en las que puede apreciarse el dibujo (tales como suelos, paredes, columnas y tableros de mesa); se utilizan pequeños trozos para incrustar mientras que los trocitos más pequeños se colocan en los mosaicos.

Antes de comenzar a trabajar sobre el mármol tenga en mente que las instrucciones siguientes para la limpieza y en-

cerado del mármol se aplican solamente a piezas que no tengan gran valor histórico o dinerario. Advierta también que los mármoles abigarrados pueden dañarse por los quitamanchas fuertes, asegúrese por ello de ensayar cualquiera de las fórmulas recomendadas siguientes para los mármoles blancos sobre un punto que no sea visible. Sin embargo no utilice en ningún caso la solución fuerte, cáustica, que sólo debe aplicarse en los mármoles blancos.

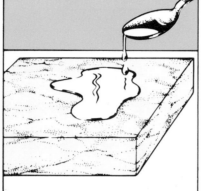

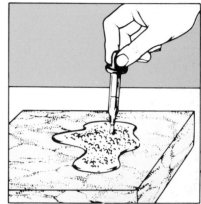

Eliminación de manchas rebeldes en el mármol

1. Para quitar manchas más profundas el tratamiento más eficaz es una mezcla de un tercio de agua oxigenada de 20 volúmenes con dos tercios de agua. Coloque el mármol de manera que la zona manchada quede en un plano perfectamente horizontal, apuntalando si es preciso las piezas irregulares con pellas de arcilla.

2. Luego eche una cucharadita de la solución sobre la mancha recubriendo toda la superficie.

3. Inmediatamente salpique unas cuantas gotas de amoníaco encima de la solución utilizando un cuentagotas. El agua oxigenada comenzará a burbujear. Cuando se para el burbujeo aclare la zona enseguida con agua limpia repitiendo el aclarado dos o tres veces para asegurarse de que no quede resto del blanqueador. Repita la operación si es necesario.

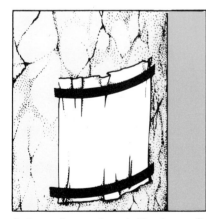

4. Para quitar manchas rebeldes de superficies verticales más grandes haga una cataplasma utilizando un trapo de algodón blanco limpio humedecido con la solución de agua oxigenada indicada en el paso 1. Fíjelo en su sitio como antes utilizando cinta adhesiva libre de ácido. Alternativamente ensaye cualquiera de los quitamanchas adecuados con tal de que no contenga ácidos, ensayando siempre su efecto en el revés de una pieza primero.

Método del cáustico

5. Si utiliza el método siguiente para quitar manchas feas asegúrese primero de que la madera o metal de los alrededores están protegidos contra la solución. Luego corte una pastilla de jabón en virutas y colóquela en un cazo. Añada suficiente agua para cubrir las virutas y hiérvalo hasta que el jabón se haya disuelto completamente. Viértalo en un vaso medidor.

6. Tome nota de la cantidad de líquido y luego viértalo en un cuenco limpio y póngase un par de guantes de goma.

Eliminación de manchas rebeldes. Continuación

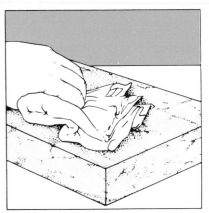

7. Con un gran cuidado añada la misma cantidad medida de potasa cáustica y la misma de cal viva.

8. Pinte con esta solución el mármol manchado y déjelo durante dos o tres días.

9. Luego enjugue con un trapo limpio o toalla de papel y enjuague con agua. Repita el proceso si es necesario pero después de unas cuantas aplicaciones vierta la solución por el sumidero lavando la fregadera y el sumidero enseguida con abundante agua fría. Destruya también los trapos y toallas.

Encerado del mármol

Si la superficie del mármol necesita restaurar su hermoso brillo no intente utilizar ninguna de las ceras comerciales para mobiliario. Estas tienden a teñir la piedra introduciendo los disolventes y la cera teñida en los poros. En lugar de ello utilice una mezcla hecha de dos partes de resina sintética «Ketone N» y una parte de cera Cosmolloid, una medida de espíritu de petróleo.

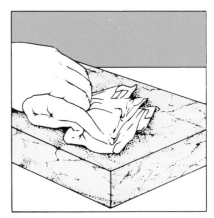

1. Utilice un recipiente de baño María con aceite en el compartimiento exterior. Caliente el Ketone N y el Cosmolloid en el recipiente interior hasta que se fundan formando un líquido uniforme parecido a la miel. Cuando no queden más partículas visibles en el líquido retírelo del fuego.

2. Añada poco a poco espíritu de petróleo removiendo todo el tiempo hasta que la mezcla alcance la consistencia de una pasta suelta. Deje enfriar la mezcla que se enturbiará. Aplíquela pintándola abundantemente sobre el mármol.

3. Enjugue el exceso con un trapo de algodón o toallas de papel blancos que se hayan humedecido ligeramente en espíritu de petróleo. Cuando se haya secado frótelo hasta que brille utilizando un trapo blando limpio. (Si no le gusta el resultado esta cera puede quitarse frotando con espíritu de petróleo.) Cuando la superficie no esté ya untuosa pero aún no esté completamente seca espolvoréela con talco blanco. Esto llenará con talco cualquier poro que aún quede en vez de dejar que se llene gradualmente con mugre. La superficie puede frotarse de nuevo para darle mayor brillo.

Limpieza y restauración de piedras semipreciosas

Alabastro

El alabastro es muy similar en apariencia al mármol fino, pero es mucho más blando. El alabastro antiguo es un carbonato de cal pero el alabastro más moderno es un sulfato de cal mucho más frágil, fácilmente dañable y, especialmente importante de recordar para el restaurador, soluble en agua, de manera que no deje nunca empaparse en agua las figuras de alabastro incluso aunque estén malamente manchadas. Evite los ceniceros de alabastro: es muy difícil mantenerlos en buenas condiciones porque las manchas negras causadas por el apagado de cigarros o cigarrillos acabarán penetrando en la superficie bastante blanda dejando parches rugosos que son difíciles de limpiar y volver a pulir. El método de limpieza es el mismo que para el mármol excepto en que debe excluirse el uso de agua y jabón. Utilice alguno de los disolventes vaporizables: espíritu de petróleo, bencina o petróleo de arder. Aplíquelos con una brocha blanda o un trapo limpio y enjúguelo, secándolo inmediatamente.

Esteatita

La esteatita conocida también como jaboncillo es el más blando de todos los minerales y se usa frecuentemente para tallas. Un cuchillo ordinario de acero la cortará bastante fácilmente y una pieza de esteatita es de lejos demasiado blanda para rayar el cristal. Trate de hacerlo y verá una especie de señal de tiza, parecida al jabón sobre la superficie del vidrio; de aquí su nombre popular de jaboncillo. Debido a su superficie extremadamente frágil la esteatita debe manejarse muy cuidadosamente. Lávela suavemente utilizando agua jabonosa y una brocha blanda. La esteatita no puede tomar un pulido alto y la superficie se desmigajará al contacto de abrasivos bastos pero un frotado suave circular con alguno de los abrasivos más finos (rojo de joyero, polvo de masilla) se traducirá corrientemente en un brillo agradable.

Nácar

Muchas especies de moluscos bivalvos producen un depósito de material iridiscente nacarino dentro de sus conchas, que puede ser desprendido en capas y utilizado como nácar también llamado madreperla, es el mismo material que se forma en los moluscos alrededor de las sustancias extrañas para hacer las verdaderas perlas. El nácar tiene el mismo lustre y refracción luminosa. Y las piezas individuales son en su mayoría bastante pequeñas y casi siempre utilizadas como incrustaciones o para pequeños objetos tales como para botones en camisas de hombre y vestidos de niños y en los mangos de tenedores y cuchillos de postre. El nácar no es fácil de reparar pero puesto que los trocitos raramente se rompen, corrientemente sólo es cuestión de reemplazarlos o reencolarlos sobre el fondo utilizando un pegamento transparente. Para reemplazar trozos perdidos pueden utilizarse piezas delgadas de abalón. A veces las rayas afean las superficies iridiscentes pero desgraciadamente éstas no pueden quitarse puliéndolas. No utilice nunca sobre el nácar amoníaco o un ácido cualquiera. Con agua y jabón neutro puede quitarse cualquier suciedad y frotarlo con una gamuza lo mantendrá brillante. No deje nunca la cuchillería en remojo en agua (se aflojará la cola), ni la lave en un lavavajillas.

Jade: jadeíta y nefrita

La piedra que conocemos como jade son realmente dos materiales ligeramente diferentes: ja jadeíta y la nefrita. Los colores van desde el blanco puro hasta el verde oscuro. La jadeíta tiene un aspecto muy brillante cuando se pule, la nefrita un brillo más suave ligeramente aceitoso. El jade es un compuesto duro corrientemente tallado y cortado, como el vidrio, con una muela. También raya al vidrio y este hecho es muy útil en la actualidad porque hay literalmente docenas de sustitutos del jade que son casi imposibles de identificar sin instrumentos científicos. Cuando está adecuadamente pulido el jade raramente necesita nada más que un lavado total con agua jabonosa caliente ayudado por un suave cepillado con un cepillo blando. Las tallas de jade no deben nunca volverse a pulir por un aficionado aunque pueden limpiarse bien, pero a las cuentas baratas de jade o guijarros macizos puede dárseles un agradable acabado brillante rodándolos en un bombo de pulir barato, de los que actualmente se venden en la mayoría de las tiendas de equipo artesano.

Algunas otras piedras se han dejado empapar en colorantes de anilina para imitar los verdes de jade más populares; un trapo blanco húmedo frotado firmemente en las partes más oscuras de la talla mostrará trazas del tinte que no ha sido absorbido. Otra clase de jade falso se hace de vidrio. Observe que los tonos pálidos son más difíciles de imitar y por lo tanto no son copiados con frecuencia por los falsificadores.

Azabache

El azabache es una clase de carbón similar a una clase de antracita especialmente dura, pero puede cortarse y pulirse como una piedra. El azabache sin montar puede limpiarse con espuma de jabón neutro y agua, pero sea cuidadoso de no dañar los hilos o cierres, cuando cepille con un cepillo o brocha suave. La forma más segura de quitar el polvo es hacer una bola de miga de pan blanco y luego frotar con ella las entallas y rincones de las piezas talladas de azabache. La miga absorberá gradualmente el polvo y la grasa y luego puede cepillarse con un cepillo de dientes suave. Esto es especialmente útil para azabache montado, en el que el lavado puede aflojar el pegamento, y para cuentas, en las que la grasa se acumula en los agujeros taladrados y no puede quitarse por lavados sin deshilachar el hilo.

Cuerno y carey

Tanto el cuerno como el carey son sustancias gelatinosas; el cuerno es un producto de ganado vacuno salvaje o doméstico, el carey se hace del caparazón de la tortuga marina. Ambas sustancias pueden conformarse bajo calor y presión; son bastante flexibles y cuando se cortan en láminas delgadas son casi transparentes. El corte se hace con cuchillas o sierras finas. Las partes perdidas pueden reemplazarse por piezas recortadas a la medida a partir de una plancha. Use una plantilla como si fuese a reemplazar un trocito de marquetería. Con papel abrasivo fino se alisaría cualquier borde rugoso. Los objetos rotos pueden encolarse con resina epoxílica pero es improbable que puedan ser después de ningún uso práctico. Para limpiar use un polvo abrasivo fino tal como blanco de España o rojo de joyeros.

Piedras variadas

Limpieza y pulido

Aunque estas distintas piedras tienen grados de dureza diferentes pueden, en general, tratarse de forma similar, es decir limpiarlas sólo con agua y jabón, evitando blanqueadores o cualquier ácido que pueda comerse la superficie. Si están adecuadamente pulidas las manchas son improbables, la mayoría de las marcas oscuras, si no son naturales, son causadas por polvo acumulado en grietas, juntas o finas fisuras; un buen cepillo de dientes es lo mejor para desalojarlo. Pueden volverse a pulir zonas pequeñas con un abrasivo fino como el rojo de joyeros, pero tenga cuidado de no presionar demasiado, a menos que la pieza esté cuidadosamente apoyada en una bolita de arcilla de modelar blanda. Esto es especialmente cierto en las partes finas de una figura tallada o un cuenco. Las piezas sencillas pueden alisarse y pulirse en un bombo de guijarros. Las piezas rotas pueden repararse con los mismos pegamentos y usando los mismos procedimientos que para la porcelana. Limpie y seque totalmente y luego cubra las zonas rotas con el pegamento transparente recomendado para vidrio y porcelana. Encinte las piezas entre sí con cinta adhesiva de enmascarar y deje secar durante 24 horas. Quite la cinta sumergiendo el objeto rápidamente en agua caliente y tirando de ella con cuidado.

Aventurina. Es una roca feldespática conteniendo copos de otros minerales que captan y reflejan la luz bajo la superficie. La aventurina fue siempre un objeto favorito de copiar de los vidrieros. No confunda la piedra auténtica con los cuencos y platos de vidrio populares durante el período de vidrio de arte, 1850-1920.

Basalto. Es una roca negra brillante principalmente usada para jarrones y objetos conmemorativos. El basalto negro, una imitación cerámica, fue hecho por Wedgwood desde los 1770 en estilos que reflejaban el gusto clásico griego y romano.

Obsidiana. Es un vidrio volcánico negro extremadamente duro utilizado para cuchillos ceremoniales y ornamentos, especialmente en Sudamérica. Toma un pulido muy alto. No es imitado a menudo pero el sustituto usual es el vidrio negro. Este es un caso en que la imitación tiene la misma dureza, ya que la obsidiana es solamente un vidrio que se encuentra en forma natural.

Malaquita, serpentina. Ambas son minerales. La malaquita contiene cobre y es siempre profundamente veteada de un maravilloso verde vivo. La serpentina es un silicato de manganeso y va desde el verde al negro. A menudo es usada como sustituto del jade ya que a diferencia de la malaquita es moteada en lugar de veteada.

Hematites. Mineral de hierro, de color rojo oscuro a negruzco, se encuentra y trabaja en pequeñas piezas.

Cuarzo. Es el nombre genérico de la sílice de depósitos cristalinos de todos tipos; el cristal de roca, la amatista, el ónix, la cornalina y la calcedonia son todos variedades de cuarzo y comparten la misma estructura básica. Sus variaciones son el resultado de diferentes impurezas en solución en la sílice. Los cuarzos son a menudo utilizados como sustitutos de piedras más preciosas y por su propio derecho como adornos finamente tallados o incrustaciones decorativas.

Limpieza del ámbar, hueso, coral y marfil

Estos materiales muy preciosos pueden limpiarse y pulirse con tiza pulverizada y pasta dentífrica blanca mezcladas en partes iguales. Alternativamente puede utilizarse el producto Solvol Autosol (vendido en establecimientos de accesorios de automóviles para limpiar los cromados) que contiene un compuesto de amoníaco en polvo en suspensión no abrasivo.

Ambar

El ámbar es una resina fósil que puede ser amarillo pálido o de un marrón más profundo. Traslúcida, radiante con la luz, a menudo contiene plantas o animales fósiles que han sido atrapadas en la masa pegajosa endureciéndose lentamente. El ámbar es bastante blando y fácilmente rayable, por eso es corrientemente tallado y pulido en formas sencillas. El agua y el jabón son los mejores agentes limpiadores, ya que el ámbar se disuelve fácilmente en alcohol y la mayoría de los otros disolventes corrientes; en otro tiempo el ámbar fue incluso utilizado en barnices para mobiliario junto con aceite de linaza o trementina.

Hueso

El hueso, similar al marfil en apariencia y tratamiento, es simplemente la estructura esquelética limpia y a menudo pulida de cualquier animal, pez o pájaro. Recuerde manejar el hueso cuidadosamente, especialmente cuando está húmedo, es bastante blando. Puede pulirse ligeramente como el marfil con rojo de joyeros y un trapo blando pero la superficie es demasiado frágil para tomar un brillo realmente fuerte.

Coral

El coral en rama natural está formado por miles de esqueletos de organismos marinos que proliferan en las aguas cálidas del Mediterráneo y en el Océano Pacífico. El más corriente es de un color rosa oscuro. Se creyó que el coral tenía el poder de ahuyentar al diablo y por eso han sido siempre populares las piezas para niños: pulseras delgadas, brazaletes, anillos para morder y cosas parecidas. Las piezas más finas se presentan en rosa pálido y blanco. Admite un pulido elevado, pero necesita verdaderamente ser tallado y pulido por un experto. Sin embargo puede mantenerse limpio y libre de suciedad que se recoge alrededor de los montajes y en los cordones de las cuentas. Límpielo como el azabache con miga de pan o lavándolo rápidamente con espuma de jabón caliente.

Marfil

Nuestros propios dientes contienen un material que es muy similar al marfil de los colmillos de algunos grandes mamíferos. La mayoría del marfil comercial procede de los colmillos de elefante, aunque las tallas de marfil de morsa son corrientes entre los esquimales e indios americanos del lejano Norte. Debido a la mayor conciencia actual de la necesidad de protección de la naturaleza salvaje el marfil se está haciendo progresivamente más raro. El marfil se encuentra a menudo como incrustación en el mobiliario, como escudos en los agujeros de cerraduras y como asas en teteras y cafeteras de plata y en juegos de cuchillería. Cuando el marfil está montado de esta manera es importante tratar y evitar que el pulimento de los muebles o metales lo tiñan. La textura del marfil es tan cerrada y lisa que pueden hacerse en él las tallas más finamente detalladas. Maneje éstas muy cuidadosamente pues el marfil viejo es muy frágil. Este es un caso en el que el agua y el jabón no son verdaderamente recomendables, porque el marfil crece en capas y el empaparlo puede hacer que las capas se hinchen y se separen. Sin embargo, si la talla está verdaderamente sucia haga una solución tibia de jabón neutro con tan poca agua como sea posible y cepíllelo rápidamente con un cepillo de dientes blando. Aclare al chorro de agua limpia y séquelo inmediatamente. Para una limpieza menos profunda un pase suave con una esponja enjabonada y luego con una esponja húmeda limpia será suficiente. Para añadir lustre al marfil puede pulirse ligeramente con rojo de joyeros o polvo abrasivo muy fino. Frote delicadamente en círculos hasta que la superficie brille y luego limpie el exceso de polvo con un trapo suave. El marfil amarilleará más rápidamente en la oscuridad, así que no lo esconda. Las tallas finas de marfil aumentan de valor cada día, así que ni intente repararlas sin el consejo de un experto.

Limpieza de incrustaciones semipreciosas

  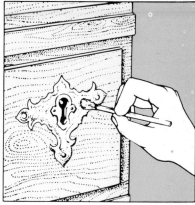

1. Cuando el marfil se ha utilizado como incrustación, tal como alrededor de los ojos de cerradura en mobiliario fino, puede ser necesario limpiar tanto el marfil como el metal (corrientemente latón) de alrededor mismo del ojo. Comience con el metal, recubriendo toda la zona de marfil con cinta adhesiva de enmascarar libre de ácido; recorte la figura exacta utilizando una cuchilla de hojas reemplazables, tratando de aplicar solamente suficiente presión para cortar a través de la cinta, evitando rayar el marfil de debajo.

2. Una vez el marfil esté completamente enmascarado limpie el metal de alrededor utilizando un limpiador adecuado o siguiendo las instrucciones dadas en la página opuesta. Si la zona es muy pequeña aplique el limpiador con un palillo de algodón.

3. Finalmente quite la cinta de enmascarar de la zona del marfil y limpie éste como se ha recomendado en la página anterior, utilizando de nuevo si es necesario un palillo de algodón para evitar que el limpiador de marfil dañe la madera de alrededor. Frote a favor de la veta para evitar que se raye el marfil. Este método puede utilizarse para limpiar cualquier incrustación semipreciosa.

Reparación de mangos de cuchillos semipreciosos

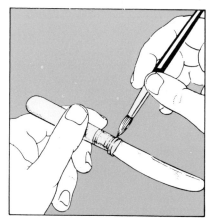 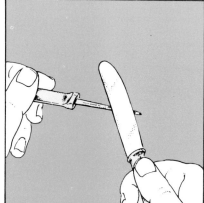 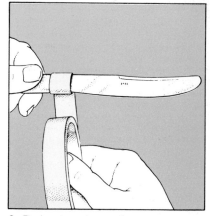

1. Los mangos flojos de cuchillos pueden repararse, pero es obligado ver que primero se haya quitado toda la cola antigua. Quite el mango por completo si es posible; puede ayudar a esto aplicar disolvente de cola a la junta utilizando un pincel puntiagudo. Siga las instrucciones del fabricante con respecto al tiempo que tardará en ablandar la cola vieja, luego menee la hoja del cuchillo muy suavemente. Aplique más disolvente si es necesario, no fuerce nunca ninguna de las partes en ningún momento o puede causar mayor daño.

2. Limpie toda la cola vieja con el borde romo de un cuchillo o con un suave cepillado utilizando un cepillito para botellas untado en disolvente. Lave al chorro de agua limpia a menos que el fabricante del disolvente aconseje otra cosa.

3. Finalmente vuelva a aplicar un pegamento transparente recomendado para metales y vuelva a montar la hoja en el mango. Una las dos piezas entre sí con cinta adhesiva libre de ácido hasta que el pegamento haya fraguado.

PLASTICOS

La historia de los plásticos es un relato fascinante de entusiasmo y aventura, de genio y de buena suerte, en manos de un grupo heterogéneo de científicos e «inventores» tradicionales procedentes de diversos campos.

La industria de los plásticos celebró su centenario en 1962; fue en la gran exposición en Hyde Park, Londres, en 1862, cuando el producto «parkesine» se presentó por primera vez. A principios del siglo XIX la industria química acababa justo de salir de su crisálida académica y Alexander Parker había hecho ya su marca en metalurgia cuando volvió su atención a las aplicaciones industriales de un material relativamente nuevo: el nitrato de celulosa. Este había sido hecho primero en 1845 en Basilea por un químico suizo, Schönbeim, y Parker lo encontró como «colodión», una solución del material en una mezcla de éter/alcohol. La parkesine se exhibió en 1862 como adecuada para «medallones, objetos huecos, botones, peines y mangos para cuchillos y plumas» descrita optimistamente como siendo «transparente u opaca», «de cualquier grado de flexibilidad, impermeable y pudiendo ser de los colores más brillantes». El genio inventivo de Parkers, sin embargo, no se extendía a su sentido de los negocios y la Parkesine Co., establecida en 1866 para explotar el nuevo material, estaba en liquidación en el 1868. Fue el director de los talleres de Parkers, Daniel Spill, quien estableció la Xylonite Company en 1869 para hacer otro intento en el desarrollo comercial de este nuevo material. Sin embargo es bastante raro encontrar cualquier muestra de parkesine o Xylonite que date de este período, puesto que el fabricante estaba ya agobiado por los artículos devueltos que se habían contraído excesivamente, alabeado o desintegrado.

La compañía de Spill también se hundió y no fue hasta que se formó la British Xylonite Company en 1877 cuando el producto tuvo algún éxito comercial en Inglaterra. Mientras tanto en Estados Unidos otro inventor, un impresor de Illynois llamado John Hyatt, estimulado por un concurso ofreciendo un premio en metálico para un material alternativo del marfil para bolas de billar, había también comenzado a trabajar en la fabricación de productos derivados del nitrato de celulosa. También él tuvo el handicap de la intratable naturaleza del material y su inflamabilidad explosiva. Sin embargo desarrolló el efecto disolvente del alcanfor sobre el nitrato de celulosa. Advirtió la naturaleza termoplástica de la mezcla de nitrato de celulosa/alcanfor que hacía posible su moldeo y conformación mientras estaba caliente y el invento de Head de una «máquina de rellenar» para hacer barra, tubos y placas dentales en bruto fue el precursor de las actuales máquinas de moldeo de plásticos. En 1872 se formó la Celuloid Manufacturing Co. en Newark, New Jersey, cuando cambió su nombre la Dental Plate Company de Hyatt.

En los postreros años del siglo XIX la industria de plásticos continúa haciendo progresos a ambos lados del Atlántico, aunque no fue reconocida con este título hasta los 1930. La decisión de la British Xilonite Company de fabricar collares y peinetas de este nuevo material en 1885, además de peines, brazaletes y objetos sencillos moldeados, aseguró el crecimiento de la compañía desde 29 empleados en 1877 a 1.160 en 1902.

El siguiente grupo de materiales plásticos en desarrollarse se conocen actualmente como materiales «termoestables» ya que el efecto del calor aunque permite moldearlos bajo presión es irreversible. Fueron descubiertos primero por el químico belga doctor Leo Backland trabajando en Estados Unidos que buscaba un material alternativo para la goma laca natural. Estudió la química de la reacción entre el fenol y el formaldeído y produjo una sustancia resinosa a la que llamó bakelite en 1907. En Inglaterra un ingeniero electricista, James Swinburne, estableció la Fireproof Celluloid Co. y trabajando en la misma reacción que Baekland desarrolló un proceso que fue suficientemente viable para que estableciese la Damard Lacquer Company en 1910. El subsiguiente desarrollo del automóvil estimuló la demanda de estos materiales que se mostraron inapreciables para piezas de aislamiento eléctrico moldeadas y pegamento resinoso para los forros de freno. Al mismo tiempo se desarrolló el material Erinoid a partir de caseína y formaldeído que fue comercialmente viable por el 1914.

Los materiales basados en el nitrato de celulosa eran atractivos y el nombre de marca le dio pronto su diferenciación y se transformó en el nombre genérico de celuloide, pero tanto el proceso de manufactura como sus aplicaciones eran estorbadas por su inflamabilidad y se descubrieron muchos productos en la búsqueda de una alternativa no inflamable. El acetato de celulosa se reconoció en una primera etapa como un material atractivo, pero su fabricación química no era fácil y sólo la demanda de una solución o «barniz» para impermeabilizar la tela utilizada en las alas para aviones en la Primera Guerra Mundial puso en marcha este producto.

Muchos de los materiales desarrollados hasta entonces eran oscuros pero en los 1920 la reacción entre las aminas tales como la urea y el formaldeído dio lugar a un producto comercial con la introducción de polvos para moldear de urea formaldeído en 1928. Las mejores propiedades de moldeo de estos materiales y sus colores claros hicieron posible moldeados marmoleados. Unos pocos años más tarde el desarrollo de polvos de moldeo acelerado posibilitó la producción de moldeados que a menudo sobreviven hasta el presente. En 1935 se introdujeron las resinas de melanina/formaldeído para acercar la industria de los plásticos más al alcance de las necesidades de los consumidores.

La historia de la industria de los plásticos hasta 1930 es en gran parte la historia de materiales semisintéticos; producida por la reacción de materiales conocidos tales como la celulosa en forma de algodón o papel como materia prima. La moderna industria de los polímeros responsable de todos los materiales actualmente en uso se basa en el trabajo del científico alemán Herman Staudinger en los 1920 y en el del americano Wallace Carothers en los 1930. El desarrollo de macro-moléculas totalmente sintéticas, o polímeros, para producir poliestireno a partir del estireno por ejemplo, fue el producto de la excelencia académica unido a la expeditividad comercial, pero se debe al estímulo de la Segunda Guerra Mundial en Alemania, Inglaterra y los Estados Unidos que se hayan hecho comercialmente disponibles materiales tales como el cloruro de polivinilo (PVC), el polietileno y el poliestireno.

Todos estos materiales se desarrollaron con muy poca ayuda por parte de los negocios que hoy conocemos como industria petroquímica, pero todos están actualmente firmemente basados en productos petroquímicos tales como el etileno, estireno, cloruro de vinilo y muchos más. Los materiales «tradicionales», a base de celulosa, prestan aún su contribución y los semisintéticos son esenciales para la fabricación de semiconductores, pero la producción en masa ha logrado lo que los pioneros solamente podían soñar. Los plásticos son ligeros, más coloreados y más versátiles, pero son también los materiales tenaces e impermeables soñados por Alexander Parkers cuando describía la parkesina como un producto de los años 10, «desarrollo de las capacidades y aplicaciones de este hermoso sujeto a las artes».

Cuidado y limpieza de los plásticos

Puesto que la colección de plásticos «antiguos» es relativamente nueva su cuidado puede plantear muchos problemas; el primero es la identificación del plástico en sí. En términos muy generales el tipo de artículo proporciona una clave del plástico del que ha sido hecho. Pero la diversidad de plásticos utilizados en los 1920 y 1930 y el corto período en que algunos estuvieron en producción plantea problemas incluso a los expertos. A la vista de esto las notas sobre restauración y reparación son sólo para los daños más sencillos y visibles.

Nitrato de celulosa

Este es mejor conocido por sus nombres comerciales de celluloid, silonite y parkesine. Sus primeros fabricantes lograron muchos efectos hermosos imitando el carey. No debe guardarse en recipientes herméticos. Dos de sus máximos constituyentes, el alcanfor y los ácidos, están continuamente evaporándose; si los vapores no pueden escapar la superficie puede tomar una textura parecida a la jalea y finalmente conducir a la completa destrucción del material.

Además evite la luz directa del Sol que produce empalidecimiento. Evite el exceso de humedad; manténgalo a una temperatura uniforme, ¡el nitrato de celulosa es extremadamente inflamable! No exponga este plástico de manera que cualquier otro artículo se apoye sobre él; esto puede causar «percolación» del plastificante, lo que junto con el empalidecimiento causado por cualquier luz directa producirá coloraciones muy irregulares.

El nitrato de celulosa se raya bastante fácilmente, por lo que el polvo de la superficie debe quitarse con un trapo blando humedecido con una solución de agua caliente y detergente. Enjuáguelo cuidadosamente y séquelo por completo con un trapo blando limpio. Tenga un cuidado especial con los cepillos de dientes, espejos y cosas parecidas para evitar que quede agua atrapada entre el plástico y la madera de base.

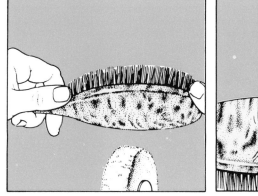

1. Para quitar las rayas superficiales haga una pasta mezclando jabón blanco y rojo de joyeros. Aplique ésta a una muela de pulir equipada con cubierta de lana. Una vez se haya mejorado la zona pequeña rayada disimule el efecto de haber pulido una sola zona puliendo toda la zona con una cubierta de lana limpia en la muela. A menudo esto puede desprender vapores de alcanfor, que es muy típico del celuloide y una de las claves principales para su identificación.

2. Para grietas profundas puede utilizarse el proceso conocido como rasqueteado, recomendado solamente a los más expertos y para piezas de poco valor. Con el borde plano de una hoja de afeitar de un solo filo rasque y monde la raya; trabaje desde el centro y hacia afuera de la raya haciendo los «cortes» en disminución y plumeados. Luego púlalo como antes.

Plásticos fenólicos

Popularmente conocidos como baquelita y utilizados muy a menudo para la fabricación de accesorios de fumador pues son muy resistentes al calor. Los plásticos fenólicos fueron los primeros verdaderamente sintéticos y son técnicamente conocidos como termoestables, ya que no se vuelven a ablandar con el calor. Desempólvelos con una brocha blanda para quitar el polvo superficial, luego límpielos con un trapo blando humedecido con una solución de agua caliente y detergente. Enjuáguelos cuidadosamente y séquelos por completo. Evite la inmersión pues algunos de estos plásticos tienen una resistencia limitada a la humedad.

El brillo de la superficie puede renovarse y quitarse las marcas de la superficie puliéndolo con un trapo blando untado con un limpiador abrasivo neutro o un pulimento para las carrocerías de automóviles. A continuación púlalo con cera universal de museo o pulimento de cera de abejas. Evite los pulimentos de aerosol que puede contener disolventes que dañan a uno de los ingredientes de estos plásticos. Evite también guardarlos con otras piezas de plástico o exponerlos con otras piezas apoyadas encima, por las mismas razones del acetato de celulosa.

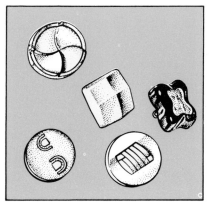

Caseína

Son otros plásticos semisintéticos derivados de la leche y son más conocidos por sus nombres comerciales tales como Erinoid, Lactoid y Galalith. Fueron ampliamente utilizados en la producción de botones, agujas de tejer punto y bisutería ornamental de todo tipo. Tienen muy poca resistencia al agua y son sensibles a la luz del Sol y a la humedad. Cuídelos como se ha indicado para el nitrato de celulosa pero no se preocupe sobre el guardarlos bien ventilados.

Plásticos de urea

Como los fenólicos, los plásticos de urea son plásticos termoestables primitivos. Sin embargo están basados sobre una resina blanca acuosa, lo que permite la fabricación de moldeados de tonos pálidos y con efectos moteados multicolores, característicos de este tipo de plásticos. El cuidado y matenimiento es similar al de los fenólicos pero debe tenerse un especial cuidado para evitar excesos de agua y humedad.

Reparación de plásticos

El valor relativamente bajo de los artículos de plástico ha desanimado el desarrollo de técnicas para su reparación y restauración. Sin embargo, a medida que las piezas primitivas adquieren interés histórico, puede ser interesante reparar los artículos de plástico primitivos cuando sea posible, a menos que sean valiosos, en cuyo caso deben llevarse a un experto.

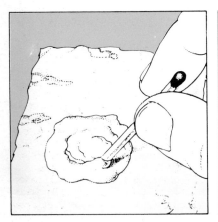

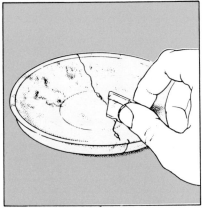

1. Para unir piezas rotas utilice un adhesivo epoxi de dos componentes. Evite adhesivos basados en disolventes orgánicos que pueden ser dañinos para el plástico. Chorree pequeñas cantidades de los dos componentes del adhesivo sobre un trozo de papel de estaño. Mézclelos entre sí utilizando el extremo de un palillo de fósforo o un palillo de dientes, hasta que los dos estén totalmente mezclados.

2. Puesto que la mayoría de los artículos de plástico están coloreados de alguna manera, puede ser aconsejable teñir el adhesivo utilizando pigmentos pulverizados. Pueden ser necesarias sólo unas pocas partículas del pigmento, a menos que esté tratando de lograr un color oscuro. Mezcle gradualmente utilizando un palito de fósforo limpio o un palillo de dientes, apuntando a un color que se parezca exactamente.

3. Rasque el exceso de adhesivo utilizando una presión suave con una hoja de afeitar de un solo filo.

TEXTILES

Los textiles son frágiles, por lo que la primera evidencia de que una comunidad los hacía es proporcionada siempre por los volantes de uso: piedras con un agujero en el centro que se fijaban a una varilla para hacer girar y retorcer una fibra. Los hallazgos más antiguos conocidos de textiles son fragmentos de vestidos de los enterramientos, pero hay un vacío de varios milenios antes de cualquier evidencia clara de diferentes textiles y las finalidades para los que se hacían. Colgaduras, generalmente de brocado de lino o lana con dibujos, se han conservado en las secas arenas de Egipto desde los días de Tutankamon, quien gobernó de 1552-43 A.C.; antiguas sedas chinas se han guardado en la colección imperial japonesa de Shōsō-in y recuperadas a lo largo de la ruta de la seda desde China al Occidente; se han encontrado cobertores y una alfombra anudada a mano en la tumba de un jefe escita, enterrado en Asia Central en el siglo V a IV A.C. referencias estatuarias y literarias antiguas añaden unos pocos detalles a nuestro conocimiento; pero solamente desde la Edad Media hacia delante se puede formar un cuadro coherente del uso de los textiles en Europa.

Sobreviven colgaduras y tapicerías procedentes de finales del siglo XIV. Las colgaduras eran a menudo tiras tejidas de materiales de colores en contraste cosidas entre sí, algunas con decoración añadida posteriormente. En las tapicerías se usaban una serie limitada de lanas teñidas y más tarde hilos costosos de oro y plata; los temas son corrientemente los que parecían gustar a sus patronos aristocráticos o religiosos: caza, amor cortesano, alegorías o vidas de santos. Inicialmente fueron fabricadas en Holanda pero en el siglo XVII se establecieron importantes talleres en Francia (los Gobelinos, seguidos por otros) y por toda Europa, incluso en Inglaterra en Mortlake. Aunque sus temas cambiaron con el tiempo las tapicerías dejaron gradualmente de ser moda para recubrir muros a principios del siglo XVIII excepto en las grandes habitaciones de los muy ricos. En los siglos XVII y XVIII fueron corrientes las colgaduras de tejidos lisos de lana, seda o mezcla y también colgaduras de lana o cáñamo con dibujos repetidos; como sustituto barato de las tapicerías. Todas fueron barridas en el transcurso de los 1730 y 1740 en favor del empapelado de las paredes e incluso de las paredes pintadas lisas. En el siglo XIX las fábricas francesas continuaron haciendo imitaciones de los productos tradicionales con nuevas ideas y diseños aparecidos solamente durante este siglo; mientras que la tapicería en Inglaterra muestra un resurgimiento inspirada por William Morris.

Las cortinas de cama fueron una característica clave de los interiores elegantes desde el siglo XVI hasta principios del siglo XIX. Incluso en las antiguas miniaturas y paneles pintados, se muestran camas con cortinas drapeadas, recogidas arriba o semiabiertas, según la escena. En los fríos castillos y no mucho más cálidas casas eran prácticas para evitar las corrientes de aire y mantener el calor propio de los durmientes. Las cortinas podían ser telas completamente sencillas o a veces caras sedas italianas y más tarde bordadas en seda. Cortinas de lino y algodón (fustán) bordadas en muchos colores de lana, a menudo predominantemente azul y rosa, con flores y grandes árboles, reminiscentes de las telas importadas de la India, son algunas de las supervivencias más familiares del siglo XVII. (Actualmente están a menudo harapientas por el largo uso y malamente descoloridas: el amarillo se ha ido de los verdes dejándolos en tonos de azul). En verano e invierno se usaban diferentes juegos de cortinas, siendo invariablemente así en lugares de clima grandemente extremado tales como en las Colonias Americanas.

Se ha conservado un número sorprendente de camas rusas de los siglos XVII y XVIII, algunas acabadas en ricas sedas con guarniciones, galones, orlas y borlas a juego. En Estados Unidos pueden encontrarse muchos juegos más sencillos de paramentos de cama de algodón estampado procedentes de los 1770 a 1790. Los fabricantes de algodón ingleses de Manchester, que vendían sus algodones por todo el mundo, adaptaron sus modelos a sus clientes y así incluían temas tales como «La apoteosis de Benjamín Franklin y George Washington» y «América en el altar de la libertad». Las cortinas de cama dejaron de ser tan necesarias a medida que mejoró la calefacción de los hogares en el curso del siglo XVIII y dejaron de estar de moda gradualmente, aunque muestras de cabeceras de cama drapeadas continuaron por mucho más tiempo. Sin embargo el cobertor que originalmente hacía juego o complementaba el resto de las colgaduras ha continuado siendo importante hasta la actualidad.

Las cortinas para ventanas se pusieron en uso en el siglo XVIII y sus estilos y materiales reflejaban rápidamente la moda. Verdaderamente la disposición correcta de sus pliegues fue ilustrada en grabados casi tan a menudo como las modas del vestido. Las cortinas debían hacer juego con la cama o las paredes; si éstas estaban recubiertas de seda, las cortinas de las ventanas debían también ser de seda. El lino, el fustán y luego el algodón estampado fueron desde luego más prácticos y su producción puede haber estimulado el uso de cortinas para ventanas. Las cortinas interiores de red fina parecen ser una innovación de finales del siglo XVIII, los dibujos llegaron con los nuevos telares mecánicos jacquard de los 1840, haciéndose incluso más complicados: plisadas, drapeadas y adornadas de forma muy parecida a las cortinas exteriores. La zaraza glaseada estampada se imprimió desde los 1750 en adelante. A medida que aumentaba la serie de colores lo hacía su popularidad, tanto para los vestidos como para la decoración. Durante el siglo XVIII los algodones tejidos estampados y teñidos llegaron a todos los usos domésticos posibles. Quizás por primera vez las clases más pobres pudieron comprar materiales nuevos y baratos para vestirse y posiblemente adornar sus viviendas. Los ricos compraban zaraza de moda complicadamente estampada y los fabricantes introducían modelos de algodones estampados con velocidad caleidoscópica para estimular la demanda.

A lo largo del siglo XIX las cortinas de las ventanas fueron el punto focal de la decoración interior, como las cortinas de las camas lo habían sido antes de ellas. Las fotografías de los 1870 y 1880 muestran palmetas, drapeados extra, adornos, borlas y barras de cortina. Sin embargo el gusto del siglo XIX fue influenciado por los movimientos artísticos de final de siglo, se reveló contra tales cantidades masivas de textiles inútiles y a menudo polvorientos con su sobrecarga de dibujos, colores y texturas. Las telas también habían cambiado. La seda dejó de usarse para la decoración cuando las últimas fuentes baratas de materia prima desaparecieron después de la Primera Guerra Mundial. Incluso la lana y el cáñamo se hicieron crecientemente caros. Las fibras sintéticas se hicieron más importantes después de la Segunda Guerra Mundial. Aunque la calefacción central ha disminuido la necesidad de cortinas pesadas en las casas modernas, ha quedado la demanda de gruesas cortinas de lana para las casas antiguas con corrientes de aire.

La tapicería almohadillada y rellena, conocida desde el principio del siglo XVII, debió parecer en sus primeros tiempos una extravagancia desconocida. Hasta entonces las sillas y los bancos eran de estructura sencilla, de madera lisa, pero al fin se hicieron concesiones a la comodidad. Se introdujeron los asientos de junco y caña y la silla tapizada con encinchado, arpillera y crin apareció en los 1620 en adelante. La estructura general del tapizado ha cambiado poco desde entonces, pero el estilo de las sillas y la cubierta visible han cambiado con la moda. Al final del siglo XIX, sillas, banquetas, y más tarde los sofás, se dotaban de cubiertas sueltas para su protección. El valioso recubrimiento principal sólo se mostraba en ocasiones importantes. Podía ser bordado en puno de tapiz sobre cañamazo o con decoración aplicada sobre seda, o, a veces, damasco de seda italiano, terciopelo, o brocatel o seda lisa o quizás estambre liso resistente al desgaste. (Las sedas de brocado elegantes para vestidos rara vez se colocaban en las sillas excepto en ceremonias; su presencia en la actualidad indica corrientemente una renovación por su antiguo comprador.)

En el siglo XIX hubo enormes cambios tanto en las formas de los muebles de asiento como en sus tapizados, y el bordado también cambió notablemente de carácter. El bordado de equipamiento, como el bordado de trajes, había sido extremadamente importante en los hogares ricos desde el siglo XVI hasta principios del siglo XVIII, abarcando todo desde los biombos a las cortinas de cama e incluso los recubrimientos de paredes. Las señoras bordaban cojines exquisitos, aunque éstos estaban más destinados para la exhibición que para el uso. Unos pocos cojines del siglo XIX bien bordados en realce y con cuentas se incluyen en la misma categoría. En aquel entonces apacible, cada jovencita de buena familia se convertía en una eficaz trabajadora de la aguja y pasaba muchas horas dando puntadas. Pero la locura por el «bordado de lana berlinés» —un bordado en lanas gruesas y brillantes sobre cañamazo ya preimpreso con un dibujo (originalmente procedente de Berlín)— mató la imaginación de las bordadoras domésticas; estos dibujos eran ejecutados invariablemente en punto de cruz, rápido y fácil de hacer y llamativo, pero el estilo permitía pocas variaciones.

Los dibujos y colores de los textiles, como su función, han seguido las modas del día pero han estado sometidos a las limitaciones de la tecnología. La decoración estampada se usó solamente en los textiles europeos a partir de finales del siglo XVII, cuando los estudios de química europeos comenzaron a aplicarse con éxito a la imitación de los textiles estampados y pintados ya conocidos en la India durante siglos. Los colores estaban limitados por los colorantes disponibles. La rubia y el índigo importados daban buenos rojos y azules; los marrones eran fáciles; pero el amarillo fue siempre más difícil y muchos verdes se han descolorido a azul con los años. La lana y la seda tomaban los tintes bien y con regularidad; el algodón podía teñirse pero no fue, al principio, fácil de estampar; el lino no aceptaba muy felizmente ningún color. De aquí que los cojines estampados del siglo XVIII tengan un efecto de moteado donde el tinte se ha fijado sobre el algodón pero ha dejado de

fijarse sobre el lino en la mezcla. La comprensión creciente de la tecnología del tinte amplió grandemente la serie de colores disponibles en los siglos XVIII y XIX. La investigación culminó, desgraciadamente, en los colorantes de anilina derivados del alquitrán de hulla, que producían colores vivos, casi brillantes por su intensidad, siendo los más notables el púrpura, rosa y un verde virulento. Los tintes sin embargo no eran fijos ni al agua ni a la luz y no podía hacerse nada para restaurar su brillantez desvanecida.

Una segunda limitación fundamental en el diseño de textiles era la capacidad del telar. Los telares para mantelerías de lino y telas lisas de lana eran anchos, pero las sedas y los estambres finos eran tejidos en telares estrechos (antes de la mitad del siglo XIX y a menudo después los materiales eran de 45-56 centímetros de ancho). Los dibujos tenían que estar en proporción. Los costes de producción en los cuales la primera materia jugaba un papel mucho mayor que el trabajo, limitaban también la imaginación del diseñador. La producción misma era lenta, 1,4 metros diarios de un material con dibujos era una buena marcha antes de que se introdujese los telares mecánicos Jacquard a mediados del siglo XIX. La lanzadera volante no se usó nunca en la industria de la seda, porque ésta era demasiado delicada y preciosa. Por la misma razón sólo los pañuelos más baratos de seda se estamparon. Los textiles bordados, por el contrario, sólo estaban limitados por el tiempo y materiales disponibles del bordador. Los talleres profesionales desde la Edad Media hasta el siglo XIX habían de hacer dinero y así competían tanto con los tejedores como, a su debido tiempo, con los textiles estampados. Las bordadoras domésticas, sin embargo, tenían su propia satisfacción.

Pocos textiles antiguos de cualquier tipo sobreviven en sus prístinas condiciones. A diferencia de muchos otros materiales, los textiles pueden ser arruinados totalmente por la luz, el agua o simplemente por el uso diario. Las telas de equipamiento han sufrido incluso más que los materiales de vestir, pues rara vez se guardaban por motivos sentimentales. La seda, en los asientos de sillas bordados en seda y lana, se desgasta con el uso antes que la lana y lo mismo sucede con las zonas bordadas en lana negra porque los tintes negros utilizados antes del siglo XIX tienen un efecto destructivo sobre la lana. Pocos ejemplos bien conservados pueden asombrarnos con su habilidad; por lo demás, sólo una conservación muy diestra puede devolverles su gloria perdida.

Silla de madera curvada de Thonet, con la tapicería perdida y dañada; el armazón está debilitado por las cabezas de los clavos y tiene un acabado barnizado muy desgastado (ver dorso de la lámina).

Preparación del armazón y encinchado

Cuando elija una nueva tela compre un material del peso correcto para tapicería y no deje de considerar una tela con dibujo si la pieza va a ser muy usada; los dibujos son mucho mejor que los colores lisos para disimular manchas y desgastes. La cantidad de tela necesaria depende obviamente del tamaño del elemento a tapizar, el ancho de la tela elegida y si es lisa o con dibujo, porque para casar los dibujos hace falta un sobrante. El estilo de la tapicería afectará también la cantidad de tela necesaria; puede haber una falda alrededor de la base de la pieza y cojines separados. Para una estimación exacta tome todas las dimensiones de la pieza que necesita recubrir y busque la ayuda del departamento de tapicería del almacén más cercano.

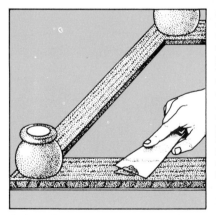

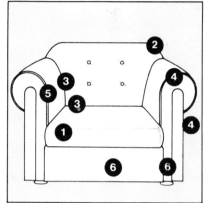

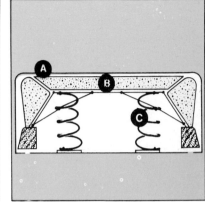

El recubrimiento viejo

1. Si la tela de la tapicería está más allá de una reparación posible, quite primero todas las tachuelas y grapas visibles con un destornillador o un formón embotado y una maza y luego quite cuidadosamente los cosidos. Quite la cubierta pieza por pieza. Esta cubierta vieja se utiliza como patrón para la nueva, así que quítela tan intacta como sea posible. Ponga la pieza boca abajo y quite las tachuelas y la cubierta vieja de la parte inferior.

2. Vuelva la pieza boca arriba y quite las tachuelas y los puntos de costura del recubrimiento, primero quite todos los cojines sueltos y los botones. Luego continúe en el orden que se muestra en la ilustración.

3. Quite el almohadillado (A) y/o el relleno (B), tomando nota de la manera en que está fijado el recubrimiento de encima, el número de muelles (C) y las tiras de encinchado utilizadas y la altura del almohadillado original. Desmonte solamente los materiales que parezcan dañados, si los muelles y el encinchado está aún bien déjelos en su sitio.

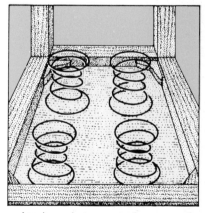

4. Antes de comenzar a renovar la tapicería trate el armazón de madera contra la carcoma (ver pasos 1-6, página 22-3) y rellene los agujeros de las tachuelas viejas con masilla de madera (ver pasos 5-6, página 21). Si los muelles están dañados guárdelos para emparejarlos con los nuevos del tipo no inoxidable de la misma medida.

5. Reúna los siguientes suministros. La tela de tapicería elegida y el hilo. Para el relleno se usa tradicionalmente crin de caballo, pero es difícil de encontrar y muy cara, en su lugar puede utilizar fibra vegetal o crin sintética. A veces puede recuperarse el relleno antiguo; lávelo a mano en agua jabonosa y aclárelo bien; cárdelo antes de volverlo a utilizar. Mida las longitudes del encinchado que ha quitado y compre cincha de sarga o cinchas de goma para tapicería. Compre un tensor de cinchas o hágase uno con un trozo de madera. Cordel fuerte hecho de lino y cáñamo se utiliza para sujetar el relleno en su sitio y asegurar los muelles.

Para cubrir los muelles se utiliza lona o arpillera cortada al mismo tamaño que el asiento más 2,5 centímetros todo alrededor. Compre tachuelas del número 3 para telas delgadas, del número 4 para telas más gruesas y del número 7 para el encinchado. Suficiente calicó, un material parecido a la gasa, para cubrir la primera capa de relleno, se necesita para cubrir el asiento más 15 centímetros todo alrededor. La segunda capa de relleno se recubre con lienzo de algodón crudo o calicó, cortado ligeramente mayor. Sobre el algodón se utiliza entretela.

Las herramientas necesarias son varias agujas (de zurcir, de colchonero, semicirculares y saqueras) atacador de tapicero a una aguja de punto delgada y un martillo de tapicero.

Renovación del encinchado

6. Ahora se tiene a la vista el armazón de la silla, de modo que el primer paso es renovar el encinchado, si es necesario, pues es la base para el resto de la tapicería. Para fijar las cinchas vuelva la pieza boca abajo sobre la superficie del trabajo, preferiblemente a la altura de una mesa.

Silla de madera curvada de Thonet con el asiento y el respaldo tapizados de nuevo y el armazón barnizado; observe que el ribete se ha añadido para ocultar el daño producido al armazón por las cabezas de los clavos que antes rebordeaban la tapicería (ver página anterior).

Preparación del encinchado. Continuación

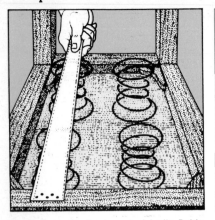

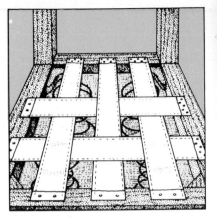

7. Use la cincha directamente del rollo. Doble hacia abajo 1,5-2,5 centímetros de cincha y colóquela sobre el travesaño trasero de manera que el borde cortado esté arriba y separado unos 13 milímetros del borde exterior del armazón. Clávelo con 5 tachuelas escalonadas en una «W» como se muestra. (Utilice tachuelas más finas si se astilla la madera.)

8. Para que las cinchas queden verdaderamente tirantes lo mejor es utilizar un tensor. Agarre la cinta a lo largo del tensor y bájela junto con el tensor a través del armazón. Utilice una almohadilla de algodón debajo del tensor para evitar que éste dañe al marco de la silla donde entran en contacto.

9. Clave la cinta con tres tachuelas en fila con la cincha a unos 2,5 centímetros de las tachuelas, doble por encima este extremo cortado y clave dos tachuelas más entre las tres anteriores para sujetarlo en su sitio. Fije el resto de las cinchas de la misma manera, consultando sus notas sobre el número de cinchas, la distancia entre cada una y el número de cruces. Trate de asegurarse de que los cruces de las cinchas estén sobre los muelles.

Los muelles

Antes de poner muelles nuevos en una silla vieja examine la parte alta de los largueros del asiento, si hay agujeros de tachuelas a lo largo de él la silla estaba originalmente hecha sin muelles y los que acaban de desmontarse no formaban parte del diseño de la silla. Ciertamente, si hay muchos agujeros en los largueros, los muelles se añadieron probablemente para alargar la vida de la silla; el encinchado para asientos con muelles se fija corrientemente en la parte de debajo del marco y no en la parte de arriba.

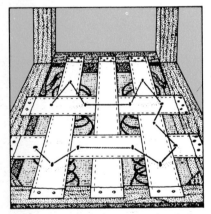

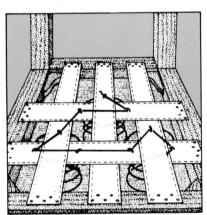

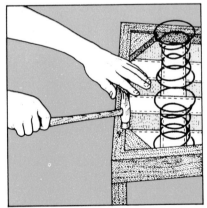

1. Cosa cada muelle firmemente al encinchado con la aguja de semicírculo y cordel. Utilice una hebra muy larga de cordel y vaya de un muelle al siguiente sin cortarla.

2. Cada muelle se fija al encinchado por lo menos en tres puntos. Haga un nudo después de cada punto y mantenga el cordel tirante. Vistos desde debajo se han colocado tres muelles como se muestra en la figura.

3. Dé la vuelta a la pieza poniéndola derecha y alinee tachuelas sobre el marco con las líneas de muelles. Clave las tachuelas hasta la mitad.

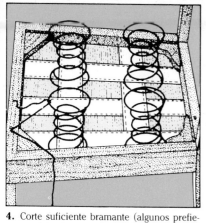

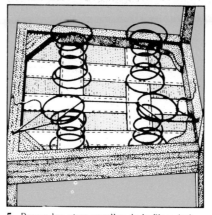

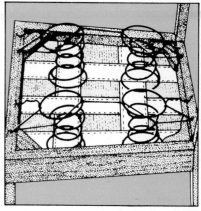

4. Corte suficiente bramante (algunos prefieren cordel más grueso) para dar una vuelta al cerco de la silla. Atelo alrededor de la parte delantera de un muelle del frente, dejando una cola de 20 centímetros de largo, envuélvalo alrededor de la chincheta y clávelo para asegurar el cordel. Tome el cabo principal del cordel, páselo por dentro de la mitad del muelle y átelo en la parte posterior del lado superior con un nudo de doble vuelta.

5. Pase a los otros muelles de la fila y átelos entre sí de la misma manera, no estirando excesivamente, de manera que la distancia entre la parte alta y la base de cada muelle sea la misma. Cuando todos los muelles se hayan atado envuelva el cordel en la tachuela de detrás y clávela. Repita la operación hasta que cada fila esté atada primero en una dirección y luego en la otra.

6. Para dar una forma elegantemente abombada al asiento, tome la cola de 20 centímetros y ate el aro superior del muelle más próximo a la tachuela, bajándolo ligeramente hacia el cerco.

El relleno principal

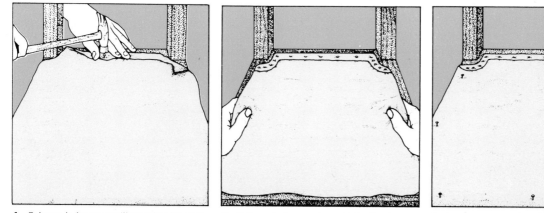

1. Coloque la lona o arpillera sobre los muelles, doble hacia arriba unos 2,5 centímetros en el borde trasero y clávelo con tachuelas a la trasera del cerco, espaciando las tachuelas, 2,5 centímetros entre sí. Ajústelo limpiamente alrededor de cada montante trasero o tijeretéelo 7 milímetros para ajustarlo.

2. Estire esta lona rectamente hacia el travesaño frontal manteniendo tirante clávela con tachuelas introducidas hasta la mitad en el travesaño frontal, atravesando un solo grueso de la lona.

3. Alísela hacia los travesaños laterales y clávela otra vez temporalmente.

El relleno principal. Continuación

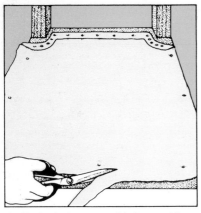

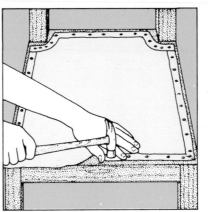

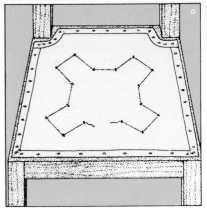

4. Obsérvela de cerca y si la lona está lisa y recta acabe de clavar las chinchetas por completo. Recorte el exceso de lona dejando de 2,5 a 3,5 centímetros de exceso.

5. Doble la lona limpiamente recortada hacia arriba sobre las primeras tachuelas y luego fíjela con tachuelas espaciadas a intervalos de 5 centímetros.

6. Utilizando la aguja curvada cosa de nuevo a la lona las partes altas de los muelles, volviendo a hacer un nudo después de cada puntada.

Las lazadas de atado

Las lazadas de atado son lazadas largas de punto atrás, hechas aproximadamente 7,5 centímetros del borde de la silla. Se utilizan para sostener el relleno en su lugar.

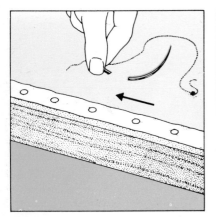

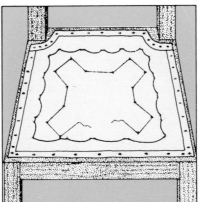

1. Enhebre la aguja semicircular con suficiente bramante para dar una vuelta y media a la silla. Trabaje aproximadamente a 7 centímetros del borde de la silla dando puntos atrás aproximadamente cada 10 centímetros.

2. Cosa todo alrededor de la silla teniendo cuidado de no estirar el bramante entre las puntadas. Asegúrese de que hay una puntada de 2,5 centímetros en cada esquina. Estos puntos atrás forman las lazadas de atado.

3. Tome un puñado de relleno, cárdelo, quite los apelmazamientos y colóquelo bajo las lazadas de atar entre las filas. Luego llene cualquier espacio que encuentre entre éstas manteniendo el relleno uniformemente distribuido.

El calicó

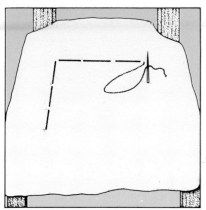

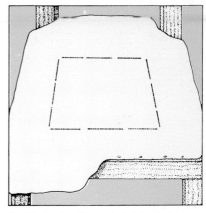

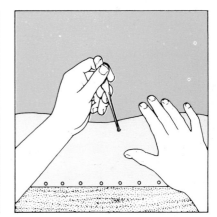

1. Coloque el calicó centrado sobre el relleno y clave tachuelas a cada lado para sostenerlo en su sitio. Enhebre una aguja de ojo grande de doble punta, tal como una aguja de tapicero con un metro de bramante y cosa a través del calicó y la lona haciendo la misma forma rectangular o cuadrada a aproximadamente 7,5 centímetros de los bordes del asiento. Estire la aguja por debajo entre el encinchado, dejando 18 centímetros de cola en la parte de arriba. Luego empújela hacia arriba dando una puntada de unos 7,5 centímetros de largo y vuelva hacia abajo otra vez. Estire fuerte el bramante de manera que el calicó estire hacia abajo.

2. Quite las tachuelas provisionales del cerco de la silla y reparta uniformemente el relleno de debajo del calicó.

3. Añada más relleno debajo del calicó de manera que sobresalga ligeramente por fuera del borde del cerco. Remeta el borde bruto del calicó por debajo del relleno y clave con tachuelas el borde doblado al canto chaflanado del cerco; pero no estire éste demasiado tenso pues debe de haber algo de holgura para el borde enrollado.

Cosido del borde

Para hacer un borde firme el relleno debe estirarse por encima y coserse a lo largo del cerco. Se conoce esta técnica como cosido ciego.

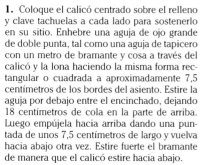

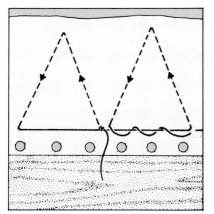

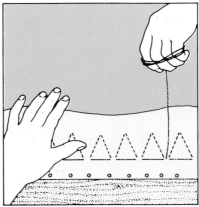

1. Enhebre una aguja de tapicero con un metro de bramante aproximadamente y clávela en el calicó, justo por encima de las tachuelas y a 3,5 centímetros de la esquina. Introduzca la aguja a aproximadamente 45 grados y estírela a través de la parte alta a unos 5 centímetros del borde pero deteniéndola antes de que sea visible el ojo. Empuje la aguja hacia atrás en el relleno otra vez y hacia abajo, haciendo un punto en forma de V o triángulo en el relleno. Después del primer punto anude el bramante y comience el segundo punto ciego a lo largo de 5 centímetros. Envuelva el hilo de la parte inferior para asegurarlo tal como se ve.

2. Después de trabajar alrededor de un lado de la base de esta manera ponga la aguja en el centro de la parte alta temporalmente. Sostenga el borde del relleno y la parte alta con su mano izquierda tal como se muestra y estire del bramante con su mano derecha. Envuelva el bramante alrededor de sus dedos, para darle un buen agarre. Podrá notar el relleno siendo estirado hacia el borde.

3. Trabaje alrededor de la silla de esta manera haciendo los puntos ciegos triangulares y estirando luego el relleno hacia los bordes. Cuando acabe anude fuertemente el bramante. Corrija cualquier irregularidad que note con el espetón de tapicero o una aguja de punto de media larga y delgada introduciéndola a través del relleno.

Cosido alto

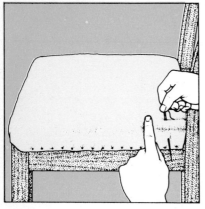

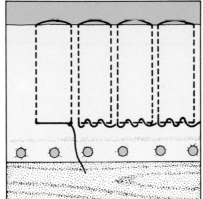

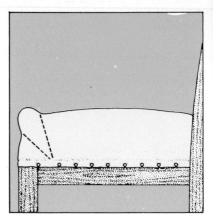

1. El cosido alto es la segunda etapa, similar al cosido ciego, sólo que la aguja se hace salir completamente a través de la parte alta del relleno de manera que se puede hacer una costura completa. Enhebre la aguja de tapicero con una hebra larga de bramante y comience en una esquina, colocando la aguja verticalmente en el tejido a 1,5-2,5 centímetros por encima del cosido ciego y empujándola a través de manera que salga alrededor de 2,5 centímetros del borde de encima.

2. Vuelva a introducir la aguja unos 2,5 centímetros a la izquierda de este punto y empújela de manera que salga a 2,5 centímetros a la izquierda del comienzo. Envuelva el bramante alrededor de la aguja para anudarlo e insértela de nuevo separada unos 2,5 centímetros hacia la parte superior saliendo de manera que el siguiente punto de encima forme una línea continua paralela al borde de la silla.

3. En perfil el efecto del cosido es el que se muestra en la ilustración.

El segundo relleno

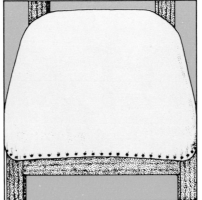

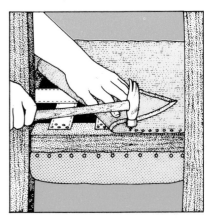

1. Para comenzar el segundo relleno haga lazadas de atado sobre el calicó como antes (ver pasos 1-3, página 132) a unos 5 centímetros de distancia del borde. Llene los atados y los huecos entre las filas del cosido con más relleno.

2. Cubra el relleno con un trozo de algodón crudo cortado a medida. Clávelo con tachuelas temporalmente en el frente, luego en la trasera y finalmente en los lados separando las tachuelas entre sí unos 5 centímetros. Alise cualquier bulto o hueco reajustando el relleno antes de clavar el algodón firmemente en su lugar. Inglete las esquinas si es necesario. Hunda las tachuelas solamente después de que el algodón esté liso y el hilo quede recto. El asiento debe aparecer plena y uniformemente relleno y quedar listo para el recubrimiento final.

3. Vuelva la pieza boca abajo y aplique la tela guardapolvo del fondo. Corte la tela 2,5 centímetros más grande que el fondo de la pieza. Colóquela clavándola ligeramente con unas pocas tachuelas. Doble el exceso hacia abajo y clávelo con tachuelas definitivamente.

Cubierta superior

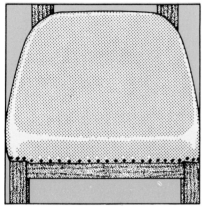

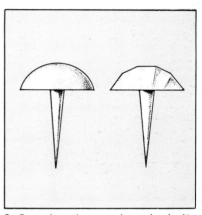

1. Recubra el lienzo de algodón crudo con guata de algodón para evitar que el relleno se note por fuera. Colóquela también clavándola con chinchetas separadas 2 centímetros entre sí. Corte una pieza de la tela de tapicería nueva, utilizando la pieza original como patrón.

Manteniendo el hilo recto colóquela con tachuelas provisionales a través de un solo grueso, comenzando por detrás. Inglete o pliegue las esquinas si es necesario.

2. Las tachuelas y bordes cortados pueden luego recubrirse con galón o trencillas pegados con un adhesivo de caucho; péguelos de 15 en 15 centímetros cada vez.

No aplique demasiado pegamento pues el exceso puede manchar el galón y la tela de tapicería. Inglete el galón en las esquinas.

3. Como alternativa en vez de encolar el galón use tachuelas de cabeza redondeadas de latón. Este tratamiento es especialmente adecuado para el tapizado de cuero y los estilos de mobiliario pesados.

Limpieza de encajes

Para la limpieza necesitará los suministros siguientes: agua destilada, detergente líquido, alfileres de acero inoxidable y papel de seda libre de ácido; para las reparaciones tul de nylón, tul de velo de novia y alfileres de acero inoxidable.

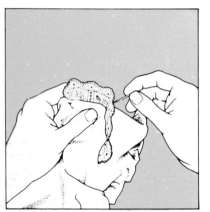

1. Si el encaje está montado en otra tela, descósalo cuidadosamente antes de comenzar la limpieza o reparación.

2. Para quitar la suciedad deposite el encaje sobre una hoja de polietileno transparente en una bandeja o plato plano. Cúbralo con agua destilada y déjelo empapar. Cambie el agua con frecuencia cuando se ensucie.

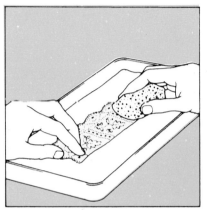

3. Cuando el agua ya no se ensucie, viértala pero deje aún el encaje en la bandeja. Trate suavemente el encaje con una esponja con una solución débil de detergente líquido y aclárelo varias veces con agua destilada.

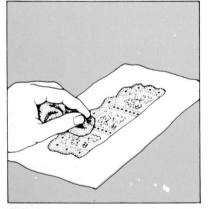

4. Levante el encaje de la bandeja sosteniéndolo aún con la hoja de polietileno y colóquelo sobre una superficie plana, estírelo con delicadeza y chupe el exceso de agua con una toallita absorbente. Séquelo plano lejos del calor directo.

5. Si el encaje hay que prenderlo para mantenerlo plano y el dibujo estirado mientras se está secando, use alfileres de acero inoxidable. Prenda el encaje cuidadosamente, tenga cuidado de no estirarlo demasiado.

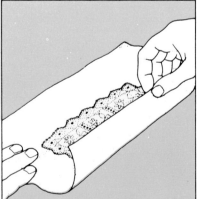

6. Cuando esté seco guárdelo en papel de seda no ácido. No utilice bolsas de polietileno pues pueden atraer el polvo y estimular el moho.

Reparación de encajes

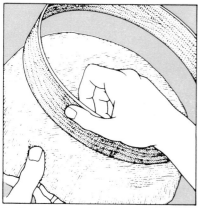

1. Para reparar encajes gruesos estire un trozo de tela fuerte, tal como lona, en un bastidor de bordar.

2. Prenda el encaje con el derecho hacia arriba sobre la lona. Alise las zonas dañadas en su sitio muy cuidadosamente, prestando especial atención a que el dibujo quede recto.

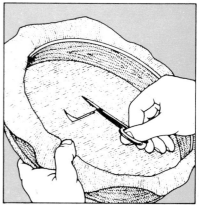

3. Recorte y separe la lona de detrás de la zona dañada.

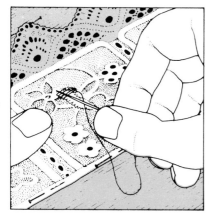

4. Repare los hilos rotos, tendiendo hilos nuevos a través del agujero, enlazándolos a la parte más fuerte del tul del encaje con un nudo corredizo. Ponga tantos hilos como sean necesarios para remendar el agujero.

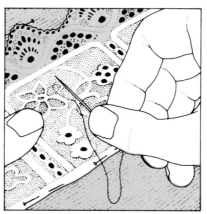

5. El borde del desgarrón puede agarrarse a los hilos de apoyo con puntadas menudas. Tenga cuidado de no estirar los hilos demasiado tensos o se deformará el encaje y puede incluso desgarrarse otra vez. Cuando la reparación esté terminada quite el encaje de la lona.

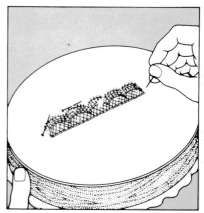

6. La reparación del encaje fino sigue una técnica similiar pero utilizando materiales más finos. En lugar de la lona ponga en el bastidor de bordar un tul fino de color parejo al del encaje y prenda a éste con el derecho hacia arriba sobre el tul. Si el encaje no puede quitarse, extienda el tul detrás de él y cósalo en las costuras de cada lado. Repare la zona dañada cosiendo a través del tul.

Reparación de encajes. Continuación

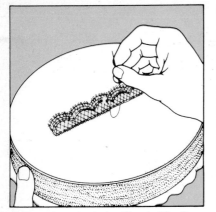 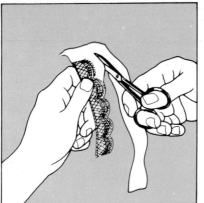 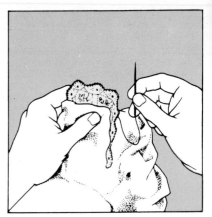

7. Cosa el encaje al tul, utilizando hilos finos de poliéster sacados de una tela de poliéster, y puntadas muy pequeñas. Trabaje alrededor del borde del desgarrón o agujero.

8. Recorte el exceso de tul dejando solamente el que está ahora cosido y sosteniendo la zona dañada del encaje.

9. Si el encaje se había descosido de un vestido, cósalo con puntadas diminutas utilizando hilos finos de la misma fibra que el encaje.

Cuidado y limpieza de tejidos

La mejor manera de mirar por los tejidos es asegurarse de que están limpios antes de guardarlos o exponerlos, que se comprueben regularmente para ver si se han infectado por insectos, que se protejan de los efectos dañinos de la luz fuerte, tanto natural como artificial, y que reciban una cuidadosa limpieza y mantenimiento como se describe en las páginas siguientes.

Antes de almacenar tejidos asegúrese de que la zona de almacenaje así como el tejido mismo están limpios y libres de plagas. No almacene nunca tejidos en sacos de plásticos o polietileno pues éstos atraen el polvo y estimulan el crecimiento de moho. Cubra los tejidos y tapicerías con cubiertas guardapolvo sueltas y ligeras hechas con cualquier material apretadamente tejido ligeramente resbaladizo que no se agarre sobre las telas de debajo.

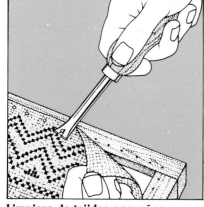

Limpieza de tejidos pequeños
1. Quite la tapicería o bordado del marco tensor de madera. Si es una cubierta de asiento tenga cuidado de no desgarrar la tela alrededor de los clavos, que pueden estar oxidados en el marco. Descosa las cubiertas de los cojines cuidadosamente.

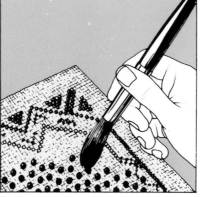

2. Deposite la pieza plana y desempólvela con el aspirador cuidadosamente por ambas caras, siguiendo las instrucciones de los pasos 1-3, página 140. Los bordados con lentejuelas o cuentas no deben limpiarse nunca con el aspirador, en caso de que el cosido se haya aflojado las lentejuelas y cuentas serán arrastradas por la succión del aspirador. En lugar de esto desempólvelas con un pincelito de pintar muy blando.

3. Compruebe todos los colores con una pellita de algodón en rama empapada en disolvente para ver si se corren los colores. Para hacer esto trate de encontrar zonas no visibles. Si los colores se corren no trate de limpiar la pieza.

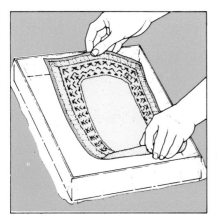

4. Si los colores no se corren deposite el tejido (con el derecho hacia arriba) plano sobre un trozo de película de polietano o plástico en una bandeja grande plana. (Si la bandeja es de plástico pruebe primero que el disolvente no disuelva el plástico de la bandeja, incluso algunas bandejas para el revelado fotográfico no son imunes a la acción de determinados productos químicos.)

5. Vierta suficiente disolvente sustituto del aguarrás a la bandeja para cubrir el tejido. Balancee suavemente la bandeja de un lado a otro para agitar el disolvente. Trabaje al aire libre o en una habitación bien ventilada. Si el tejido está muy sucio y se desprende una gran cantidad de polvo vierta fuera el disolvente sucio (puede utilizarse para limpiar brochas de pintar) y repita el proceso. No escatime la cantidad de disolvente a usar y no utilice nunca polvos limpiadores tales como carbonato magnésico o tierra de bataneros.

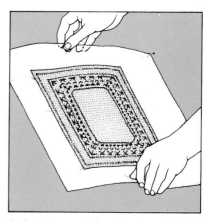

6. Cuando no se desprenda más suciedad en el disolvente, levante el tejido fuera de la bandeja apoyándolo sobre la hoja de plástico o polietileno.

Limpieza de tejidos pequeños. Continuación

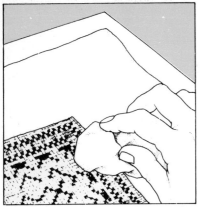

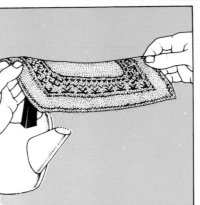

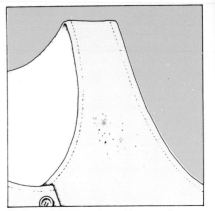

7. Deposite el tejido y la hoja de apoyo sobre una superficie plana. Estire el tejido y chupe el exceso de disolvente con un trapo de algodón blanco suave.

8. Deje el tejido aún sobre su hoja de soporte en una corriente de aire frío para que se evapore el disolvente. Usando esta técnica no habrá necesidad ni de tender ni de planchar el tejido para estirarlo. El planchado de los tejidos antiguos debe mantenerse al mínimo; trate de evitar la planchas de vapor, que pueden salpicarlos o mancharlos. Una suave vaporización con el vapor de una marmita es mucho més eficaz para eliminar arrugas o pliegues.

9. Los tejidos que han sido atacados por moho pueden haber sido debilitados no solamente en la zona del ataque sino a bastante distancia todo alrededor (el moho realmente digiere la materia textil para obtener su alimento). El tejido estará también impregnado de esporas. Si el tejido es blanco lávelo de la misma manera que el encaje (pasos 2-3, página 136). Si es multicolor o una pieza de bordado debe limpiarse con disolvente, con tal de que los colores sean fijos, como se describe en los pasos 4-7.

Limpieza de tapicería y piezas grandes

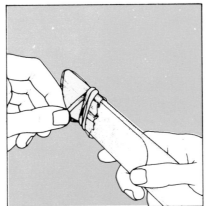

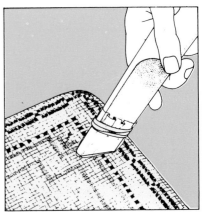

1. Quite los cubreasientos y cojines. Suelte las ataduras de las cortinas. Si la tela está en una condición razonable cepíllela ligeramente con un pincel de artista grande (una escobilla para acuarela es ideal) para aflojar la suciedad.

2. Cubra la boquilla de un pequeño aspirador manual con un trozo de tul de nylón blando sujeto con una banda elástica de goma.

3. Sostenga la boquilla ligeramente por encima de la superficie de la tela para quitar la suciedad. Asegúrese de que cualquier hendidura en el elemento tapizado se limpia por completo. Pero tenga mucho cuidado cuando aspire sobre determinadas zonas con cosido débil, para asegurarse de que no causa un daño mayor. Tenga también cuidado especial con las franjas que pueden desgarrarse fácilmente con la succión del aspirador.

Almacenado de tejidos

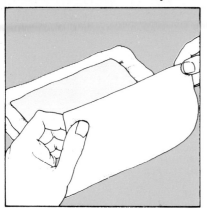

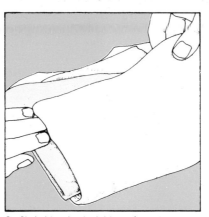

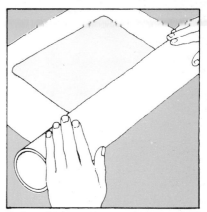

1. Después de limpios los tejidos deben almacenarse cuidadosamente, porque se pueden producir daños irremediables por un almacenamiento pobre. Los tejidos pequeños deben guardarse planos en una caja o cajón grande intercalando entre cada pieza papel de seda libre de ácido.

2. Si el objeto ha de doblarse (trate de evitarlo siempre que sea posible) almohadille cada pliegue con rollos de papel de seda libre de ácido, para evitar que se formen dobleces, porque los tejidos se romperán finalmente a lo largo de ellos. Por la misma razón nunca apile demasiados objetos unos encima de otros; habrá demasiado peso y aplastarán los del fondo. Y nunca apile objetos de terciopelo o bordados uno sobre otro porque se aplastarán por pocos que haya.

3. Los tejidos grandes deben enrollarse alrededor de un tubo de cartón recio. Deposite el tejido plano de cara hacia abajo sobre una hoja de papel de seda libre de ácido. Cubra el tubo con más papel del mismo tipo y enrolle el tejido cuidadosamente, alisando las arrugas y manteniéndolo tan recto como sea posible. Luego envuélvalo en tela de algodón (nunca en plástico o polietileno) sujeto con cintas anchas de algodón fijadas con imperdibles. No utilice cordel porque éste cortará finalmente en el tejido. Almacene los rollos horizontalmente y no apile demasiados unos encima de otros.

Reparación de tejidos dañados

El problema de la reparación de tejidos dañados es que toda la tela es tan débil como la zona dañada, por lo que frecuentemente un zurcido causara más daño al objeto entero. Por ello es mejor sostener todo el tejido cosido a una tela detrás de él que puede quitarse sin dañar el objeto si alguna vez se necesita una conservación más extensa.

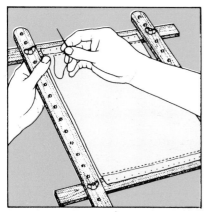

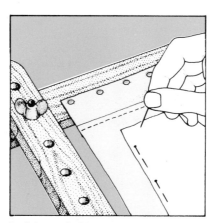

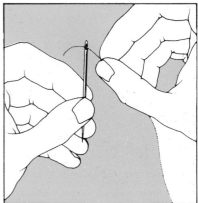

1. Tome un trozo de tela de fibra natural tal como lino o algodón más grande que la totalidad del objeto y con una textura similar al tejido que se ha de reparar. Preencoja la tela empapándola en agua caliente (esto también quita cualquier apresto o tinte suelto). Si no se puede obtener el color correcto en el material de respaldo puede teñirse para igualar al tejido. Cuando el material de respaldo está completamente seco, cósalo bastante tenso al fijador de alfombras de un bastidor cuadrado de bordado (a menudo llamado un marco de listones).

2. Coloque el tejido sobre la tela de respaldo, teniendo cuidado de casar la dirección de las urdimbres. Prenda con alfileres o clave el tejido al material de respaldo.

3. Enhebre una aguja con hilo de poliéster entonado con la zona del tejido que se está reparando.

Reparación de tejidos dañados. Continuación

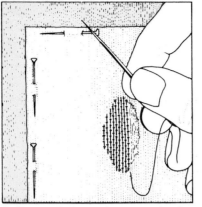

4. La etapa siguiente es hacer un enristrado a través de la zona dañada para fijar el tejido al material de respaldo o refuerzo. Enhebre una aguja con hilo de poliéster del color adecuado. Lleve la aguja hacia arriba en la parte más fuerte del tejido y ponga el hilo longitudinalmente a través del agujero pasando la aguja hacia abajo y en la parte más fuerte del tejido. Mantenga el hilo paralelo con la urdimbre del tejido y el refuerzo. Fije las puntadas largas agarrándolas hacia abajo al refuerzo a intervalos regulares con pequeñas puntadas transversales.

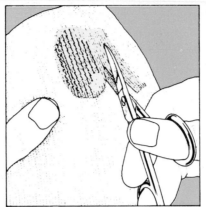

5. Cuando el enristrado a través del agujero se ha terminado anude la última puntada por detrás de la tela y corte el hilo. Si el tejido se ha de remendar solamente en una agujero recorte la tela de refuezo limpiamente y cerca alrededor de la zona del cosido. Si la pieza tiene muchos agujeros es mejor dejar intacto el material de refuerzo. Pero nunca, por ninguna razón, utilice el material de refuerzo como soporte para colgar el tejido.

6. Siguiendo esta técnica es posible reparar tanto los textiles tejidos como los bordados. No es aconsejable tratar de volver a bordar los tejidos porque no solamente es casi imposible igualar los hilos y tonos existentes sino que los nuevos tejidos se decolorarán de diferente manera que los originales, los cuales continuarán destiñéndose. Además la acción de volver a bordar un tejido ya delicado puede producir un daño
mayor.

No tenga nunca la tentación de utilizar los materiales pegables por planchado disponibles para dobladillar. Son casi imposibles de quitar si es necesario un trabajo ulterior sobre el tejido, lo cual aumenta el! riesgo de un daño mayor. También producen un parche duro en el revés del tejido y a menudo el calor del planchado empuja el adhesivo a través de la tela formando una mancha muy visible.

Cuidado y limpieza de trajes o disfraces

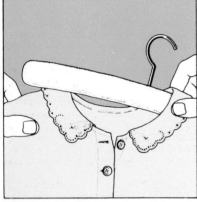

1. Cuando se cuidan los trajes o disfraces la regla más importante a observar es tratarlos cuidadosamente. No cuelgue nunca nada de colgadores delgados de alambre, utilice siempre colgadores con forma almohadillados.

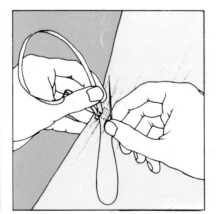

2. Cosa cuidadosamente cintas adicionales sobre las costuras de la cintura de los vestidos de manera que éstas puedan también colgarse de los colgadores y soporten parte del peso de los hombros de las prendas.

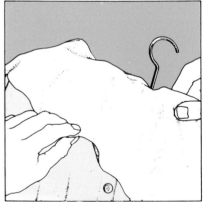

3. No almacene nunca nada en sacos de polietileno o plástico pues éstos atraen el polvo y pueden promover el crecimiento de moho. Utilice fundas de algodón, nylón o poliéster. Guarde los objetos con cuentas o abalorios planos, debido a su peso, en papel de seda libre de ácido.

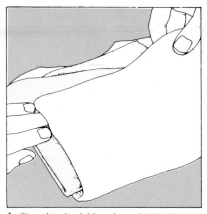

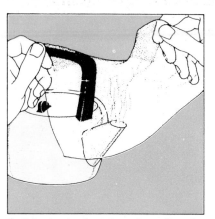

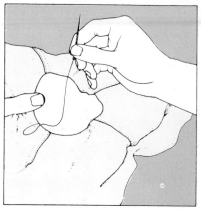

4. Si se ha de doblar algo, almohadille los pliegues con rollos de papel de seda libre de ácido para evitar que se formen pliegues que finalmente se convierten en grietas.

5. Evite planchar los trajes antiguos. En su lugar utilice vapor de una marmita para quitar las arrugas. El tul, el chifón y el satén responden especialmente bien a este tratamiento, pero no deje nunca que el artículo se humedezca con el vapor y no vaporice nunca las pieles, porque la piel se acartona.

6. Si se han de usar los trajes, cosa sobaqueras en las sisas y use un forro de algodón porque los tejidos antiguos pueden dañarse por los productos químicos de los modernos desodorantes y antitranspirantes.

Limpieza de trajes o disfraces

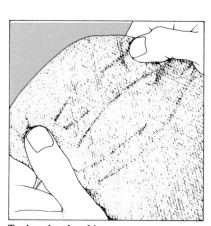

Trajes de algodón

1. Antes de comenzar la limpieza de telas de algodón compruebe que el material es suficientemente fuerte para resistir estirando la tela diagonalmente. Si la tela parece fuerte puede limpiarse hirviéndola.

Ponga 0,2 litros de jabón en polvo o líquido detergente y 0,2 litros de sosa de lavar en una cacerola grande o un recipiente similar. Llénelo con agua, ponga en él la prenda y llévelo a ebulliicón. El recipiente debe ser lo suficientemente grande para que la prenda pueda moverse dándole vuelta. Remueva de vez en cuando.

2. Mantenga la cacerola llena de agua hasta arriba porque de lo contrario la prenda reabsorberá la suciedad si el agua se evapora. Cuanto más pesado sea el algodón más tiempo necesitará para blanquearse, pero compruebe cada diez minutos aproximadamente y ensaye el material estirándolo en direcciones opuestas para asegurarse de que no se ha estropeado (si la prenda está muy sucia cambie el agua varias veces).

Otros trajes

El satén de seda y el satén de rayón o seda artificial pueden lavarse en agua jabonosa caliente. El agua no debe ser demasiado caliente o palidecerán los colores. Por la misma razón no deje empaparse los estampados. Si tiene duda haga limpiar el artículo en seco; aunque ningún traje antiguo debe limpiarse en una máquina rotativa.

No utilice limpiadores en polvo en pieles o plumas. Las partículas quedan atrapadas en ellos y finalmente producirán daño. En lugar de ello busque el consejo de un experto en materias textiles si el traje es valioso, o de un especialista en limpieza en seco si se ha de usar para divertirse.

Los vestidos adornados con cuentas o abalorios no deben lavarse nunca en casa. Algunas lentejuelas antiguas pueden disolverse en agua. Algunos tipos modernos se disuelven en los disolventes de limpieza en seco. Las «perlas» pueden estar hechas de cera, vidrio hueco o plástico y cualquiera de estos materiales se daña fácilmente. Entregue la prenda a un especialista. Compruebe cuidadosamente si hay cuentas flojas y vuelva a coserlas. Si hay un hilo largo flojo cósalo firmemente por detrás de la tela. Si el vestido se va a utilizar deben coserse sobaqueras en las sisas porque los productos químicos de los desodorantes modernos estropearán las cuentas y lentejuelas.

Restauración del charol

 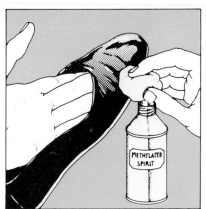 

1. Los acabados de charol están hechos de dos maneras. El método moderno es pegar una capa de plástico vinílico flexible sobre una capa interior de tela. Este puede limpiarse con un limpiador abrillantador adecuado para tapicerías de vinilo, que se puede encontrar en las tiendas para accesorios de automóviles. La técnica antigua era hacer una capa teñida de barniz de goma laca sobre tela. Este material es frágil y propenso a agrietarse. Manténgalo limpio y abrillantado con una jalea de petróleo tal como la vaselina.

2. El charol hecho de barniz de goma laca puede dañarse por el calor que lo ablanda y hace que se deforme. Si una pieza se ha de formado puede restaurarse su forma correcta frotando toda la superficie con una bola de algodón humedecida en alcohol desnaturalizado. Esto ablanda el acabado del charol y permite alisar delicadamente las deformaciones. Pero debe hacerse con un gran cuidado pues de otra forma el acabado se disolverá gradualmente y las zonas de recubrimiento delgado pueden incluso hacerse calvas.

3. Cuando se han quitado las deformaciones rellene el objeto apretadamente con un papel de seda enroscado. Déjelo secar y luego abrillántelo con vaselina.

Alfombra limpiada y restaurada mostrando solamente reparaciones esenciales, tales como sobrehilado de los bordes deshilachados (para detalle ver el dorso de la lámina) sacado de hilos de trama y recortado de los flecos.

ALFOMBRAS Y ESTERAS

La tela tejida corrientemente se hace de unos hilos de urdimbre, que van a lo largo de la tela, y unos hilos de trama, que van a través de ella, formándose un dibujo sobre la superficie de la tela usándose los diferentemente coloreados y entrelazándolos de diferentes maneras. En términos de alfombras esto es un tejido plano. Una alfombra anudada de pelo se hace utilizando corrientemente hilos sin colorear para la urdimbre y la trama y atando en la urdimbre hilos de materiales coloreados que se cortan cortos. Cuando la alfombra está terminada sólo los extremos de estos hilos son visibles creándose el dibujo por la disposición y colores de los nudos, y los hilos de la urdimbre y la trama están ocultos por ellos. Las alfombras pueden desde luego hacerse de otras maneras tales como a ganchillo, punto de media o bordado y el kelim, por ejemplo, que tiene la trama expuesta a la vista. Según la calidad de la alfombra puede tener desde cuatro a ochenta y unos nudos por centímetro cuadrado.

Hay dos tipos de nudos de uso general, el turco o Ghiordes y el persa o Senneh (ver pasos 5 y 6, página 152); corrientemente se anudan solamente alrededor de dos hilos adyacentes de urdimbre, aunque a veces son más. También se usan a veces otros nudos: el español que se enlaza alrededor de dos hilos alternativos de urdimbre de manera que los extremos se llevan a cada lado y el Jufti que se ata alrededor de cuatro hilos de urdimbre. Los nombres geográficos de estos nudos son más o menos arbitrarios.

El telar de alfombras está dispuesto corrientemente de manera que la urdimbre queda vertical; puede correr alrededor de dos rodillos dispuestos arriba y abajo de manera que el nivel de trabajo puede mantenerse enfrente del tejedor, quien se sienta en la parte baja de la urdimbre con el hilo para los nudos en su mano izquierda y una cuchilla corta o una tijera en la derecha. El hilo es aportado con la mano izquierda anudado con los dedos de ambas manos y cortado con la derecha. Los tejedores (generalmente tejedoras) logran una gran destreza, de manera que pueden llegar a atar cien nudos por minuto y los nudos se cortan con gran uniformidad de manera que incluso el pelo se forma sin tratamiento posterior (aunque en las chinas y algunas otras alfombras el pelo se recorta o afeita después de la terminación). Después de que se ha completado una fila de nudos la trama y los hilos se compactan golpeándolos con un peine de forma especial. Los nómadas utilizan telares horizontales que pueden desmontarse cuando se trasladan, esto no es tan cómodo para los tejedores y también limita el tamaño de la alfombra que puede hacerse.

El material más corriente para los hilos y pelo es la lana, pero a veces se utiliza la seda para las alfombras cortesanas de gran calidad chinas, persas u otomanas; también se encuentra el algodón especialmente en India y Asia Central mientras que las alfombras bastas indias pueden utilizar el yute como material para la trama.

En la mayoría de las poblaciones de Oriente había un tintorero, a menudo judío, que guardaba su arte en secreto; hasta la mitad del siglo XIX se utilizaban exclusivamente tintes naturales: cochinilla, rubia, índigo, moras, corteza, plantas, frutos y hongos. Podían mezclarse para producir colores intermedios y la mayoría de las alfombras antiguas tienen de seis a doce colores diferentes. Las diferentes lanas y distintos suministros de agua producen diferentes tonos con el mismo colorante. Los colores naturales son notablemente permanentes; pueden palidecer ligeramente pero, en general, las alfombras antiguas son sorprendentemente brillantes aunque no de colores muy fuertes, y las alfombras que se han descolorido no-

«Antes» (arriba) y «después» (abajo) del borde de la alfombra de la página anterior, mostrando el efecto del sobrehilado para evitar un daño mayor.

tablemente han sido producidas generalmente después de la introducción de colores de anilina en los 1850.

No se conoce de forma segura dónde se produjeron por primera vez las alfombras anudadas de pelo, pero los estudios modernos consideran que la técnica probablemente se originó en Mongolia y vino hacia Occidente, hasta Oriente Medio, con las tribus migratorias. Los escritores antiguos se refieren al tejido y es seguro que distintas formas de tejido eran bien conocidas, pero la alfombra anudada de pelo más antigua conocida es un gran fragmento bien conservado descubierto en Siberia, fechable en el siglo V A.C. Fragmentos de alfombras de pelo encontrados en Persia pueden fecharse en la primera mitad del siglo III D.C. Fragmentos de alfombras verdaderamente anudadas con el nudo español se han encontrado en Egipto y se atribuyen con seguridad al siglo V D.C. Hay evidencia documental de que el anudado de pelo se estableció en Persia y Turquía a principios de la era cristiana. Con el nacimiento y extensión del Islam a partir del siglo VII en adelante el tejido de alfombra está documentado por los escritores árabes. A menudo la fecha está tejida en el dibujo en alfombras que se han conservado.

La extensión de las alfombras de pelo por Europa fue debida indistintamente a la presencia de moros en España, las Cruzadas desde los siglos XI a XII, los viajes de Marco Polo durante la segunda mitad del siglo XIII, y el comercio veneciano con el Este a partir del siglo XIII en adelante. Las alfombras orientales aparecen bastante frecuentemente en las pinturas de Europa, corrientemente colocadas bajo el trono de la Virgen o en contextos similares, y parece que eran demasiado apreciadas para ser puestas en uso secular. Más tarde fueron utilizadas como recubrimientos de mesa y como paños de altar, pero hacia el 1600 se trazó una distinción entre las alfombras para suelo y las de mesa. Algunas alfombras de este período primitivo incluían el escudo de armas europeo y fueron claramente tejidas por encargo en Turquía partiendo de dibujos suministrados desde Europa.

Las alfombras de pelo más antiguas de Europa fueron producidas en España; la producción comenzó aquí en el siglo XII y se desarrolló grandemente en el XIII. El nudo utilizado en un solo hilo de urdimbre no pudo venir directamente de Turquía o Asia, sino que probablemente fue traído desde Egipto por los tejedores coptos. Muchas de las primitivas alfombras españolas e ilustraciones de ellas pueden fecharse por los dibujos heráldicos incorporados. La calidad de las alfombras españolas declinó después de la expulsión de los moros en el siglo XVI y la industria tendió a copiar originales importados turcos y, más tarde, del occidente europeo.

El tejido de alfombras se desarrolló también en Polonia y Rumanía. Polonia era un mercado importante para los productos turcos y persas, incluyendo alfombras, y el tejido de alfombras de pelo comenzó allí en el siglo XVII, los polacos desarrollaron su propio estilo, más naturalístico que el islámico. También hay ejemplos de alfombras anudadas procedentes de Italia mostrando influencia oriental y datando del mismo período. Las alfombras orientales alcanzaron el Báltico hacia el siglo XV y se hicieron alfombras de pelo en Suecia en el siglo XVII, utilizando el nudo turco, pero mostrando también influencia española porque hay más de un hilo de trama entre cada fila de nudos.

En 1601 Enrique IV de Francia nombró una comisión para comenzar nuevas industrias. Un resultado fue el establecimiento en el Louvre de un taller para hacer alfombras con licencia real «a modo persa y del Levante». En 1627, Dupont, el fundador de este taller, puso en marcha un taller posterior en el edificio de una antigua fábrica de jabón y a partir de este tiempo el nombre de Savonerie se aplicó a las alfombras. Las alfombras producidas eran de calidad excelente y los dibujos perdieron rápidamente toda influencia oriental y se hicieron característicamente europeos. La producción de la fábrica Savonerie fue siempre en gran parte, y a veces exclusivamente, reservada para el amueblamiento de los palacios reales. En 1662 los entonces propietarios de la Savonerie compraron una propiedad en las afueras de París perteneciente a los hermanos Gobelin y pusieron en marcha allí un taller de tapicería; los dibujos de la Savonerie eran siempre controlados por un artista, quien por este tiempo venía de los Gobelinos, por lo que los dibujos de los tapices y alfombras estuvieron relacionados.

En 1665 Colbert concedió una patente para un taller de tapicería en Aubusson y en 1743 se estableció allí una fábrica para hacer alfombras gruesas de pelo en telares verticales, enviándose muestras desde París para que se copiasen. También se hicieron alfombras de pelo pequeñas en telares horizontales utilizando la técnica de tapicería. Las primeras producciones eran copias directas de alfombras turcas. Los últimos diseños fueron mucho más sencillos que los de la Savonerie y las alfombras se dirigían más a la burguesía próspera. Sin embargo, debido a la competencia de las alfombras más baratas hechas en Inglaterra en los telares mecánicos y más tarde por las copias de alfombras francesas hechas en la India, la producción en Aubusson cesó después de la guerra de 1870.

En Inglaterra está claro por los libros de cuentas de las grandes casas que, a menudo, se extendían juncos en el suelo hasta tan tarde como el comienzo del siglo XVII, y un viajero alemán, Paul Hentzer, dice que vio heno en el suelo en la cámara de presencia de la reina en el palacio de Greenwich en 1598. Sin embargo la primera alfombra de pelo conocida inglesa que pertenece al conde de Verulam muestra las iniciales de la reina Isabel y la fecha de 1570; el dibujo es de estilo completamente inglés y la urdimbre es de cáñamo, de forma que la evidencia de haber sido hecha en Inglaterra es muy fuerte. Se conocen otras alfombras inglesas de finales del siglo XVI, pero el arte declinó debido a la competencia de las alfombras importadas desde Turquía, Persia y la India después del establecimiento de la Compañía de las Indias Orientales. Sin embargo la artesanía resurgió por el influjo de los artesanos hugonotes procedentes de Francia y especialmente por un tal Parisot que en 1750 obtuvo el patronazgo del duque de Cumberland, y quien por el 1753 empleaba un centenar de tejedores. Sin embargo, en 1753 fracasó, aparentemente debido a los altos precios pedidos, y fue comprada por un suizo nombrado Passavant, quien trasladó la fábrica a Exeter, donde prosperó. Pero en 1754 Thomas Whitty, un tejedor de paños de tela de Axminster, en Devon, quien fue inspirado por una gran alfombra turca importada por un conocido, y había visitado la fábrica de Parisot, estableció la fábrica de alfombras de pelo en Axminster, utilizando el nudo Ghiordes. A partir de 1756 la Royal Society of Arts ofreció un premio anual para las alfombras turcas fabricadas en Inglaterra y éste fue compartido entre Whitty y otro en cada uno de los tres años sucesivos.

Uno de estos otros fue Thomas Moore, quien estableció su fábrica en Moorfields, en Londres; era amigo de Robert Adam, el arquitecto, quien diseñó las alfombras para las grandes casas que construyó y eran luego hechas por Moore. Después de la muerte de Adam en 1792 la fábrica de Moore se hundió, pero la fábrica Axminster de White continuó prosperando en las manos de sus hijos y nietos. La firma hizo alfombras enormes para Jorge IV para el pabellón de Brigthon en 1820. Pero en 1828 la factoría se incendió y la firma nunca se recobró. En 1836 fue comprada por un tal mister Blackmore y trasladada a Wilton.

A mediados del siglo XVIII se puso en marcha una fábrica de alfombras en Wilton por el conde de Pembroke, haciendo alfombras con el pelo de rizo, los rizos eran luego cortados. El tejido de alfombras se estableció también en Kidderminster, que se convirtió y permanece siendo un gran centro de fabricación de alfombras. En el último cuarto del siglo XVIII se aplicó la fuerza mecánica, y las máquinas de tejer alfombras se adaptaban más fácilmente a hacer rizo que a hacer pelo anudado. El proceso se facilitó en 1825 por la invención del mecanismo de Jacquard en el cual los rizos eran levantados sobre alambres; una alfombra de Bruselas corrientemente tiene nueve alambres por pulgada (2,5 centímetros) y una Wilton diez. En 1839 se patentó el «Chenille Axminters» que tiene un pelo tejido separadamente, con penachos introducidos para formar el dibujo, que luego se fija a mano a una base de lino o yute. Esto ahorra dinero en lana, pero produce una alfombra más pobre pues el pelo puede desprenderse de la base. (Los términos Axminster, Wilton y Bruselas no tienen ningún significado geográfico sino que meramente son términos para las alfombras europeas anudadas, de pelo de rizo cortado y de pelo de rizo sin cortar.)

Sin embargo fue en Estados Unidos donde primero se aplicó la máquina intensamente a la producción de alfombras debido en gran parte a la invención de un telar mecánico de Bruselas por Erasmus Bigelow que fue traído a Inglaterra por Crossleys de Halifax. En los 1870 se desarrolló el telar de moqueta o Royal Axminster por Alexander Smith and Son de Yonkers, New York, y en los 1890 se introdujo el telar Axminster de bobina Crompton Knowles.

Es dudoso que el tejido de alfombras comenzase en China mucho antes del final del siglo XVII; no parece haber sido una artesanía altamente apreciable, y en cualquier caso China no tenía lana y consideraba las telas de lana como rústicas, de manera que las primeras alfombras chinas eran de seda. Pero en 1262 se estableció una fábrica en la ciudad mongola de Karakorum para suministrar alfombras a la corte china y la invasión de China por los mongoles y el establecimiento de su dinastía Yuan en el siglo XIV, promovió sin duda su uso. Los chinos utilizaban principalmente recubrimientos del suelo de caña y otras esteras vegetales y donde se muestran alfombras en las pinturas primitivas chinas son de diseño mongol. Cuando los chinos comenzaron a hacer alfombras sus diseños eran rara vez puramente decorativos, todos los motivos tenían un significado simbólico exacto y a menudo eran seleccionados para ser apropiados a las circunstancias de la persona que había encargado la alfombra. Las alfombras modernas chinas son tejidas para exportarlas con la lana importada y a menudo son «lavadas» con ácidos para darles una apariencia de seda; también son corrientemente copias de diseños europeos.

Aparte de las corrientes comerciales principales de la producción de alfombras ya descritas, ha habido siempre desde luego fuentes de alfombras en pequeñas cantidades. Durante la última mitad del siglo XIX artesanos y pequeños talleres tejían diseños Arts and Crafts, Art Nouveau y Art Deco especialmente en Inglaterra, Francia y Alemania. En Norteamérica se tejieron alfombras por los indios Pueblo y Navajo, después de la introducción de la oveja por los españoles en el siglo XVI, y en el siglo XIX hubo una considerable industria campesina entre los colonizadores europeos haciendo alfombras cosidas, plegadas o de ganchillo.

Limpieza de alfombras y esteras

Es especialmente importante mantener las alfombras y esteras limpias y en buenas condiciones, ya que la mugre, suciedad y manchas pueden destruir incluso el pelo más fuerte si se dejan durante suficiente tiempo. Las alfombras sin envolver, almacenadas en un lugar sin ventilación, proporcionan las condiciones perfectas para alimentar a la polilla durante los meses cálidos de verano. Las esteras de doble cara y trenzadas deben volverse a menudo para evitar el desgaste desigual.

Todas las alfombras finas deben repararse por expertos y esto es especialmente cierto en el caso de alfombras tejidas; por ello asegúrese de que su alfombra está correctamente valorada antes de comenzar a chapucear con ella. Sin embargo los desgarrones o deshilachados deben pararse enseguida, incluso aunque las reparaciones «invisibles» deban esperar hasta que usted mismo se convierta en un experto o pueda pagar a uno.

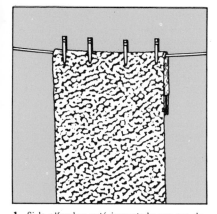

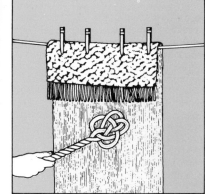

1. Si la alfombra está incrustada con los depósitos acumulados de años de uso duro, y gris por la suciedad y el polvo, comience la renovación al aire libre, si es posible. Ponga una cuerda de tender muy fuerte suficientemente alta para permitirle sacudir el polvo del revés y el pelo. La alfombra debe colgar libremente con una vuelta tan pequeña como sea posible, que permita sacudirla desde detrás, no golpee nunca el pelo pues esto impulsa el polvo hacia detrás metiéndolo en los nudos. Las alfombras de ganchillo o punto de media no deben sacudirse en absoluto. Para alfombras muy frágiles vea el paso 5, para mayor información.

2. Un sacudidor de alfombras de tipo antiguo es todavía la mejor herramienta para este trabajo. Se hacen aún en Oriente Medio y es posible encontrarlos en los almacenes típicos que importan los trabajos tradicionales de cestería. Una alternativa posible es un peine o rastrillo para felpudo que puede utilizar con las púas apuntando hacia afuera del revés de la alfombra, o incluso un rastrillo de jardín de plástico (del tipo de los que se abren las púas utilizados para recoger hojas).

3. Elija un día seco con no demasiado viento. Póngase ropas viejas y un pañuelo. Es asombroso cuánto polvo, desechos secos e insectos muertos pueden acumularse en una alfombra descuidada. Las alfombras tejidas corrientes, incluso las valiosas alfombras orientales, pueden sacudirse bastante vigorosamente. E incluso aunque no caiga todo el polvo se aflojará considerablemente y será más fácil de quitar; pero sea mucho más delicado con las alfombras bordadas o anudadas y sea particularmente cuidadoso de no enganchar las puntas en el revés si utiliza un rastrillo. Cuando el polvo haya parado de caer estire la alfombra sobre la cuerda de tender para que cuelgue libre el otro extremo y sacúdalo por el revés.

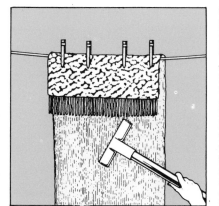

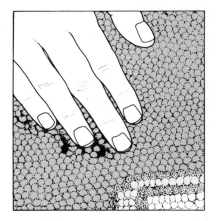

4. No deje nunca una alfombra colgada a la intemperie durante la noche; el rocío o chaparrones repentinos pueden mojar la tela que tardará días en secarse. Después de sacudirla pase el aspirador a la alfombra mientras aún está libremente colgada, si es posible. Utilice la manguera y accesorio de limpiar cortinas del aspirador.

5. Comience trabajando desde detrás, utilizando una aspiración media para lona fuerte o ligera para reveses más finos. Después de haber acabado el revés trabaje sobre el derecho. Trate de mantener la boquilla o rodillo moviéndose siempre en la dirección del pelo. Trabajar en sentido opuesto posibilitará alcanzar la base, pero puede desprender hilos y dejar la superficie deshilachada y enredada. Las alfombras bordadas planas no tienen pelo, desde luego, por lo que puede trabajar hacia delante y detrás a lo largo de las puntadas con una aspiración muy ligera. Si la alfombra es muy frágil o no puede sacarse al exterior, extienda una gruesa capa de papel de estraza en el suelo y deposite la alfombra con la cara o pelo hacia abajo. No utilice papel de periódico porque la tinta puede ser absorbida por las fibras. Puede servir una sábana vieja pero, obviamente, tendrá que lavarse después. Sacuda suavemente el revés con el sacudidor venteando toda la alfombra de vez en cuando para dejar que el polvo caiga sobre el papel. Cuando haya acabado envuelva cuidadosamente el papel y deséchelo. Pase el aspirador por el revés cuidadosamente utilizando una aspiración ligera o media; para alfombras muy sucias puede ser mejor una boquilla que el cepillo ancho, ya que puede llegar hasta los rincones y costuras; pero no use la boquilla sobre alfombras de punto de media o ganchillo porque la lana puede ser estirada de la superficie del punto.

6. El pelo cuando se cepilla de la forma correcta permanece plano y uniforme cubriendo el respaldo y en las alfombras orientales tendrá un cierto brillo. Cepillarlo en la dirección equivocada dejará hilos desaliñados mostrando parches del respaldo en las alfombras de pelo largo y haciendo que el pelo parezca más oscuro y áspero en las de pelo corto.

Limpieza de alfombras y esteras. Continuación

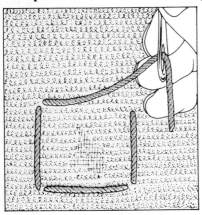

7. Las alfombras de punto de media, crochet y ganchillo fino deben manejarse siempre muy cuidadosamente. Revíselas para localizar hilos estirados o puntos sueltos y marque la posición de cualquier zona dañada hilvanando alrededor del punto con un hilo de color vivo en contraste; deje una cola larga.

Eliminación de manchas

8. En las páginas siguientes se dan instrucciones para limpiar y reparar los distintos tipos de alfombras y esteras. Después de que se han hecho las reparaciones, todas las alfombras necesitan un cuidado y mantenimiento delicado.

Si se vierte algo sobre una alfombra doméstica, para evitar que los colores se corran levántela inmediatamente, si es posible ponga cantidad de papel de periódicos debajo y empape la zona completamente con agua carbónica, luego absórbala con toallas y luego déjela secar de forma natural, levantada del suelo si es posible. No golpetee nunca la mancha para tratar de secarla. Si el derrame se ha producido sobre una alfombra o estera valiosas no lo deje secar y busque inmediatamente el consejo de un especialista.

Las manchas de pintura pueden quitarse inundando la zona de la misma manera con espíritu de petróleo de BS 245 (disolvente de Stoddard), séquelo en aire frío. (Desde luego prevenir es mejor que curar, y si la alfombra no se puede quitar cuando se está decorando la habitación, debe recubrirse con una gruesa capa de papel de seda libre de ácido y luego con una sábana contra el polvo.)

No limpie nunca una alfombra o estera antigua con ninguno de los productos disolventes limpiadores de marca comercial porque éstos dejan depósitos pegajosos que después de todo atraen la suciedad. También deben evitarse los polvos limpiadores, pues las partículas quedan atrapadas en las fibras de la alfombra y finalmente producen daño.

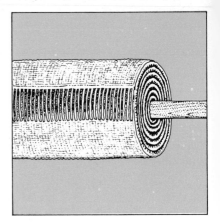

9. Para guardar las alfombras manténgalas planas envueltas en papel de estraza y hoja de plástico (recuerde no guardar nunca una alfombra en plástico a menos que no tenga ni rastro de humedad). Las alfombras demasiado grandes para guardarlas planas, pueden enrollarse alrededor de un palo ligero con el pelo hacia adentro colocado en la dirección correcta como en el paso 6. Corrientemente se recomienda que las alfombras de ganchillo fino se enrollen con el pelo por fuera; pero los ejemplares sanos y fuertes estarán seguros de cualquier manera.

Reparación de esteras trenzadas y de trapo

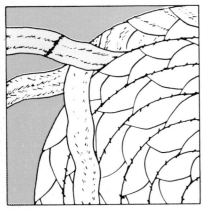

1. Las esteras antiguas trenzadas y enrolladas pueden padecer de dos problemas principales: el trozo exterior de trenza se desgasta o el entrelazado entre las tiras trenzadas puede deshacerse y romperse. Si el desgaste es muy malo considere el cambiar la tira desgastada por una nueva. Iguale los tonos predominantes tanto como sea posible, utilizando una tela similar. Descosa la trenza de fuera y corte las partes desgastadas y luego cosa tiras nuevas. Trate de escalonar los cortes de manera que el cambio sea gradual y discreto.

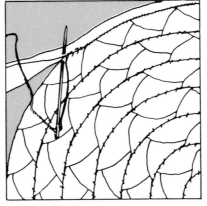

2. Vuelva a trenzar siguiendo el modelo original tanto como sea posible; la mayoría de las esteras están trenzadas con tres tiras. Trabaje como sea necesario, enlace entre sí y remate los extremos por debajo. Después de reparar proteja el borde exterior con una banda de tira al bies de un color complementario. El cosido puede fácilmente reemplazarse utilizando una aguja para tapicería y un hilo a juego. Siga el patrón del resto de la estera.

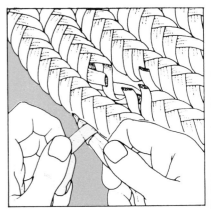

3. La mayoría de las esteras de trapo están hechas por el proceso de trenzado. Los trapos se limpian y unen en tiras continuas y luego se trenzan y cosen entre sí de la manera usual en tiras rectas más que en espiras circulares. El cuidado y reparación es el mismo que para las esteras trenzadas anteriores. Algunas esteras de trapo son tiras de lana tejidas sobre una tela fuerte o lona. Para reemplazar trocitos desgastados descosa la zona dañada y busque una tela a juego y vuelva a coser utilizando una aguja de alfombra. Si los trapos son demasiado gruesos incluso para esto, haga una «aguja» envolviendo cinta adhesiva transparente alrededor del extremo de un trozo de trapo hasta que forme una punta.

Reparación de alfombras de ganchillo y punto de media

1. Si la alfombra está trabajada en una sola pieza repetir o reemplazar un dibujo puede requerir alguna habilidad, pero puede hacerse. Antes de intentarlo, sin embargo, vea si el efecto puede imitarse por zurcido con una aguja y un tipo de hilo similar. Primero hilvane en el revés un remiendo de lona suficientemente grande para cubrir la zona afectada con un buen margen sobrante. Esto mantendrá la zona plana mientras trabaja. Escoja un color de hilo tan cercano como sea posible al color base de la alfombra.

2. Luego empalme un extremo suelto de la parte alta de la zona dañada al nuevo hilo a juego. Para hacer esto destuerza una pequeña parte de cada extremo en sus cabos separados.

3. Seguidamente recorte cada cabo a diferente longitud y retuérzalos entre sí. Cada uno debe estar a distinta longitud para que el empalme no tenga un solo punto débil.

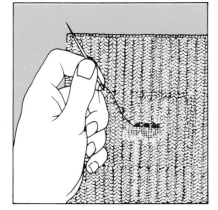

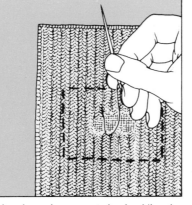

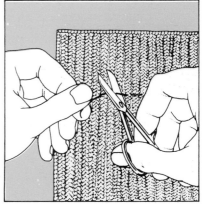

4. Enhebre una aguja sobre el hilo nuevo y, comenzando arriba, cosa hacia atrás y adelante a través de la zona dañada. Para comenzar cada cruce coloque la aguja a unos 6 milímetros separada de la zona dañada y a medida que cruza no zurza a través del respaldo provisional. Luego teja verticalmente hasta que el agujero quede zurcido.

5. Asegúrese de agarrar todos los hilos dañados. Para incorporar otro color trabaje encima del primer zurcido. Para imitar una textura irregular utilice un hilo adecuado trabajando en el zurcido base para crear el efecto de penachos.

6. Después de que la reparación esté completa, corte los puntos de hilván del remiendo y quítelo. Recuerde que todas las alfombras reparadas necesitan un manejo muy cuidadoso.

Reparación de esteras planas bordadas

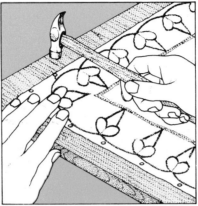

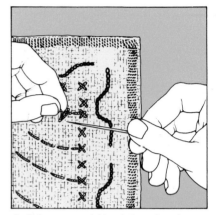

1. La mayoría de las grandes esteras planas bordadas están trabajadas en cuadrados unidos entre sí a la manera de un tablero de ajedrez, así que mire cuidadosamente para ver si la unión está mal hecha o las costuras están dañadas; una hermosa estera del tamaño de una habitación puede caerse a pedazos en forma de pequeñas esterillas. Si hay algún signo de debilidad cosa un forro de respaldo a la pieza. Use una arpillera fuerte de textura abierta, córtela y dobladíllela a máquina al tamaño adecuado. Sobrehílela al borde exterior de la estera.

2. Las esteras pequeñas bordadas pueden limpiarse delicadamente con líquido limpiador para alfombras o lavarse con espuma de jabón, pero pueden necesitar inmovilizarse después para obtener su tamaño correcto. Mídalas antes de limpiar, aclárelas con una esponja humedecida y clávelas con chinchetas en su forma correcta sobre un tablero de madera.

3. Si los puntos del bordado se han desgastado, descosa la zona dañada, manteniendo los bordes en forma irregular. Remeta los extremos del hilo a través de las puntadas hacia el revés para evitar que se deshagan. Iguale el hilo tan aproximadamente como sea posible al del color final.

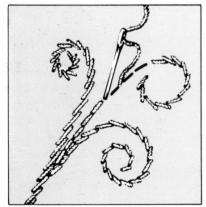

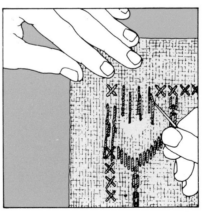

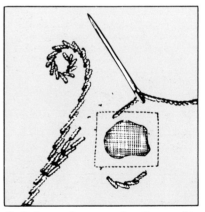

4. Vuelva a trabajar la zona dañada con el mismo punto. Si se ha perdido un trozo grande o un motivo repetitivo marque el dibujo con marcadores de bordar mientras quita los hilos viejos de forma que el dibujo quede claro para volver a bordarlo (estos marcadores se venden en la mayoría de las tiendas de artesanía; no use puntas de fieltro corrientes pues se correrán y mancharán la lana). En otras circunstancias copie el dibujo de un lugar no dañado sobre papel de calcar y vuelva a trabajar el cañamazo desnudo con los hilos a juego.

5. Si es el mismo cañamazo el que está dañado, descosa los puntos alrededor del agujero o desgarrón, llegando por lo menos a unos 2,5 centímetros más allá en cada dirección. Deje los hilos descosidos colgar por el revés.

6. Corte una pieza nueva de cañamazo, ligeramente mayor que la zona dañada, alineando los agujeros si es posible. (Si el cañamazo original parece de una medida rara utilice cañamazo fino para petit point; éste tiene tantos agujeros que alguno se alineará con el original.) Con la cara bordada hacia arriba enhebre el hilo antiguo en una aguja de bordar y páselo a través de los dos gruesos de cañamazo. Trabaje todo alrededor de la zona asegurándose de que el remiendo queda plano. Probablemente no habrá suficiente hilo antiguo para cubrir el remiendo completamente, pero iguale los colores tanto como sea posible. No estire el hilo con demasiada tensión o la estera no quedará plana.

Reparación de alfombras de gancho

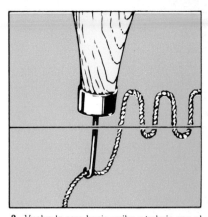

1. Las alfombras de gancho necesitan un manejo muy cuidadoso. El polvo puede quitarse por aspiración desde el lado del pelo pero solamente mientras la alfombra esté plana sobre el suelo y usando la aspiración más pequeña. Antes de embarcarse en cualquier limpieza más seria compruebe la fijeza del color de todas las telas; en las de dibujos el color lo lleva generalmente el hilo pero muchos colores lisos están teñidos en casa y pueden desteñir fácilmente. Utilice un jabón suave con mucha espuma fría, trabaje sólo con esta espuma. Frote delicadamente una esponja sobre la superficie, pero teniendo mucho cuidado de no empapar el respaldo. Cuando esté totalmente seco pase el aspirador suavemente.

2. Las alfombras de gancho son bastante fáciles de reparar, ya que los puntos dañados o desgastados pueden corrientemente sacarse sin dificultad. A veces deben también quitarse puntos de alrededor de la zona dañada, para que la reparación se mezcle más naturalmente. Cuando compre tela nueva trate de igualar la textura y el color. Corte un remiendo del material de respaldo nuevo más grande que la zona dañada e hilvánelo al respaldo original.

3. Vuelva la cara hacia arriba y trabaje con el ganchillo a través de los respaldos nuevo y antiguo. La herramienta más fácil de usar es un ganchillo de tipo antiguo, el cual se introduce a través de la tela desde arriba y engancha un lazo guiado por la mano de debajo. Estírelo a través de la tela hasta la altura correcta para igualar al resto de pelo y suéltelo. Introdúzcalo otra vez un poco más allá a lo largo de la línea manteniendo los espacios y altura de los lazos iguales a las del original. Cuando repare bordes muy estropeados quite el galón del borde y deshaga los puntos todo alrededor uniformemente hasta que alcance el trabajo sano. Vuelva al respaldo hacia abajo y coloque un galón nuevo.

Limpieza y reparación de alfombras tejidas

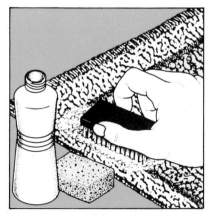

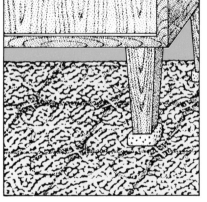

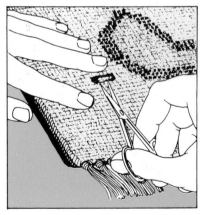

1. Generalmente las alfombras tejidas son las más resistentes al desgaste de todas y por ello no necesitan un tratamiento especialmente cuidadoso a menos que sean antigüedades valiosas o estén malamente dañadas. Límpielas con un buen líquido limpiador de alfombras (siguiendo cuidadosamente las instrucciones del fabricante), échelo en una esponja y cepíllelo sobre la lanilla en la dirección del pelo. No use demasiado líquido o empapará el respaldo. Espúmelo vigorosamente utilizando un cepillo bastante tieso o un trapo especial de espumar.

2. Las primitivas alfombras orientales y otras alfombras tejidas estaban hechas con tintes naturales, pero casi todos los tintes modernos son anilinas. Si hay suerte la pieza puede ser antigua, compruebe la fijeza del color antes de espumarla. Puede ser prudente limpiarla profesionalmente. Las alfombras de pelo corto permanecen húmedas durante un tiempo decepcionantemente largo, así que no las cepille o aspire hasta que no estén absolutamente secas. Lo mejor es no volver a colocar el mobiliario hasta que la alfombra esté absolutamente seca, en caso contrario se producirán marcas permanentes, pero si el mobiliario se ha de volver a colocar otra vez, ponga una gruesa almohadilla de goma espuma debajo de las patas de cada objeto.

3. Las reparaciones más corrientemente necesarias son el coser franjas y bordes desgarrados y retejer pequeños puntos dañados, a menudo causados por quemaduras de cigarrillos. Para renovar estos últimos recorte el pelo ennegrecido y examine la señal. Puede encontrar que una vez la corteza ennegrecida se ha quitado el pelo más corto es escasamente visible, pero si la quemadura es muy profunda utilice unas tijeras de puntas delgadas para cortar los nudos que atan cada rizo.

Reparación de alfombras tejidas. Continuación

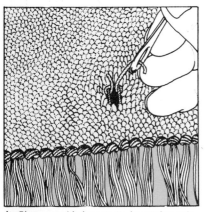

4. Observe cuidadosamente los nudos existentes para ver de qué tipo son. Para reparar alfombras de pelo corto utilice hebras recortadas. Para el pelo largo corte la madeja a las longitudes apropiadas. Utilice la aguja enhebrada con hilos a juego para hacer los nuevos pequeños puntos; anude y córtelos a la misma altura.

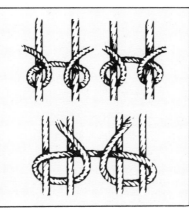

5. Uno de los dos nudos básicos de las alfombras orientales es el Ghiordes o nudo turco.

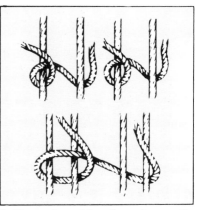

6. El segundo es el Senneh o nudo persa. Variaciones de éstos se utilizan para todas las alfombras tejidas.

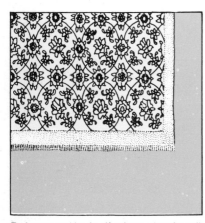

7. La reparación de alfombras orientales tejidas no es un trabajo para aficionados, por muy entusiastas que sean. Tratar de igualar los hilos es casi imposible y la habilidad que se necesita para reproducir algunos de los complejos hermosos dibujos sólo se obtiene con años de experiencia.

8. La única reparación que puede emprender el aficionado con seguridad real, es prevenir que se estropee un borde deshilachado.

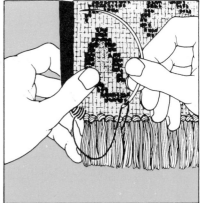

9. Elija un hilo de un tono tan cerca como sea posible del del fondo. Enhebre una aguja de tapicería con una hebra de hilo y sobrehíle el borde desgastado. Tenga cuidado de no comenzar una puntada demasiado cerca del borde dañado pues esto pronto producirá tirantez y aumentará el daño.

Eliminación de manchas: Consejos generales

No trate nunca de quitar una mancha de un tejido antiguo o valioso sin recabar primero el consejo de un experto. Esta es la regla de oro, nada menos que porque un tratamiento equivocado puede dañar la tela y reducir su valor espectacularmente. Por consiguiente las indicaciones dadas en las páginas siguientes se aplican a telas relativamente corrientes, de uso diario, no a las joyas o reliquias de familia atesoradas.

Si nos golpea el desastre y nos sucede lo peor recurra primero a la sección correspondiente de textiles en este libro. Si no se detalla allí el tratamiento adecuado busque los tratamientos que se indican a continuación, según el tipo de mancha a tratar. Todas las manchas deben tratarse tan rápidamente como sea posible, las manchas recientes son mucho más fáciles de quitar que las que se han asentado y secado. Prueba siempre primero el agua fría y un detergente encimático sobre el material lavable. No planche nunca sobre una mancha.

Manchas grasas

Cuando trate de quitar una mancha grasa sature justamente la zona con un detergente líquido y luego lávela. Antes o después del lavado puede utilizarse un líquido limpiador. En las telas no lavables aplique con esponja un líquido limpiador dejando que se seque entre aplicaciones, quizás con la ayuda de una tela absorbente puesta debajo.

Manchas no grasas

Para quitar manchas no grasas de telas lavables trátelas con una esponja inmediatamente con agua fría, lo más tarde póngala en remojo en agua fría durante 30 minutos o toda la noche. Sobre materiales no lavables ensaye el agua fría seguida por espíritu de petróleo diluido (2 : 1). Para manchas combinadas (mezclas de grasa y no grasa) tales como la sopa, trate la mancha primero como no grasa, utilice agua fría y líquido detergente y luego trate el resto con un líquido limpiador. A veces puede emplearse un blanqueador para toda clase de manchas pero si es posible pruebe primero en una zona no visible; la reacción de ciertos textiles a un blanqueador es insegura.

Tabla de eliminación de manchas

Abrillantador de zapatos	*Primero pruebe el mismo procedimiento que para los cosméticos. Seguidamente con esponja y espíritu de petróleo (diluido con 2 partes de agua para los acetatos). Alternativamente con esponja y líquido detergente.*
Aceite, grasa consistente	*Trátelas con aceite de eucalipto.*
Agua	*Sostenga los artículos manchados por agua en el vapor de una marmita hirviendo, hasta que el material se humedezca, sacudiéndolo frecuentemente. Planche con una plancha caliente. Si rayones, sedas o telas delicadas se han manchado con salpicaduras de agua, sumérjalos suavemente en agua caliente, exprima delicadamente el exceso de agua y enróllelas en una toalla; plánchelas mientras están húmedas. Los cueros modernos, especialmente los empleados para zapatos, pueden tratarse para quitar las manchas que deja el agua en ellos cuando se mojan. Golpetéelos delicadamente con algodón en rama empapado en agua, trabajando desde la mancha hasta que todo el zapato esté empapado; luego rellénelo fuertemente con pañales desechables y deje que se sequen de forma natural.*
Alcohol	Sobre telas lavables: *extienda sobre un cuenco de vidrio y ténsela con una banda de goma o un cordel; espolvoree con sal y vierta agua hirviendo desde una altura de unos 45 cm.* Sobre no lavables: *para el acetato aplique con esponja espíritu de petróleo diluido con dos partes de agua.*
Alquitrán	*Primero rasque lo que pueda. Esponja con tetracloruro de carbono.*
Bebidas carbónicas	*Trate inmediatamente con esponja y agua fría.*
Café y té	Sobre lavables: *extienda la zona manchada sobre un cuenco, sujételo con una banda de goma y vierta agua caliente sobre la mancha desde una altura de unos 45 cm; luego lave de la madera usual.* Sobre no lavables: *frote con una esponja húmeda; eche un absorbente sobre la mancha, déjelo secar y cepíllelo.*
Cera	*Rasque la que pueda. Coloque la parte manchada entre dos toallas de papel y plánchelo con plancha templada. Repita el planchado con toallas limpias. Finalmente, trátelo con esponja y líquido limpiador.*
Cera de velas	*Quite todo lo posible rascando con un cuchillo embotado, coloque la zona entre toallitas de papel y planche con una plancha caliente. Quite las trazas dejadas con esponja y líquido limpiador.*

Cinta adhesiva	*Con esponja y líquido limpiador.*
Cosméticos y lápices	Sobre lavables: *aplique detergente líquido y aclare; repita.* Sobre no lavables: *aplique con esponja líquido limpiador; repita.*
Chamuscado	*Trate con esponja y agua oxigenada. Casi imposibles de quitar de la seda y la lana. En lana gruesa pruebe a cepillar con papel abrasivo muy fino.*
Chocolate	Sobre lavables: *golpetee o empape con agua fría durante, al menos, 30 minutos, luego frote líquido detergente sin diluir sobre la mancha y aclare con chorro. Deje secar y frote con esponja con líquido limpiador.* Sobre no lavables: *trate la mancha con esponja y agua fría, luego líquido detergente; si se necesita aplique con esponja espíritu de petróleo, diluido con dos partes de agua para el acetato; aclarar al chorro de agua fría.*
Esmalte para uñas	*No utilice nunca quitaesmaltes sobre acetato o triacetato; para estas telas rasque las manchas con un cuchillo embotado. Para las telas que no resisten la acetona use acetato de amilo.*
Fruta	*Trate con esponja y agua fría inmediatamente; no use jabón y agua inicialmente. En lavables, después de tratar con la esponja y agua fría, vierta agua hirviendo desde una altura de 45 centímetros. En no lavables aplique glicerina delicadamente; golpetee con vinagre (no en los acetatos) y aclare al chorro.*
Goma de mascar	*Frote con un trozo de hielo para endurecerla, luego rásquela con un cuchillo embotado; de otra manera, sature la zona manchada con líquido limpiador, incluso aunque el material sea no lavable.*
Hierba	*Trátela con alcohol metílico (diluido con dos partes de agua para el acetato). Luego use líquido detergente sobre lavables seguido de un aclarado. Luego puede aplicar un blanqueador suave de perborato sódico o agua oxigenada.*
Huevo	*Rásquela con un cuchillo embotado y trátela con esponja y agua fría; si no es lavable déjela secar después de tratada con la esponja y luego aplique un líquido limpiador con la esponja.*
Lápiz	*Pruebe inicialmente con una goma de borrar blanda; frote con detergente sobre la zona y aclare. Si la mancha es rebelde, use unas pocas gotas de amoníaco diluido y luego añada detergente.*
Leche, crema	Sobre lavables: *lavar como de costumbre.* Sobre no lavables: *frote con una esponja húmeda, eche polvo absorbente, deje secar y cepille el residuo.*
Manchas metálicas (latón, cobre, estaño)	*No utilice nunca blanqueador (lejía). Aplique vinagre blanco, jugo de limón o ácido acético y luego aclare al chorro de agua fría.*
Moho	*Mantenga los armarios sin humedad, aireándolos durante el tiempo húmedo. El sol y los cristales de paradiclorobenceno son los mejores preventivos. Utilice jabón y agua.*
Mostaza	Sobre lavables: *frote encima detergente líquido y aclare. Si la mancha persiste después de repetidas aplicaciones use blanqueador de perborato sódico.* Sobre no lavables: *trate con una esponja con una solución de dos partes de agua y una de alcohol.*
Orina, vómito, mocos	Sobre lavables: *remoje con producto de prelavado encimático y lave utilizando blanqueador.* Sobre no lavables: *trate con esponja y detergente suave; aclare. Pruebe también una solución de una parte de vinagre y cuatro de agua; si cambia el color, neutralice con amoníaco (1 parte de amoníaco por 16 de agua).*
Oxido de hierro	Sobre lavables: *utilice blanqueador; o zumo de limón estrujado sobre los algodones o linos y luego sostenerlos frente a una marmita para recoger o agarrar el vapor suele resultar bien. Después aclare y repita. Las telas fuertes pueden hervirse en una solución de 4 cucharadas de cremor tártaro en medio litro de agua. Hierva hasta que se quite la mancha y luego aclare.*

Pegamento casero y de aeromodelismo *Trate con esponja y acetona excepto los materiales dañables por ésta, sobre éstos use acetato de amilo.*

Pintura (al aceite) *Siga las mismas instrucciones que para el esmalte de uñas.*

Pintura (al agua) *Si están aún húmedas, trátelas inmediatamente con esponja y agua. Si están secas rásquelas con la uña.*

Salsa Sobre lavables: *empape con agua fría y lave; seguido de un tratamiento con esponja con líquido limpiador.*
Sobre no lavables: *con esponja y agua fría, luego con líquido limpiador.*

Sangre Sobre lavables: *frote o empape con agua fría y luego lave con detergente en agua caliente.*
Manchas antiguas: *ponga unas pocas gotas de amoníaco diluido sobre el punto y luego lave como de costumbre.*
Sobre no lavables: *aplique agua fría con esponja, seguido por un poco de agua oxigenada.*
Manchas fijadas por calor: *sobre algodones o linos use una solución caliente de fosfato trisódico.*
Sobre alfombras: *haga una pasta de un absorbente y agua, extendiéndola encima, cuando esté seca cepíllela; repita si es necesario.*

Sudor *Sobre manchas recientes use detergente encimático; si quedan manchas amarillas use perborato sódico o agua oxigenada. Si estos métodos no dan resultado envíe la prenda a lavar en seco.*

Tinta o bolígrafo *Sobre acetato, Arnel, Dynel y Verel, use acetato de amilo.*
Sobre otras telas, con esponja y acetona.

Tinta china *Trate inmediatamente con esponja y agua fría y lave con detergente líquido y remoje luego en 4 cucharadas de amoníaco diluidas en un litro de agua.*
En no lavables: *fuerce agua fría a través de la mancha y trate con esponja con amoníaco (1 cucharada en 250 c.c. de agua); aclare. Trabaje con líquido detergente y aclare otra vez.*

Vino *Empape inmediatamente con agua carbónica o agua mineral espumosa. Limpie el agua con un paño absorbente limpio.*

Yodo En lavables: *mójela con agua, colóquela al sol, o un radiador, o en el vapor de una marmita; pruebe también remojarla en agua fría y luego lavarla.*
En no lavables: *esponja con espíritu de petróleo (diluido con dos partes de agua para los acetatos). Sobre telas no dañables por el agua mezcle una cucharada de cristales de tiosulfato sódico en medio litro de agua y aplique con esponja a la mancha; aclare bien.*

ALFARERIA Y PORCELANA

Hace billones de años, a medida que la costra de la Tierra se enfriaba, las temperaturas extremas, vientos, tormentas, glaciares y fuertes lluvias cobraron su tributo a la superficie de roca. Durante miles de millones de años las diferentes rocas se rompieron en partículas más y más pequeñas y la superficie se cubrió con una profunda capa de tierra: arena pura, arcilla maciza y todas las mezclas posibles entre ellas. Las primeras comunidades humanas asentadas encontraron masas de distintos barros arcillosos mezclados con piedra y despojos pero suficientemente elásticos y coherentes para mantener la huella del pie de un animal. Quizás después de una larga temporada de sequía un cazador se dio cuenta de que la misma huella del pie estaba aún allí, pero ahora perfectamente mantenida en una costra dura.

Esto pudo ser el comienzo de la alfarería. Las arcillas se extraen de la Tierra, se disuelven en agua para quitarles las impurezas, luego se escurren, se aplastan y amasan hasta que quedan suaves y deformables. Las arcillas varían en contenido de minerales y esto determina la textura y el color de la pasta de la vasija acabada, que puede ser de cualquier color, desde el blanco puro a través del gris, anteado y amarillo al rojizo de barro cocido.

A la arcilla puede dársele forma por distintos métodos: por modelado o construcción a mano; por vertido en moldes, o en la rueda de alfarero. En este primer estado puede decorarse por incrustación, incisión o aplicaciones, o con engobe (una arcilla fluida que puede, por ejemplo, chorrearse sobre el objeto). El objeto se seca para endurecerlo y puede luego cocerse para aumentar su resistencia. Después de la primera cocción la pieza se dice que está bizcochada. El barro se cuece de 900 a 1.200 grados C y en el estado de bizcocho es aún poroso. Para hacerlo impermeable al agua debe sellarse con un vidriado, una capa dura y vítrea, y volverse a cocer.

Los vidriados están comúnmente compuestos por sílice, bórax y fundentes tales como la sosa, potasa, cal y plomo. El vidriado más común generalmente usado tanto sobre barro cocido como pasta de porcelana blanca es el vidriado de plomo. Ciertos colores que pueden resistir altas temperaturas pueden pintarse encima antes de vidriar o pueden mezclarse con el mismo vidriado en forma de óxidos metálicos. Estos son azules (cobalto), púrpuras (manganeso), verde (cobre) y amarillo (hierro o antimonio); son los colores que se encuentran en las cerámicas primitivas. Los colores varían según las temperaturas alcanzadas y los efectos sobre ellos de otros ingredientes. Una gama completa de colores sólo se obtiene utilizando los que no pueden resistir estas temperaturas tan altas y que en consecuencia se pintan sobre el vidriado y se vuelven a cocer a temperaturas bajas. Estos son los colores de esmalte que no fueron utilizados extensamente en la cerámica occidental hasta el siglo XVIII, aunque se introdujeron en la porcelana china a mediados del siglo XV.

Las vasijas de barro cocido se han hecho en todo el mundo durante siglos. Sobresalientes entre los tipos europeos más complicados está la mayólica italiana. A partir del siglo XV inspirada por las cerámicas hispanomoriscas llevadas desde Valencia, en España, por vía de la isla de Mallorca, de donde surgió el nombre italiano de esta cerámica. Las piezas españolas, originalmente el trabajo de artesanos moros, tenían un vidriado de estaño con un acabado de lustre logrado utilizando óxidos de plata y cobre. Las piezas primitivas italianas que eran generalmente tarros de farmacia y platos para las boticas y hospitales, copiaron el vidriado de estaño (que proporciona un fondo blanco opaco), las formas básicas y algunos de los motivos decorativos de las cerámicas españolas pero no el lustre; éste fue logrado finalmente a principios del siglo XVI por Deruta y Gubbio, las únicas dos de las muchas factorías italianas de mayólica que tuvieron éxito con esta técnica. Cada factoría desarrolló su propio estilo de decoración. Después de

mediados del siglo XVI, sin embargo, disminuyó la demanda y decayeron las calidades.

El barro cocido vidriado al estaño hecho en Francia desde principios del siglo XVI se denomina fayenza. Los primeros ejemplos son muy similares a la mayólica italiana. La fábrica de Ruen hacía también baldosines para las paredes y suelos, y con el tiempo las fábricas francesas desarrollaron sus estilos propios. El final del siglo XVII trajo una demanda de grandes servicios de mesas y grandes jarrones y el negocio continuó a lo largo del siglo XVIII.

Delf, cerca de Rotterdam, fue el principal productor de cerámica vidriada al estaño de Holanda. Los ceramistas holandeses tomaron muchas de sus formas y la decoración característica azul y blanca de la porcelana china aunque usaron también otros estilos y colores. Los motivos, sin embargo, incluían tulipanes y molinos de viento. Cerámicas similares hechas en Inglaterra y América hasta el siglo XVIII se llamaron a menudo «cerámica de Delf».

El comercio de todos estos productos decayó a medida que se hicieron crecientemente disponibles las cerámicas más ligeras del tipo de porcelana. La porcelana verdadera de pasta dura apreciada por su brillo y traslucidez se hizo en China a partir de la dinastía Tang (118-906) utilizando caolín (arcilla de China que tiene una pasta blanca altamente refractaria) y petuntse (piedra de china feldespática). Cocida a una temperatura muy alta (por encima de 1.400° C) se transforma en una pasta dura completamente vitrificada, impermeable a los líquidos. La dinastía Ming (1368-1644) es el período más conocido de la producción de porcelana en China. Fue la porcelana Ming la que llegó a Europa a partir del siglo XVI en adelante, y la calidad del material y su decoración multicolor asombraron a Occidente, que no tenía nada comparable. Siguió la porcelana japonesa que se hizo también muy popular. Las cerámicas japonesas eran hechas en Arita especialmente para exportación y se enviaban desde el puerto de Imari; este último nombre es a menudo utilizado para la porcelana de Arita. Un estilo característico fue el «Imaribrocado» que tenía una complicada decoración azul bajo vidriado, con rojo y dorado sobre vidriado. Más popular incluso fue el estilo introducido por el ceramista Kakiemon y desarrollado por otros, que aparece en piezas importadas a partir de finales del siglo XVII. La decoración delicadamente ejecutada y agradablemente desequilibrada era de pájaros, bambú, flores y otros temas y figuras naturalistas, pintada en esmalte de colores brillantes sobre un fondo blanco lechoso.

Se hicieron intentos de imitar la materia oriental, pero hasta el siglo XVIII Europa produjo solamente el tipo conocido como «pasta blanda» o porcelana artificial. Esta estaba compuesta de caolín y vidrio con distintas adiciones experimentales tales como esteatita, pero carecía del ingrediente vital, la piedra de China, y no podía cocerse a la temperatura necesaria de vitrificación del material. El primer tipo de porcelana de pasta blanda se hizo en Florencia en la factoría de los Medici en 1575, pero la producción cesó a los doce años y solamente se conocen alrededor de 50 piezas de este origen. Pasaron otros cien años antes de que las fábricas francesas de Ruen y Saint Cloud inventaran un tipo mejor y subsiguientemente las factorías de Francia, Italia e Inglaterra comenzaron la producción de sus propias versiones.

Un barro cocido muy duro y denso, la loza, se hizo en Alemania a partir de finales de la Edad Media y se refinó con los años. Esta cerámica se cuece a elevada temperatura e incluso por encima de 1.250 grados C y vitrifica y es por ello impermeable a los líquidos. Es tan dura que incluso puede tallarse y cortarse y pulirse. Los ceramistas alemanes hicieron cantidad de vasijas y tanques de loza muchos de los cuales tienen la superficie de «piel de naranja» producida por la sal, introducida en el horno durante la cocción. Luego con los cargamentos de té de China en el siglo XVII vinieron algunas teteras de loza dura, fina y roja, de una clase que no se había visto antes. Estas proporcionaron más inspiración a los ceramistas europeos en sus intentos de hacer verdadera porcelana.

Fue en la factoría de Meissen en Alemania donde por primera vez se hizo porcelana verdadera en Europa, después de muchos experimentos en el refino de la loza. El nombre de Meissen se hizo sinónimo de porcelana hermosa de fina calidad con una pasta dura y blanco puro, y el más conocido de sus productos fueron las figuritas, seguido por las cajitas para dijes, parches y rapé, y servicios de té y café. Al principio los artesanos empleados en la fábrica estaban confinados en ella para guardar el secreto de la verdadera porcelana. Pero algunos se las arreglaron para escapar. Dos encontraron su camino en la fábrica de Du Paquier en Viena y bajo sus auspicios esta factoría fue la segunda productora de porcelana de pasta dura en 1718; sus productos alcanzaron un alto standard de calidad artesana y decoración. A partir de los 1740 se pusieron en marcha muchas otras factorías para la producción de porcelana, a través de Alemania y por todas partes. Toda la pasta de porcelana dura tiene un vidriado feldespático: la piedra de China y la cal son los principales ingredientes. La pasta dura es brillante, muy escurridiza y fría al tacto, mientras que la pasta blanda es ligeramente jabonosa, más pegajosa y no tan fría. En la segunda mitad del siglo hubo mayores progresos en las técnicas de cerámica. La factoría de Sèvres en Francia se hizo famosa por su cerámica fina de pasta blanda. Reglamentaciones estrictas, establecidas por el rey, para regir la producción de porcelana aseguraron que desde 1756 a 1766, las mejores obras de Francia y todos los avances técnicos de este medio fueran llevados a cabo en Sèvres que en 1769 comenzó también a hacer pasta dura. Esmaltes florales transparentes y otra decoración en diversos colores y dorados fueron parte de la ornamentación característica de las mejores piezas de Sèvres y más tarde el trabajo incluyó estatuaria en bizcocho. En Inglaterra la fábrica de Chelsea estaba ejecutando modelado complicado y figuras decoradas de pasta blanca y Derby, Worcester y otras fueron famosas por sus servicios de mesa. La «china de huesos» inglesa es una base de porcelana de pasta dura con adición de ceniza de huesos (la fuente corriente eran los huesos de buey). Bow en 1749 fue probablemente la primera fábrica que incluyó este ingrediente. Spode mejoró la fórmula y a principios del siglo XIX la china de huesos era un producto normal de la mayoría de las factorías inglesas. La ceniza de huesos daba una resistencia adicional a la pieza y producía una pasta ligeramente cremosa y menos transparente. Inglaterra no hizo cerámica de pasta dura en cantidad; las únicas factorías en hacerla fueron Plymouth, Bristol y New Hall hacia el final del siglo XVIII. En América las factorías de Bonin y Morris en los 1770 y Tucker and Hulme y Fenton en el siglo XIX hicieron porcelana, alguna de ella de pasta dura, pero oleadas de imitaciones importadas inundaron el mercado.

La factoría de Josiah Wedgwood en Inglaterra fue innovadora e influyente. Entre otras cerámicas resultantes del trabajo experimental hubo tres tipos de loza: de basalto (negra, densa, sin vidriar), loza roja, y la famosa cerámica de jaspe (blanca o coloreada), que tenía decoración en relieve blanca a la manera clásica. El azul de Wedgwood fue el color de fondo más corrientemente usado para este último tipo. Wedgwood exportó sus cerámicas en cantidad y puso en marcha métodos de producción en masa. En los primeros 1800 añadió la china de huesos a su repertorio.

En el siglo XIX Staffordshire se transformó en el centro de la industria cerámica de Inglaterra y tomó el mando de la producción en masa. El calco o traspaso de impresos introducido en el siglo anterior y mejorado después significó cerámica para la mesa, barata y multicolor, para todos. En este proceso se graban planchas de cobre con un dibujo y se aplica pintura; el dibujo se transfiere luego a la pasta cerámica (bajo o sobre el vidriado) con un baño de gelatina o con papel de seda. La decoración monocroma, evidentemente la más barata, se hizo muy corriente. En los 1830 se refinó más el proceso y a partir de entonces se hicieron complicadas impresiones de color. Muchas de estas cerámicas de impresos transferidos se exportaron, especialmente a América. Los elementos decorativos favoritos fueron paisajes, edificios, retratos y escenas de la vida rural.

El siglo XIX trajo muchos resurgires e imitaciones de estilos anteriores, y muchas hábiles falsificaciones. Un nuevo material fue la cerámica Parian. Una pasta de porcelana densa sin vidriar con apariencia de mármol blanco que fue utilizada por Minton, Copeland y otros para estatuillas, urnas y piezas ornamentales similares, a partir de los 1840; algunas de las últimas piezas tenían un fondo coloreado con decoración en relieve blanca o dorada y algunas eran ligeramente vidriadas para facilitar su limpieza.

William De Morgan insufló aire fresco del movimiento de Arts and Craft en la industria de la cerámica en los 1870; evitando la obsesión, entonces corriente, por los pastiches complicados y las piezas de exhibición de idiosincrasia técnica, utilizó diseños y colores antiguos clásicos, del Renacimiento e islámicos y, con gran extensión, decoración de lustres. La nueva ola de ceramistas artísticos de las décadas siguientes condujeron la cerámica moderna a un aspecto generalmente más «limpio», incluyendo dibujos tanto geométricos como naturalistas e incorporando ciertas influencias japonesas y otras. Actividades tales tuvieron lugar en Europa, y también en América, centradas en Cincinnati y más tarde en Ohio, Nueva Orleans, Boston y por todas partes. Una loza doméstica para uso diario altamente popular fue la cerámica Dedham producida en Massachusets desde 1895.

Hay actualmente dos ramas diferentes de la industria cerámica para uso doméstico: la cerámica de producción en masa disponible en abundancia para el vasto mercado mayoritario y los productos de los ceramistas de arte que trabajan en sus propios estudios haciendo piezas únicas para quienes desean originalidad.

Limpieza y reparación de la cerámica

La cerámica vidriada rota muestra dos capas distintas: la pasta porosa del cuerpo (corrientemente blanca o blanco grisácea o amarilla) y un vidriado (una capa delgada, a veces brillante y de color, encima de la pasta), como se ve claramente en la fotografía frente a la página 161. Estas dos capas diferentes la distinguen de la porcelana o la loza.

Cuando se rompa un objeto de cerámica, asegúrese de recoger todos los pedazos que pueda, incluso los más pequeñitos. Envuelva cada uno en un trapo limpio o papel de seda hasta que esté dispuesto a comenzar el proceso de pegado. Sin embargo no guarde los trozos estando sucios; limpie cada trozo como se indica más adelante antes de guardarlos.

Reúna los siguientes suministros: palitos de algodón, toallas de papel, acetona o disolvente para pintura de celulosa,

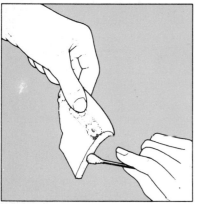

1. Cada pieza debe limpiarse, aclararse y secarse antes de poderse pegar. Primero lave alrededor de los bordes rotos de cada pieza con agua jabonosa utilizando un palito de algodón para aplicarlo para las pequeñas zonas o una toalla de papel blanco para superficies más grandes. Evite empaparlas innecesariamente; si el agua pasa a través de la pasta y se filtra bajo el vidriado, la pieza tardará en secarse y diferirá el proceso de pegado. Si el agua y jabón fracasan en quitar la suciedad, frote cada superficie con acetona o disolvente de pintura de celulosa. Como último recurso cepille cada pieza con limpiador abrasivo utilizando un cepillo de dientes blando. Aclare y seque totalmente.

2. Si las piezas están limpias pero aparece aún mugre o si las grietas de la superficie están llenas de suciedad (especialmente apreciable en la china blanca), la pieza debe ser entonces blanqueada. En ninguna circunstancia utilice blanqueadores comerciales. Pueden quitar años de mugre pero igualmente pueden quitar el vidriado y cualquier decoración pintada. En lugar de esto coloque el objeto en una solución de tres partes de agua y una de líquido esterilizador de biberones en un recipiente suficientemente grande para cubrir las piezas completamente.

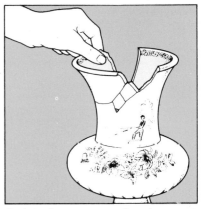

3. Antes de comenzar a aplicar el pegamento ordene las piezas sobre una hoja de papel limpia, de manera que pueda ver cómo deben acoplarse entre sí y comprobar también si se ha perdido un trozo o pieza grande. Apilando y acoplando las piezas entre sí lógicamente, podrá llevar a cabo el trabajo en el mejor orden en el que pegar las piezas entre sí, de manera que ninguna pieza se quede fuera cuando se realice el pegado real. Cuando haga el acoplamiento y apilamiento utilice la fuerza de gravedad para ayudarle dejando que cada trozo se apoye sobre el de debajo. Si se ha perdido un trozo vea el paso 9 para las instrucciones de rellenado.

4. Puede tener sentido el pegar grupos de pequeñas piezas para hacer dos o tres piezas grandes facilitando el proceso de pegado final. Sin embargo el pegado real debe hacerse enseguida de manera que pueda ajustar el trabajo antes de que fragüe el pegamento. Utilice un pegamento de fraguado lento de dos componentes tal como el Araldit de 24 horas; utilice solamente un pegamento de fraguado rápido cuando la pieza sea crítica para el acoplamiento del conjunto. Utilice sus dedos para sentir si las distintas piezas se han alineado adecuadamente.

5. Enjugue y quite cualquier exceso de pegamento mientras aún está húmedo, utilizando petróleo de arder o acetona con un palito de algodón.

6. Si la cerámica es blanca añada unas cuantas partículas de pigmento de blanco de titanio en polvo para teñir el pegamento una vez está mezclado. Si el vidriado o la pasta es de un color oscuro, tal como el barro cocido, debe añadir el pigmento en polvo del color apropiado.

limpiador abrasivo (opcional), cepillo de dientes blando, líquido esterilizador de biberones, palitos de fósforo o palillos mondadientes, cinta adhesiva de enmascarar, hoja de afeitar de un solo filo, lima de aguja y papel abrasivo de granate y un pegamento de dos componentes de fraguado lento, tal como un Araldit de 24 horas.

Si ha de reemplazar un trozo de la cerámica perdido, ne-

cesitará también: papel de trazar, una espátula de pintar, polvo de talco, una tablilla de esmeril o una goma de borrar mecanografía con punta, una arcilla de modelar o plastilina, papel de calcar sin carbón, pinturas de china o pinturas metálicas (opcionales).

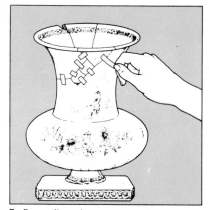

7. Para aplicar el pegamento utilice un palito de fósforo de madera o un mondadientes recubriendo ambos bordes a pegar. Apriételos suavemente entre sí. Siga con el proceso de pegado bien sea trabajando desde la base hacia arriba o preparando trozos grandes partiendo de las piezas más pequeñas. Para sostener las piezas pegadas entre sí utilice tiras de enmascarar adhesivas, cortadas a las longitudes apropiadas y aplicadas en ángulo recto con respecto a la rotura.

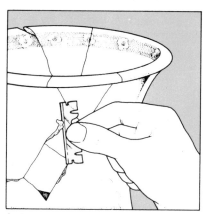

8. Deje secar los objetos pegados por lo menos durante 24 horas a temperatura ambiente. Afeite cualquier exceso de pegamento con una hoja de afeitar de un solo filo, utilizando un toque muy ligero. Evite rayar nada de la decoración pintada; los acentos de oro y plata son especialmente vulnerables.

9. A veces cuando se ordenan las piezas antes de pegar, o mientras se están pegando, puede descubrir que se ha perdido una pieza pequeña o que no ajusta. En este caso la pieza perdida puede sustituirse haciendo una masilla en la forma siguiente: mezcle algo de pegamento de dos componentes, tíñalo para igualarlo al vidriado (como se describe en el paso 4) y mézclele talco hasta que adquiera la consistencia de arcilla. (No utilice yeso escayola que no es impermeable.) Fuerce a entrar en su sitio la masilla utilizando una espátula o sus dedos, intentando cuidadosamente seguir los contornos de la zona de alrededor. Déjelo fraguar. Cuando esté fraguado frótelo para darle su forma exacta con una lima de aguja y papel de granate.

10. Si el trozo perdido es más grande tal como la mano de una figurita o el borde de un plato, haga un molde sencillo depositando arcilla de modelar de alta calidad tal como plastilina sobre una pieza perfectamente equivalente. Empuje la almohadilla de arcilla suavemente alrededor de la zona perfecta, forzándola sobre los perfiles pequeños hasta que se haya hecho una impresión. Traslade este «molde» a la zona rota o dañada.

11. Aplique una línea de pegamento de dos componentes teñido a lo largo de todos los bordes rotos. Sostenga el molde en su sitio con una mano y utilice la otra mano para depositar la masilla (como la descrita en el paso 9) dentro del molde utilizando una espátula o sus dedos. (Si el molde tiende a caerse o necesita ambas manos para aplicar la masilla, sostenga el molde en su sitio con cinta adhesiva.) Una vez se ha llenado el molde déjelo en su sitio y permita que fragüe la masilla hasta que esté dura.

12. Cuando la masilla está absolutamente seca, quite el molde y alise la superficie de la pieza nueva con papel de granate muy fino. Una tablilla de esmeril o una goma de borrar máquina puntiaguda es útil para alisar las zonas pequeñas o con muchos detalles. No actúe sobre la zona de alrededor o puede rayarse el vidriado.

Limpieza y reparación de cerámica. Continuación

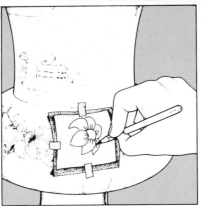

13. La masilla puede pintarse para igualar el fondo utilizando pinturas de china comerciales. Siga el modelo lo mejor que pueda, tomando un trazado de la zona no dañada si es necesario.

14. Para trasladar los dibujos coloque un papel de calco no carbonoso entre el papel del trazado y la zona enmasillada y pase un lápiz sobre el trazado. Para retocar plata u oro utilice las pinturas metálicas mejores posibles.

Reparación de porcelana

Generalmente no es recomendable reparar ninguna porcelana valiosa, dejando la restauración de estas piezas para un experto. Sin embargo, si la reparación es sencilla y sobre una pieza no valiosa, siga las instrucciones que se dan a continuación.

Para el restaurador la diferencia más importante entre la alfarería y la cerámica es que el vidriado sobre la porcelana no se muestra como una capa separada a lo largo de la rotura. En vez de esto cualquier rotura mostrará una textura lisa, vítrea y no porosa a todo el través, como en la fotografía frente a la página 160. En términos prácticos esto significa que es posible limpiar una pieza de porcelana muy a fondo, sin preocuparse sobre su saturación de agua, y pegarla inmediatamente después de limpiarla.

Siga las instrucciones para el pegado de la cerámica que se han dado en las páginas anteriores, habiendo teñido primero la masilla y acoplando las piezas tan exactamente como sea posible. Una vez el pegamento se ha secado por completo puede ser necesario retocar la decoración pintada y/o disimular el daño. Utilice pinturas acrílicas ligeramente traslúcidas que tienen la apariencia de un esmalte vidriado y están destinadas a la pintura de china. Siga el dibujo tan aproximado como sea posible, trazando los detalles, incluso las pinceladas, como se recomienda en los pasos 13-14, pero no intente pintar el color del fondo que no puede igualarse nunca.

Reparación de grietas capilares

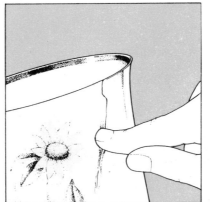

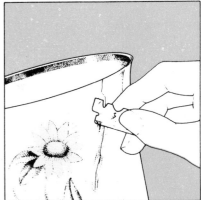

1. Limpie la zona de alrededor de la grieta siguiendo las instrucciones del paso 1, página 158. Mezcle y tiña el pegamento de dos componentes como se ha indicado en el paso 4, listo para aplicarlo. Luego coloque el objeto en un horno regulado a la menor temperatura posible, es decir 110° C, hasta que se sienta caliente a la mano. La grieta se abrirá ligeramente y chupará el pegamento en la pasta.

2. Tan pronto como la pieza salga del horno, fuerce al pegamento a entrar en la grieta utilizando sus dedos o una espátula de manera que la grieta absorba tanta mezcla de pegamento como sea posible.

3. Cuando la grieta no pueda admitir más quite el exceso con un trapo suave o rascando delicadamente con una hoja de afeitar de un solo filo, teniendo cuidado de no quitar nada de la decoración pintada de la zona de alrededor. Deje enfriar el objeto.

«Antes» (arriba) y «después» (abajo) de un cuenco de porcelana de exportación con decoración dorada. La fotografía muestra la propiedad característica de la porcelana, es decir la no separación entre la pasta del cuerpo y el vidriado, en oposición a la alfarería vidriada (ver dorso de la lámina).

METALES

Todos sabemos lo que es un metal. De hecho hay una definición científica de un metal que determina qué propiedades físicas y químicas debe tener y se conocen más de 60 metales, aunque uno por lo menos, el escandio, no se ha aislado nunca y sus propiedades se han deducido a partir de sus compuestos. Algunos metales son muy raros y algunos no se presentan en la naturaleza, sino que son el resultado de reacciones nucleares.

Se supone que los primeros metales conocidos por el hombre fueron los que se presentan en la naturaleza como metal libre o nativo; éstos son: el oro, la plata y el cobre, que fueron conocidos al final de la edad de piedra antes del 4000 A.C. El oro y la plata son ambos muy blandos, demasiado blandos para utilizarlos como herramientas o armas, pero eran apreciados por su rareza y belleza y utilizados como adornos. Hacia el 2500 A.C. las técnicas de joyería estaban bien avanzadas y los metales podían obtenerse entonces fundiendo óxidos metálicos. La plata y el plomo se presentaban a menudo unidos entre sí (y de hecho siempre se presenta una pequeña proporción de plata en un mineral principalmente de plomo) y se separan en un recipiente de arcilla o ceniza de huesos llamado copela, se sopla aire sobre la aleación fundida para oxidar el plomo el cual es espumado parcialmente y parcialmente absorbido por la copela, quedando la plata fundida en el fondo. El plomo puede recuperarse después. La plata se obtiene también por aleación con plomo y subsiguiente copelación. La plata y el oro también se presentan juntos dando lugar a una aleación plata/oro denominada electro. Sin embargo los mayores yacimientos de plata del mundo están en América Central y Sudamérica y fue la conquista española la que hizo que la plata estuviese libremente disponible en Europa.

En los tiempos modernos tanto el oro como la plata se alean intencionadamente para hacerlos menos blandos. El oro se alea con cobre o plata para hacer el oro rojo y el oro blanco respectivamente. La «finura» del oro se establece por el número de partes de oro en 24 partes de la aleación, así por ejemplo el oro de 18 quilates tiene 18 partes de oro en 24 de aleación. La plata esterlina normal ha sido de 92,5 % de plata ya desde alrededor de 1300 D.C., siendo cobre el restante 7,5 %. Una norma más alta, la norma Britania, fue obligatoria para las planchas de plata desde 1697 a 1720, para evitar que los plateros fundiesen monedas de plata, y es aún usada de vez en cuando. La plata tiene también importantes usos industriales; es el mejor conductor de la electricidad que se conoce y se utilizan cantidades considerables en fotografía.

Desde principios del siglo XIV ha sido obligatorio someter el oro y la plata ingleses a una Oficina de Ensayos para probarlos y marcarlos; en 1363 se añadió una marca de fabricante y en 1478 una letra indicativa de la fecha. Sin embargo las marcas de los fabricantes de antes de mediados del siglo XVII no son identificables debido a la pérdida de los registros en el Gran Incendio de Londres en 1666. Tanto la plata inglesa como la francesa de antes del fin del siglo XVII es rara. Mucha plata inglesa se fundió durante la Guerra Civil y la plata francesa lo fue para sostener las guerras de Luis XIV. Un librito barato que da todas las marcas de la Oficina de Ensayos y las letras de la fecha de la plata y el oro ingleses e irlandeses desde mitad del siglo XVI puede obtenerse de casi cualquier vendedor de plata antigua y en algunas librerías. También da las marcas de placas de Sheffield. La mayoría de los países tienen algún sistema de marcar el oro y la plata, pero ninguno es tan completo o tan sistemático como el inglés y la identificación de plata continental es una cuestión para especialistas.

Un jarrón roto de barro cocido azul y blanco de Staffordshire, Inglaterra, mostrando la separación clara entre la pasta porosa del cuerpo de la cerámica y el vidriado delgado.

En la jerga de vendedores y subastadores «plata (u oro) macizo» significa que el artículo está hecho totalmente de metal precioso, pero «chapeado» significa que está hecho de un metal base recubierto del metal precioso; corrientemente el artículo estará chapeado electrolíticamente. Sin embargo el chapeado de Sheffield está fabricado a partir de una chapa metálica consistente en un emparedado de cobre entre dos hojas de plata. El proceso fue inventado en 1742 por Thomas Bolsover en Sheffield; los metales se unían entre sí en caliente y luego se laminaban en forma de planchas. El diseño había de ser ingenioso para ocultar los bordes cortados donde el cobre podría verse. La fabricación de chapeado de Sheffield continuó hasta aproximadamente 1860. Las capas de plata eran mucho más delgadas que el núcleo de cobre, pero mucho más gruesas que en el caso de recubrimiento electrolítico. Si la plata se desgasta como puede suceder por mucha limpieza, se ve entonces el cobre a su través. Desde aproximadamente 1840 el núcleo puede ser de plata-níquel que es blanquecino, en lugar de cobre. Las marcas de los fabricantes de chapeado de Sheffield han de ser registradas en la Oficina de Ensayo de Sheffield y en consecuencia están registradas. El chapeado de Sheffield es apreciado por los coleccionistas.

En 1840 G. R. Elkington de Birmingham obtuvo una patente para el electrochapeado (chapeado electrolítico). En el chapeado electrolítico la plata u otro metal se deposita sobre un objeto terminado de metal base, por el contrario del método de chapeado de Sheffield en el que la fabricación se hace a partir de plancha chapeada.

En el chapeado electrolítico la capa de metal precioso puede ser, y a menudo lo es, extremadamente delgada, de manera que se desgasta muy rápidamente. El primitivo chapeado electrolítico se hace a veces sobre cobre, en cuyo caso hay una posibilidad de confusión con el chapeado Sheffield, pero corrientemente se hace sobre un metal blanquecino. También corrientemente está estampado con marcas vagamente parecidas a las marcas de plata. Una marca tal como «algo (indicación de la aleación) plate» será con seguridad electrochapeado. Marcas corrientes son EPNS y EPBM que significan electrochapeado sobre plata níquel y electrochapeado sobre Metal Britania, respectivamente. La plata níquel también conocida como plata alemana no tiene nada que ver con la plata sino que es una aleación de níquel, cobre y zinc. El metal Britania fue inventado en los 1790 y es una aleación de estaño, antimonio y cobre.

El cobre se encuentra también como metal libre en muchas partes del mundo. A menudo es muy puro y en masas grandes; es muy blando pero puede endurecerse por martillado para hacer herramientas. También fue el primer metal extraído de sus minerales en Oriente Medio alrededor de 4000 A.C. y probablemente fue también el primero en ser moldeado, alrededor de 500 años más tarde. Desde entonces fue utilizado durante toda la historia para hacer una amplia serie de adornos y utensilios domésticos. Como es ligeramente venenoso cuando está en contacto con algunos alimentos, la superficie interior de los recipientes de cocina de cobre se recubren corrientemente con una capa de estaño. Los recipientes de cobre modernos pueden diferenciarse de los antiguos por el hecho de que están construidos con plancha laminada a máquina de espesor uniforme, mientras que los antiguos caldereros de cobre siempre hacían el fondo más grueso que el resto. La uniformidad de las señales de los martillazos son signo también de fabricación moderna. El cobre se usa también extensamente en la industria y es el segundo mejor conductor de la electricidad, después de la plata.

El cobre es el principal constituyente de muchas aleaciones útiles, la más antigua de las cuales es el bronce, una aleación de cobre y estaño, probablemente producida al principio por accidente a partir de un mineral mezclado. El bronce fue conocido en Sumeria hacia el 3000 A.C. Pronto se descubrió que el bronce más útil generalmente contenía de un 10 a 12 % de estaño. Con el paso del tiempo distintas fórmulas de bronce han ampliado extensamente el campo de sus usos, animados por sus propiedades de adecuación para el moldeo y su dureza, resistencia, sonoridad, brillantez, color y pátina. Recipientes de bronce fueron decorados con esmaltes alveolados por los griegos y etruscos tan tempranamente como en 300 A.C. En este arte, que aún se sigue practicando, se tallan o funden huecos en el bronce y se rellenan con esmaltes coloreados para producir una superficie lisa.

La otra aleación principal de cobre es el latón, que es una aleación con zinc. También éste probablemente se descubrió por accidente durante la fabricación de bronce por una fusión no intencionada de minerales de cobre y zinc mezclados presentes en la naturaleza. Apareció alrededor del 1000 A.C. pero su utilidad no fue apreciada hasta que los romanos lo utilizaron para acuñar monedas. En cierto modo esto pudo ser debido al hecho de que el zinc metal no fue conocido hasta ser aislado por Paracelso en el siglo XVI; entre tanto no era mas que una impureza desconocida de los minerales. Hasta principios del siglo XIX no se descubrió una manera económicamente comercial de extraerlo. Los principales yacimientos de zinc en Europa estaban en Dinant, en Bélgica, por lo que desde la Edad Media la cacharrería de latón era conocida como «dinanderie» y la mayoría de los objetos de latón ingleses se hicieron de latón importado hasta los últimos 1700. Algunos se hicieron con hojas hechas por martillado. Los objetos ornamentales antiguos se coleccionan mucho actualmente. El latón fue colado con más frecuencia que el cobre y a menudo objetos tales como candelabros se hacían en partes unidas por roscas. En el caso de trabajos antiguos éstas están claramente hechas a mano. El latón inglés se perfeccionó mucho después de 1781, cuando James Emerson patentó un latón de color oro. Otros productos de latón fueron el latón dorado, fundido en herrajes y aplicaciones para muebles, relojes, etc., en los siglos XVIII y XIX y dorado con oro puro y el «pinchbeck», llamado así por su inventor del siglo XVIII, que era un latón dorado del que se decía resistir al ennegrecimiento y se usaba en bisutería barata en la que imitaba al oro.

El hierro no se encuentra en estado libre en la naturaleza excepto en pequeñas cantidades procedentes de meteoritos y la fusión de minerales de hierro data de aproximadamente 1300 A.C. Parece que fueron los hititas, que habitaban una región al sur del Mar Negro, quienes lograron la reducción de los óxidos de hierro, fundiendo el mineral con carbón de leña. El resultado era una masa esponjosa que había que calentar y martillar repetidamente para formar el hierro forjado. La dureza del hierro depende de su contenido en carbono. Esta es baja en el hierro forjado que es, en consecuencia, aunque maleable y dúctil, demasiado blando para armas y herramientas; sin embargo puede endurecerse por calentamiento prolongado en carbón de leña. A partir del siglo VI D.C., Inglaterra se convirtió en una región importante en la producción de hierro, ya que los minerales de hierrro eran muy abundantes. La industria experimentó una mayor y repentina expansión después de la invención, alrededor de 1700 por Abraham Darby, de un método de fundir utilizando coque de hulla en lugar de carbón de leña.

En la práctica moderna el mineral se reduce con coque en los altos hornos y el hierro fundido sale por canales y se solidifica en forma de lingotes, que pueden volverse a fundir para hacer objetos de hierro fundido o fundición. En estos sin embargo el carbón no está disuelto o uniformemente repartido, sino en forma de inclusiones separadas de forma irregular, lo que hace al hierro fundido muy frágil. Como consecuencia las estructuras de hierro fundido de los siglos XVIII y XIX, tales como bastidores de maquinaria, puentes y vigas, tenían que ser muy masivas. Hasta 1946 no se descubrió que la adición de magnesio al hierro hacia que las inclusiones del carbono tomasen la forma esférica, mejorando las propiedades físicas del hierro.

Por consiguiente fue un gran avance la introducción, a mediados del siglo pasado, del procedimiento Bessemer para fabricar acero. En este proceso se insufla aire en el hierro en fusión para oxidar el carbono y luego se añade una cantidad correcta de una aleación de hierro, manganeso y carbono para producir el acero de la calidad requerida.

El hierro forjado, sin embargo, tiene propiedades que no posee el acero. Es extremadamente resistente a la corrosión y puede soldarse por calentamiento y martillado (forja). Artesanos hábiles pudieron hacer hermosas rejas para puertas y barandas para escaleras y balcones y otros trabajos ornamentales. En la actualidad ya no se produce comercialmente hierro forjado en Inglaterra y hay pocos artesanos de la forja, por lo que la producción de nuevas obras de hierro forjado y la reparación de las antiguas es prohibitivamente cara. Las puertas de «hierro forjado» ofrecidas comercialmente están hechas de tiras de acero suave unidas por soldadura a gas o eléctrica.

El estaño es un metal de color blanco de plata resistente a la corrosión, que puede tomar un brillo elevado y con él se hicieron cacharros domésticos desde el siglo XVI al XIX. Los trabajadores de estaño eran controlados por la Pewterers' Company y hacia el 1800 eran más numerosos que los alfareros, pues el peltre estaba reemplazando al barro cocido, más barato, para usos domésticos. Los artículos de estaño están a veces marcados «English Block Tin». La hojalata es una chapa de hierro o acero sumergida en estaño fundido para recubrirla con una fina capa de estaño. Ha tenido demanda desde la invención del enlatado de alimentos a finales del siglo XVIII, aunque los romanos fueron los primeros de forrar recipientes para alimentos con estaño.

El peltre es una aleación principalmente de estaño pero su composición es bastante indeterminada; los aditivos pueden ser el bismuto, el antimonio y el cobre. Los peltreros han estado organizados en gremios en Inglaterra y Francia desde el tiempo de los sajones, pero el peltre hecho antes del siglo XVII es muy raro. Es extremadamente blando y pronto se dañaba o desgastaba y era costumbre fundirlo y rehacerlo por peltreros itinerantes. La «Pewterers' Company» se estableció en 1348 y tenía reglas estrictas en relación a la composición de las diferentes calidades de artículos. En muchos articulos se estamparon marcas de fábrica, tanto en Inglaterra como en el continente, pero no había marcas de ensayo y no tenían refrendo legal y en consecuencia no estaban sistemáticamente registradas. Una moda victoriana posterior del peltre se tradujo en gran cantidad de trabajo moderno, incluyendo muchas reproducciones y falsificaciones descaradas.

Limpieza del hierro y el estaño

El peor enemigo del hierro es el óxido o herrumbre que con el tiempo puede destruir completamente una pieza grande e incluso después de un corto tiempo puede dejar la superficie picada y escamosa. Por lo tanto la primera y más importante tarea es deshacerse de cualquier traza de óxido. Aunque el jabón y el agua pueden hacer esto es mejor utilizar una de las mezclas comerciales de desoxidante basadas en ácido fosfórico, habiendo primero probado de que no corroe el metal debajo del óxido. Siga siempre muy cuidadosamente las instrucciones del fabricante. También se necesitará un cepillo de alambre, lana de acero, papel abrasivo y cera de silicona; son acabados optativos el litargirio y las pinturas.

El estaño puede limpiarse de la misma manera que el hierro. Sin embargo es mucho más delgado y ligero que el hierro, así que utilice los cepillos de alambre cuidadosamente y no utilice papeles abrasivos gruesos. Si el estaño ha sido pintado exteriormente y la mayoría de la pintura ha desaparecido quite el resto con papel abrasivo fino. Si, al contrario, quedan restos de motivos pintados a mano, vea los pasos 1-3, página 74, como notas para su restauración.

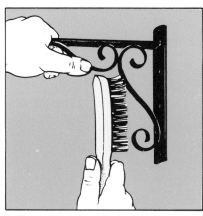

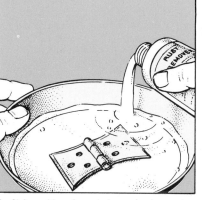

1. Para quitar todos los depósitos de suciedad suelta o herrumbre escamosa, cepille los rincones y hendiduras con un cepillo de alambre y las superficies planas con almohadillas de lana de acero fina o papel abrasivo de caborúndum.

2. Si hay sitios demasiado profundos o demasiado curvados para alcanzarlos con el cepillo utilice un desoxidante fosfórico tal como el Genolite y siga las instrucciones del fabricante para los objetos pequeños. Si el objeto tiene unas superficies grabadas que pueden dañarse por frotado, póngalo en un recipiente de plástico y cúbralo con desoxidante. Algunos quitaóxidos pueden atacar la superficie del metal; por ello compruebe primero si es seguro usarlo sobre el objeto a limpiar.

3. Después de completamente limpia la pieza enjuáguela con agua limpia. Seque inmediatamente, porque si la pieza permanece húmeda o se expone al aire húmedo, incluso durante un corto tiempo, el óxido puede volver a formarse otra vez. Es especialmente importante tener esto en mente cuando utilice utensilios de hierro para cocinar.

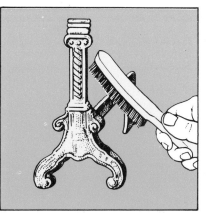

Acabado del hierro
4. Cuando el objeto está completamente libre de óxido y se han hecho todas las reparaciones necesarias (ver pasos 1-3, página 168), el hierro está dispuesto para su acabado. Si el objeto ha de ser manejado frecuentemente abrillántelo con un poco de cera de silicona para mobiliario o una cera especial para conservación. Haga esto regularmente para mantener la pieza con buena apariencia.

5. Los morillos, atizadores y tenazas que se mantienen en un hogar y que se usan regularmente rara vez se oxidan, pero pueden acumular capas de hollín y cenizas. Para quitar éstas cepíllelos regularmente con un cepillo de alambre o con lana de acero gruesa. Lo mejor es dejarlos con su acabado natural, aunque pueden ser ennegrecidos con una mezcla comercial de litargirio, que también es excelente para todos los objetos de hierro que se mantengan en el interior. No utilice nunca pinturas corrientes sobre ningún equipo de hogar-chimenea o cocina; utilice pinturas hechas especialmente para objetos de hierro.

6. Otros objetos, como por ejemplo cerraduras y llaves, pueden pintarse de blanco o negro tradicionales, realzándolos a veces con un poco de pintura dorada de alta calidad. Quite primero todo el óxido, lave, seque y pinte con una o dos capas de una imprimación anticorrosion para el acero, la cual es corrientemente de color de óxido rojo. Luego pinte con dos o tres capas de recubrimiento. Asegúrese de aplicar la pintura delgadamente o de lo contrario se acumulará en las curvas decorativas y hará que el diseño parezca grueso y chapucero.

Limpieza del cobre, latón, peltre y bronce

A menudo el cobre adquiere una agradable pátina con los años de abrillantado, por ello no la destruya utilizando abrasivos cortantes. La lámina de cobre fue a menudo usada para placas murales, candelabros etc., y decorada con trabajo de repujado martilleado desde detrás. Este puede fácilmente indentarse por una presión excesiva con la lana de acero o el cepillo. Recuerde que determinados alimentos afectan al cobre, de manera que algo del metal puede disolverse y envenenar el contenido. Todos los utensilios de cocina hechos de cobre deben por lo tanto estar forrados con estaño.

Para limpiar el cobre reúna las siguientes herramientas y suministros: limpiador comercial para cobre (o puede hacerse el suyo propio partiendo de óxido de hierro, pómez y ácido oleico), cepillo de uñas, cepillos de dientes, brocha de afeitar y laca para metales (opcional).

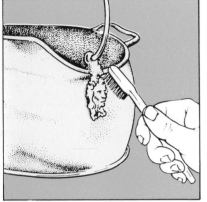

1. El cobre no se herrumbra, pero se vuelve verde con un depósito llamado cardenillo. Para quitarlo use un limpiador comercial, aplicado con un cepillo de uñas o de dientes de cerdas naturales. No utilice nunca lana de acero o nylon pues éstos pueden rayar el cobre. Para lugares no fuertemente afectados por el cardenillo utilice una mezcla limpiadora comercial para cobre.

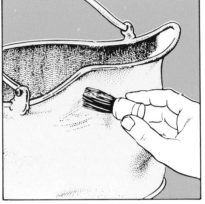

2. También es posible hacer un limpiador para cobre eficaz en casa. Tome 30 gramos de óxido de hierro, 85 gramos de piedra pómez molida (polvo pómez) y añada gradualmente suficiente ácido oleico para formar una pasta. Aplique ésta al cobre con una almohadilla de tela de algodón blanda o una brocha de afeitar, teniendo cuidado de no rayar la superficie. Enjúguelo con un trapo seco limpio.

3. El cobre puede también laquearse con una laca especial para metales transparente brillante. Esta evita el empañamiento pero sólo puede usarse en artículos que no se utilizan para preparar o cocinar alimentos.

Latón

4. Aunque el latón antiguo tiene a menudo un brillo oscuro, puede también ensuciarse o empañarse. A veces, también, si se ha barnizado una pieza, el barniz antiguo puede desgastarse dejando una película mate sobre le pieza. Quite esta película con un algodón humedecido con acetona y luego lave la pieza cuidadosamente con jabón neutro y agua o agua y amoníaco doméstico.

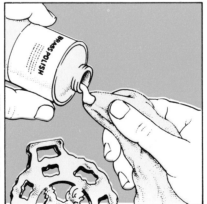

5. Una vez se haya quitado la película se verá cualquier corrosión de debajo y puede quitarse frotando fuertemente con un pulimento para latón comercial. Las piezas fuertemente empañadas necesitarán un verdadero esfuerzo.

6. Si una pieza pequeña está malamente corroída póngala en un recipiente de agua conteniendo una taza de vinagre blanco y una cucharada colmada de sal. Llévela a la ebullición y hiérvala durante varias horas, cuanto más sucia esté la pieza más tiempo necesitará, recordando rellenar el agua de vez en cuando. Este tratamiento no es adecuado para piezas con incrustaciones delicadas o que tengan incorporados otros materiales.

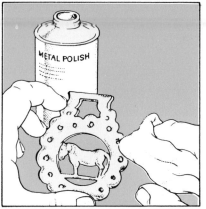

Bronce

El bronce, ocupándose de él con cuidado, envejece hermosamente, adquiriendo una pátina radiante y profunda. También es posible lograr este efecto intencionadamente por un proceso llamado patinado, por lo que una buena pátina no es siempre un indicador seguro de la antigüedad del objeto de bronce. Pero la pátina, tanto si es resultado del tiempo o artificial, nunca debe quitarse. Limpie el objeto con agua y jabón, aclare bien y seque completamente con un trapo blando.

Peltre

Como el cobre el peltre no se herrumbra y el peltre antiguo tiene una agradable pátina gris plomo. No trate de quitarla pues esto reducirá inmediatamente el valor de la pieza. En vez de ello limite la limpieza a lavarlo con jabón y agua y una brocha blanda. El peltre moderno que no contiene plomo y es de apariencia plateada puede limpiarse con pulimento para plata.

7. La manera mejor y más fácil de pulir el latón es utilizar un buen pulimento para metales, siguiendo cuidadosamente las instrucciones del fabricante. Deje las entallas más oscuras pues contrastan bien con el destello de las partes pulidas. Después de pulir la pieza dele un lavado final con agua y jabón para quitar cualquier depósito de ácido. Luego púlalo con un trapo blando limpio y seco.

8. El latón que no se utiliza para cocinar o cerca del fuego debe protegerse con laca transparente para metales. Esta se presenta tanto en líquido como en spray. Cuando la aplique tenga cuidado de que la laca no se acumule en depósitos gruesos y feos.

Las piezas grandes tales como camas y lámparas es mejor que sean laqueadas profesionalmente. Es extremadamente difícil lograr una capa delgada uniforme sobre toda una pieza grande. El latón laqueado mantendrá su brillante apariencia desempolvándolo regularmente y lavándolo de vez en cuando con agua caliente y espuma de jabón neutro.

Limpieza del latón dorado

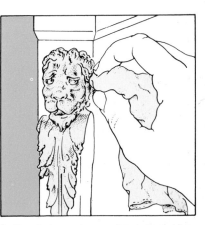

1. El primer paso cuando limpie latón dorado es quitar todo rastro de barniz o laca viejos con algodón o trapo retorcido, con acetona. Esto corrientemente apaga la superficie considerablemente, pero no afectará a la apariencia final. Cuando limpie jarrones o lámparas de porcelana montadas en latón dorado, tenga cuidado de no introducir acetona en las juntas, porque a menudo éstas están reforzadas con pegamentos solubles en acetona.

2. Luego cepille con agua y jabón o agua y un poco de amoníaco. El latón dorado debe cepillarse porque la suciedad se acumula fácilmente en las superficies altamente texturadas; pero use siempre un cepillo de uñas o de dientes de cerdas naturales, pues el nylon raya demasiado.

3. Cuando hayan desaparecido todas las trazas de suciedad aclare y seque por completo con un trapo limpio, seco y sin hilachas. El pulido no es aconsejable; simplemente abrillantará las sombras y hará ásperas las superficies que dan al latón dorado su apariencia característica.

Limpieza de plata y cromo

La plata vieja o descuidada adquiere un empañamiento grueso y feo que puede quitarse difícilmente. Pero la paciencia, un buen limpiador de plata comercial basado en ácido tioglicólico y un cepillo para plata podrá, finalmente, funcionar per-fectamente. El método de limpieza que se da a continuación también funciona bien para el recubrimiento de plata y el Metal Britania.

1. Leve delicadamente la plata en agua jabo-nosa muy caliente. Luego aclare por completo en agua caliente limpia. Seque con un trapo caliente.

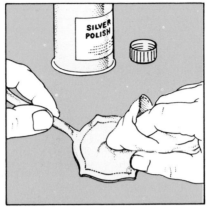

2. Aplique el pulimento, un poco cada vez, con un trapo. Frote bastante firmemente hacia delante y atrás, no en círculo.

3. Utilice un pincel especial para plata para llegar a los lugares que no son accesibles de otra manera. Pero recuerde que muchos dise-ños están destinados a tener algún empaña-miento en los rebajes y sirven de sombras de contraste para las zonas pulidas más brillan-tes.

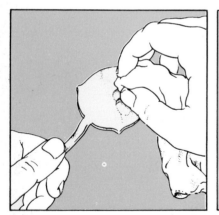

4. Frote con un trapo limpio para quitar todos los restos de pulimento. La plata debe estar ahora limpia y brillante. Lávela de nuevo y sé-quela bien.

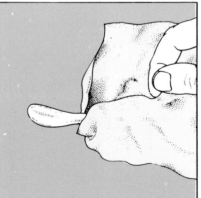

5. La plata responde a ser usada, por ello si es posible no la deje encerrada. Si la ha de guardar envuélvala en uno de los paños he-chos por los fabricantes de productos para el cuidado de la plata; están especialmente di-señados para envolver la plata cuando se guar-da.

Cromo

El cromado es fácil de limpiar con un trapo húmedo. Siga esto por un frotado vivo con un trapo seco. No utilice nunca ninguna clase de abrasivo que marcará el acabado de forma in-deleble. Si el cromado está muy sucio utilice agua y jabón, o bien una pequeña cantidad de líquido suave o crema para pulir plata sobre los parches especialmente sucios. Nunca deje sal sobre el cromado pues lo corroerá muy fuertemente, y el único tratamiento para el cro-mo fuertemente rayado es volverlo a cromar profesionalmente.

Reparación de trabajos en metal

La regla de oro que hay que seguir cuando se enfrente a la reparación de cualquier artículo de metal es llevarlo a un especialista para que le aconseje, antes de hacer nada usted mismo. Si la pieza es antigua y valiosa una reparación mal aconsejada reducirá su valor sustancialmente de forma inmediata.

Si la pieza tiene sólo un valor sentimental y no vale la pena gastarse en la reparación profesional, compre algunas piezas de verdadera chatarra vieja y practique la reparación de éstas antes de comenzar sobre una antigüedad preferida.

La soldadura es un medio bastante sencillo de reparar objetos de metal. Es una manera de unir o juntar dos piezas de metal o reparar pequeños agujeros o aberturas. Practique sobre piezas de metal de desecho o piezas dañadas sin valor, para aprender cuánta soldadura se necesita y el tiempo de calentamiento que debe aplicarse.

La soldadura se presenta en tres grados: blanda, media y dura. La soldadura blanda funde a la temperatura más baja y proporciona una buena unión, pero no es especialmente fuerte. La media es ligeramente más fuerte y funde a una temperatura más alta. La soldadura dura funde a la temperatura más alta y es también la más fuerte. Los tres grados están principalmente destinados a posibilitar con éxito las soldaduras sucesivas de una pieza única sin fundir la unión anterior. En tales casos comience con la soldadura dura, haga la siguiente unión con la media y finalmente con la blanda.

En conjunción con la soldadura se usa fundente. Evita la formación de óxidos al calentar y ayuda a que la soldadura se funda más fácilmente. Se pinta sobre la unión antes de soldar.

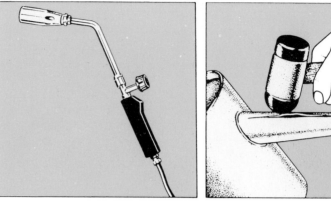

1. Lo mejor es utilizar un soplete de propano, que es suficientemente pequeño para manejarse con facilidad, tanto para hacer con él más fácil el trabajo como para evitar dañar las zonas de alrededor. No utilice nunca un soplete con líquidos inflamables o tela cerca de él. Tenga a mano un pequeño extintor para el caso de accidentes.

El tipo de soldadura y fundente utilizados varía según los diferentes tipos de metal. Para la plata, latón, cobre, níquel y acero inoxidable utilice soldadura de plata y un fundente tal como el Easiflo; para el oro utilice soldadura de oro y un fundente como para la plata y para el hierro fundido utilice varillas especiales de soldadura de latón y un fundente para la misma.

2. Antes de comenzar la soldadura es esencial preparar la pieza adecuadamente. Límpiela totalmente siguiendo las instrucciones para los distintos metales dadas en las páginas 164-6. Alise cualquier indentación como se describe en los pasos 1-2 de la página 160. Si la reparación se hace en una costura que se ha abierto martillee suavemente los lados hacia abajo hasta que descansen planos entre sí.

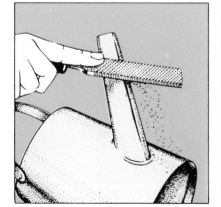

3. Frote los bordes a soldar ligeramente con una lima o papel abrasivo para dar agarre a la soldadura.

4. Pinte la costura con fundente recubriendo toda la zona que se ha de soldar.

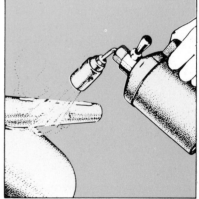

5. Ponga varios trocitos pequeños de soldadura sobre la costura y aplique la llama, calentando primero toda la pieza y moviéndola luego de aquí para allá a lo largo de la costura. Cuando la soldadura se funde correrá hacia la llama, una característica que, con experiencia, puede usarse para animar a la soldadura fluida a extenderse uniformemente a lo largo de toda la unión.

Reparación de hierro y latón

El hierro forjado se corroe más fácilmente que el hierro fundido. El metal fue trabajado muy caliente por lo que es bastante maleable y relativamente fácil de reparar. Pero incluso así es mejor acudir a un taller que se especialice en la restauración. El hierro forjado antiguo se hizo con herramientas sencillas y en un fuego abierto, por lo que los modernos sopletes de acetileno y arcos eléctricos para soldarlo y remacharlo dejan diferentes señales sobre el metal. No deben utilizarse, por

lo tanto, sobre ningún hierro forjado viejo o nuevo que haya sido trabajado de la manera tradicional. Antes de hacer cualquier reparación quite todas las trazas de herrumbre para asegurarse de que el metal es suficientemente fuerte para ser reparado. Si no es así toda la pieza debe quitarse y reemplazarse; una tarea para el experto. El latón es una aleación muy dura y por ello difícil de reparar para el aficionado. Hay fundiciones especializadas en la reparación de latón.

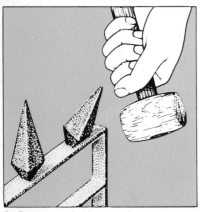

1. En casa pueden hacerse algunas pocas reparaciones sobre objetos de hierro. Por ejemplo los pinchos y adornos que han sido empujados fuera de su posición pueden martillarse suavemente para volverlos a su lugar.

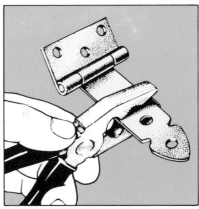

2. Cuando trabaje sobre piezas pequeñas o delicadas es mejor sostenerlas en un tornillo o con unos alicates. Si esto se hace, es más fácil mantener la pieza en su sitio.

3. Uno de los problemas más corrientes con los objetos de hierro son las llaves atascadas en la cerradura. Esto es especialmente corriente en antiguas cajas de madera rodeadas de tiras de hierro y cerradas con cerraduras y llaves masivas. Cuando esto suceda no trate nunca de forzar la llave. En vez de ello ponga algún aceite suavizador en el ojo de la cerradura. Espere según indiquen las instrucciones y luego trate de dar vuelta a la llave. Si parece moverse un poco ponga algo más de aceite y espere y así sucesivamente. Finalmente la llave se moverá. Cualquier problema más serio debe tratarlo un experto en cerraduras antiguas.

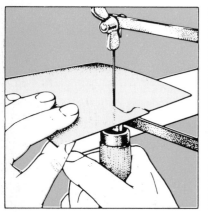

4. Para reemplazar trocitos rotos de trabajo de Boulle u otras incrustaciones de latón de dibujo sencillo obtenga plancha de latón cortada para encajar o recórtela a su forma con una sierra de calar.

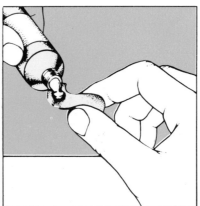

5. Alise los bordes con papel abrasivo. Púlalo con pulimento de latón y encólelo en su sitio con un pegamento de uso general. Esto exige cuidado, pues las superficies a encolar son a menudo pequeñas, así que no aplique demasiado pegamento para empezar. Es más fácil añadir un poco más que limpiar después de aplicar demasiado.

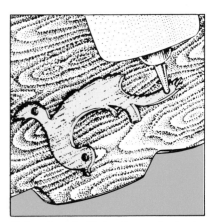

6. Las piezas de dibujo más complicado y las piezas grandes se sostienen a menudo con tornillos de latón delgados. Si los tornillos se han aflojado ponga pegamento en los agujeros de los tornillos y vuelva a introducirlos.

Reparación de cobre y peltre

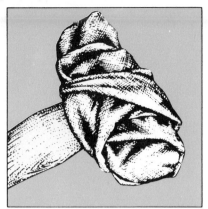

1. Los objetos antiguos de cobre y peltre están a menudo fuertemente indentados. Para repararlos se necesita algún tipo de soporte de forma apropiadamente redondeada. Es posible comprar una estampa de platero de madera dura, pero esto sólo es sensato si se han de hacer muchas reparaciones. De lo contrario obtenga un taco de cualquier madera dura de unos 30 centímetros de largo y de 15 a 25 centímetros en cuadro de sección. Tornee un extremo y cepille los cantos para hacer un pilar redondeado. Para dar mayor firmeza atorníllelo sobre el tablero de una mesa vieja. Para objetos pequeños sería buena una pieza más pequeña de unos 7,5 centímetros en cuadro.

2. Deslice la pieza a reparar sobre una pieza de madera redondeada, sosteniéndola de manera que la parte indentada o dañada se apoye arriba. Con un martillo de bola o de caras blandas golpee la pieza repetidamente con golpes muy ligeros, trabajando gradualmente el metal hacia su forma original. Utilice muchos golpes ligeros, no unos pocos fuertes. Siempre es una ayuda si la pieza se ha calentado primero. Para evitar dañar la superficie de la pieza envuelva tiras de trapos de algodón alrededor de la cabeza del martillo.

3. Los agujeros en marmitas y ollas pueden parchearse con tarugos de metal que se dilatan cuando se calientan para hacer un sellado impermeable. Desgraciadamente nunca tendrán el color a juego con la pieza original, por esto otra vez es mejor hacer la reparación por un profesional.

Reparación de plata y chapeado de plata

La plata es un metal blando y maleable y así responde a todas las técnicas de trabajo de los metales. Sin embargo es un metal precioso y los buenos objetos de plata son valiosos y realmente deben repararse por un platero. Las reparaciones caseras deben limitarse a enderezar cuidadosamente un pie, florones y otras partes no visibles. Utilice mazas de madera, martillo y estampas hechas especialmente para este trabajo y no maneje nunca el material toscamente.

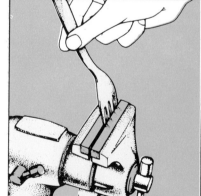

1. Las estampas de madera (ver paso 1, arriba) son de gran ayuda para los caños y costados indentados. Si caños muy delgados, tales como los de teteras y cafeteras están indentados, un trozo de clavija o incluso un lápiz puede introducirse para actuar como un cojín para el martillado. Mueva la plata continuamente mientras la martillea de manera que cada golpe esté en una zona ligeramente distinta. Compruebe frecuentemente para asegurarse de que no se distorsiona la forma básica.

2. Los cacillos de las cucharas pueden volverse a su forma martillándolos muy suavemente, utilice otra vez una estampa de madera redondeada.

3. La manera más fácil de enderezar los tenedores es colocar el extremo de las púas en un tornillo. Ciérrelo luego suavemente hasta que las púas estén completamente alineadas.

Reparación de plata y chapeado de plata. Continuación

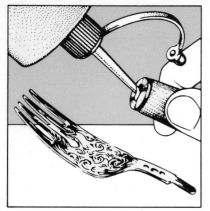

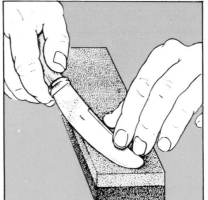

4. Los mangos que saltan de los cuchillos y tenedores pueden soldarse generalmente, pero recuerde que la plata fundida, como el hierro fundido, es más frágil que el metal forjado. Los pegamentos de resina epoxi de pegado instantáneo son útiles cuando un cuchillo o tenedor se ha salido de un mango hecho de un material diferente. Ponga el pegamento en la base del mango y reintroduzca la cola de la otra parte en él. Las cucharas deben enderezarse muy cuidadosamente, si se han doblado antes el metal será muy débil en la parte doblada.

5. Los cuchillos con mango de plata tienen a menudo hojas de acero. Estas y otras hojas de cuchillos de acero pueden afilarse frotándolas a un ángulo constante sobre una piedra de aceite que ha sido lubrificada con una gota de aceite. Esto no debe intentarse, sin embargo, con las hojas de plata de los cuchillos.

6. El chapeado de plata y el chapeado Sheffield deben tratarse exactamente de la misma manera que la plata, excepto que las reparaciones son más difíciles porque el metal base puede verse a través de una mala unión. Si la superficie de plata de objetos chapeados se ha desgastado hágalos volver a platear profesionalmente por un artesano empleando el método electrolítico. Nunca haga volver a platear un chapeado Sheffield porque puede arruinar tanto su pátina como su valor.

Restauración de mobiliario metálico

Si tiene en el jardín un banco victoriano de hierro fundido o una silla tubular de líneas austeras formada por tubo de acero en los 1930, el problema de quitar el óxido y restaurar el acabado pintado es el mismo. Los pasos siguientes dan por sentado que la pieza está en buenas condiciones sin que le falten piezas o cuelguen sueltas. En este último caso lleve el artículo a un restaurador de metales, quien utilizará un proceso de soldadura para hacer piezas nuevas; las reparaciones de este tipo no deben ser intentadas por un aficionado que, inadvertidamente, puede reducir el valor de la pieza.

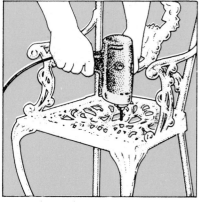

1. Si simplemente se necesita unir dos piezas utilice un taladro de mano o eléctrico equipado con una broca adecuada para metal. Si la broca tiene tendencia a sobrecalentarse lubrifíquela y enfríela con unas cuantas gotas de aceite. Utilice un remache para unir las piezas.

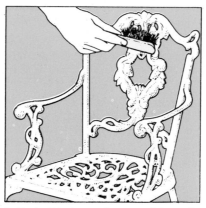

2. Si el objeto ha estado en condiciones de humedad puede mostrar signos de herrumbre. Para quitar las partículas sueltas utilice un cepillo de alambre rígido, teniendo cuidado especial en los rincones y entallas; es muy importante que se quite todo el óxido. Si la herumbre es muy fuerte despréndala utilizando un cuchillo viejo embotado o un cincel, luego trátelo con aceite de parafina como se indica a continuación.

3. Para quitar el óxido rebelde aplique un desoxidante comercial o ablande el óxido aplicando aceite de parafina con un paño. Empape la zona con el aceite de parafina durante unos días si es posible. Cuando esté completamente limpio, frote el objeto con papel de esmeril o polvo de esmeril para proporcionar un agarre a la imprimación.

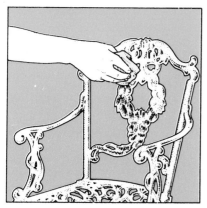

4. Si al objeto se le ha aplicado un desoxidante e intenta guardarlo sin pintar, será necesario sellar el metal. Selle la superficie contra la acción del oxígeno del aire cubriendo el objeto con un pulimento de metales comercial, una aplicación gruesa de vaselina o aceite mineral (para artículos que hayan de utilizarse en el interior) o haga un pulimento de la manera siguiente: mezcle 57 gramos de trípoli, 28 gramos de jabón blando y suficiente ácido oxálico para hacer una pasta espesa. Aplique tres capas, dejando secar el pulimento durante 24 horas entre cada capa.

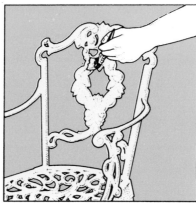

5. Después de quitar todas las trazas de óxido pinte todo el objeto con una pintura antióxido. Esta se presenta corrientemente de un color rojo oscuro, pero es aceptable también una imprimación universal blanca. La aplicación en aerosol no es recomendable pues se desperdicia mucho durante la aplicación. Si aplica el antióxido con una brocha asegúrese de llegar a todos los rincones y hendiduras y no sobrecargar la brocha.

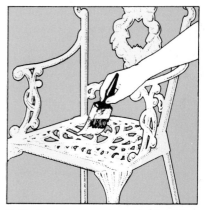

6. Finalmente aplique dos capas de pintura brillante destinada a usarse sobre la pintura antióxido y formulada especialmente para usar en el exterior para proporcionar protección máxima. Lije entre las capas con papel de esmeril y quite el polvo completamente antes de aplicar la capa siguiente.

JOYERIA

Desde los tiempos antiguos, ya incluso en las sociedades más primitivas, los seres humanos se han adornado con «joyería» en el sentido de usar objetos decorativos que no sirven a ninguna finalidad utilitaria aparente. El deseo de hacer y llevar joyería surge por muchos motivos: creencias supersticiosas en los poderes de protección mágicos de un talismán, identificación con un credo religioso, la decoración del cuerpo para realzar su atractivo sexual, la demostración de riqueza o poder o sencillamente un impulso creativo innato de explotar la belleza de los materiales naturales.

La historia de la joyería es principalmente la historia del desarrollo de las técnicas dictadas por las propiedades especiales de las materias primas disponibles. Las destrezas de los aurífices y plateros, tallistas de gemas, lapidarios y esmaltadores ha existido y permanecido casi sin cambios durante miles de años. Solamente los últimos cien años aproximadamente los procesos mecánicos han reemplazado el trabajo a mano tradicional en gran medida, e incluso en la actualidad mucha de la joyería más fina es aún o bien hecha a mano totalmente por artesanos individuales o terminada a mano con un grado de perfección que las máquinas todavía no pueden lograr.

El mayor cambio en la apariencia de la joyería entre el Renacimiento y el final del siglo XVII fue la manera en que se montaron y mostraron las piedras preciosas. El trabajo del oro y el esmalte dominaron el diseño de la joyería del Renacimiento, pero con los viajes de descubrimiento y la expansión del comercio con países lejanos en los siglos XVI y XVII comenzaron a llegar a Europa piedras preciosas en cantidades crecientes. Encarados con el desafío de presentarlas con su mejor aspecto, los joyeros desarrollaron crecientemente técnicas complicadas de talla y montaje. Durante el siglo XVII se desarrolló la talla en rosa; éste fue uno de los primeros estilos de la talla facetada en el que la base es plana y la superficie de encima facetada. La norma fue primero de 16, luego 24 y finalmente 36 facetas. Esta fue superada por la talla en brillante con 33 facetas por encima de la «cintura» de la piedra y 25 debajo; ésta es aún la talla más ampliamente utilizada. Inicialmente las piedras de respaldo plano se montaron contra una hoja metálica para reflejar la luz pero, con el desarrollo del tallado en brillante, se redujeron los montajes para exponer la máxima superficie de la piedra y se utilizaron respaldos abiertos para obtener brillantes efectos de la luz refractada en la piedra.

Durante el siglo XVIII el estilo y calidad de la joyería de moda fue establecido por la corte francesa. Los estilos populares seguían las modas del vestir más que el gusto corriente de otros campos artísticos, a menudo reflejaban toques decorativos originalmente ejecutados en otros materiales, tales como lazos, cintas y encajes. Los trabajos más finos utilizando piedras preciosas tales como diamantes, zafiros, rubíes y perlas sólo eran accesibles a los patrones más ricos, pero su influencia alcanzaba a un público más amplio estimulando la demanda de joyería menos cara entre las clases medias. El siglo XVIII vio la creación de lo que actualmente se conoce como bisutería: se hicieron collares, broches y pendientes de cristal y pasta muy atractivos y actualmente muy apreciados por su habilidad artesana y usabilidad más que por su valor intrínseco.

Otras piedras semipreciosas tales como el granate, amatista, topacio, citrinas y ópalos, aumentaron de popularidad a partir de comienzos del siglo XIX y hubo un resurgir de interés en las piedras duras, jaspe, ágata, cornalina y otras, bien fuese simplemente pulidas y montadas en oro o talladas o grabadas como camafeos o entallados. Acero fino y marquesita, filigrana, perlitas y trabajo fino de hierro forjado o fundido de Berlín, fueron otros materiales populares utilizados a mediados del siglo. El azabache, que actualmente parece especialmente típico del período victoriano, se puso extremadamente de moda después que la reina Victoria adoptase el luto por la muerte del príncipe Alberto en 1861. La revolución industrial llevó a cabo grandes cambios en los procesos de fabricación e hizo posible la producción en masa de bisutería barata de materiales de bajo precio, tales como el «pinchbeck» (una aleación de cobre y zinc) y el oro laminado (una delgada hoja de oro fundida al metal base y laminada o estirada en plancha o alambre).

Los resurgimientos históricos fueron otra influencia importante sobre el diseño de joyería victoriana. Los estilos arqueológicos, medieval y renacimiento fueron muy populares y considerados por los escritores sobre estética ser una alternativa preferible a las demostraciones vulgares de riqueza de los nuevos ricos, a quienes consideraban estar solamente interesados por el valor de la joyería que adquirían. La búsqueda de estilos más interesantes y menos ostentosos animaron a los artistas relacionados con el movimiento Arts and Crafs de Inglaterra y el estilo Art Nouveau en Francia a producir algunas piezas bellas, elegantes y delicadas.

En los Estados Unidos prevalecieron las influencias inglesas durante el siglo XVIII, pero la Revolución Francesa produjo una reacción en favor de todas las cosas francesas y hubo pocas innovaciones nativas. La famosa firma francesa Bucheron suministraba a muchos clientes americanos ricos y su joyería se vendió en el almacén de Nueva York abierto en 1837 por Charles Lewis Tiffany aunque durante gran parte del siglo prevaleció una actitud algo puritana hacia el gasto de grandes sumas de dinero en el arreglo personal. Sin embargo hacia el final del siglo con la creciente prosperidad la situación cambió tan espectacularmente que los ricos industriales y empresarios americanos se convirtieron en los principales clientes de las casas de joyería europeas famosas. Cartier, Bucheron y Van Cleef y Arpels abrieron sus propias tiendas en Nueva York y el diseñador americano más famoso, Louis Comfort Tiffany, hijo de Charles, cambió cada vez más de diseñar vidrio a la producción de joyería estilizada y original Art Nouveau, por la que es igualmente famoso.

El diseño y producción de joyería en el siglo XX ha estado sometido a influencias conflictivas. La mecanización creciente llevó a cabo la proliferación de montajes fundidos a menudo de poca calidad y menos duraderos que los hechos a mano en el período victoriano. El descubrimiento del platino y la minería de diamantes en cantidades mucho más grandes principalmente en Sudáfrica afectaron también el diseño. Aunque las gemas más finas serán siempre raras y enormemente caras, el precio, por ejemplo, de un anillo de compromiso con un diamante sencillo ha decrecido enormemente en términos reales para convertirse en un objeto que casi cualquiera puede adquirir. Sin embargo, el desagrado por un diseño sin imaginación de la mayoría de la joyería producida en masa, ha llevado a cabo una reacción y actualmente hay un resurgir notable por los diseños originales hechos a mano haciendo uso imaginativo de nuevos y sorprendentes materiales tales como el plástico y el papel, que son tan parecidos a las obras de arte como las obras maestras del pasado.

Limpieza de joyería

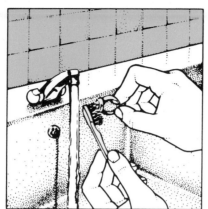

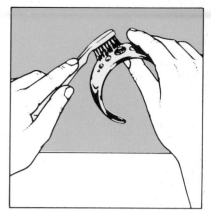

1. Utilice agua caliente jabonosa para limpiar la joyería y cadenas de oro metiendo y sacando la pieza cuidadosamente. Sin embargo si parece un poco mate póngala en limpiador de plata nuevo para quitar los depósitos de sulfuro.

2. Lávela en agua primero caliente y luego fría. Séquela cuidadosamente utilizando un trapo blando de algodón o seda. Tenga un cuidado especial cuando lave piedras tales como perlas o turquesas porque están pegadas en sus montajes y el líquido puede fundir el pegamento. También las piedras tienen un respaldo de hoja metálica y la humedad puede entrar detrás de las piedras y estropear su apariencia. Para evitar esto seque siempre rápidamente tanto los montajes como las piedras.

3. La joyería puede también limpiarse con un cepillo. Elija un cepillo de dientes viejo ablandando las cerdas con agua caliente y frotando luego el objeto muy suavemente con jabón y agua o limpiador de joyería. Si la pieza está muy atascada de depósitos de suciedad use primero las cerdas para obligar a salir el polvo y luego aplique una pequeña cantidad de pasta de dientes al cepillo y cepille la zona sucia otra vez. Aclare y seque por completo.

Reparación de cadenas

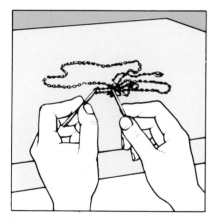

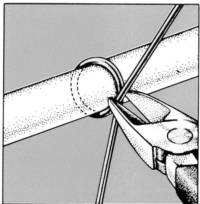

1. Las cadenas tanto si son de metal valioso como de bisutería se anudan con frecuencia. Deposite la cadena sobre una superficie plana y deshaga los nudos utilizando una aguja de coser a mano. Nunca dé tirones a las cadenas, pues esto puede apretar los nudos o dañar los eslabones y puede hacer ambas cosas.

2. Si se ha roto la cadena puede hacerse una reparación provisional con hilo amarillo o blanco cosiendo los eslabones entre sí. Sin embargo para reemplazar un eslabón utilice un alambre a juego y envuélvalo alrededor de una aguja de tricotar del tamaño adecuado para formar un eslabón. Corte el alambre. Para cadenas muy finas utilice un mondadientes.

3. Saque de la aguja el alambre que ahora forma el nuevo eslabón. Enhébrelo en los eslabones donde está la rotura y ciérrelo como se muestra en la ilustración.

Reparaciones de bisutería

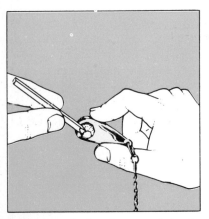

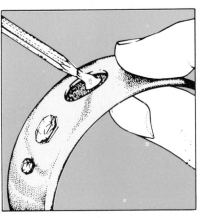

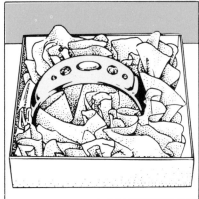

1. El pegamento de resina es excelente para reparar la bisutería, pero es mejor usar una variedad de fraguado lento que dará bastante tiempo para hacer en la reparación cualquier ajuste que pueda necesitarse. Cuando pegue piedras en su asiento quite cualquier suciedad o trocitos sueltos del pegamento antiguo con un pincel blando limpio, tal como un pincel de lápiz de labios o con un poquito de algodón sostenido en unas pinzas.

2. Aplique el pegamento con la punta de un palito de fósforos. Si la zona a pegar es muy pequeña o difícil de alcanzar haga una punta en el palito con un cuchillo afilado.

3. Mientras se seca el pegamento acomode la pieza en un «nido» de papel de seda para apoyarla y mantener la reparación en su sitio. No tenga miedo de aplicar más pegamento del estrictamente necesario pues esto dará más fuerza a la reparación, pero asegúrese de que el exceso está en un lugar que no se ve.

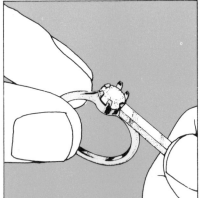

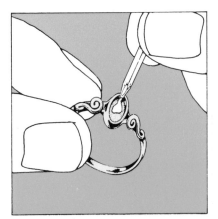

4. Frecuentemente las piedras con engastes cerrados están respaldadas por una hoja brillante. Para reemplazarla utilice hoja de un color apropiado de dulces de buena calidad o una hoja, desde luego brillante, comprada en una papelería o una tienda de suministros para artistas.

5. Las piedras de montajes con garras se caen porque las puntas de éstas se rompen o desgastan. No trate nunca de reemplazar las piedras que se han caído de estos montajes en joyería buena antigua. En lugar de ello lleve las piezas a un restaurador experimentado. Pero para la bisutería reemplace la piedra si es posible poniendo una gota de pegamento por detrás. Luego doble las garras suavemente sobre la piedra. Pero tenga cuidado porque pueden estar debilitadas donde se han doblado.

6. Si se han caído piedras de fondo plano tales como perlas, granates, turquesas u ópalos de joyería buena antigua es posible hacer una reparación provisional. Limpie delicadamente la espiga o la caja que la sostiene en su sitio con un pincel como se ha descrito antes. Aplique una pequeña cantidad de adhesivo blando de acetato de polivinilo y apriete suavemente la piedra en su posición. Debe emplear un adhesivo blando de manera que el joyero sea al final capaz de quitar la piedra para hacer una reparación adecuada.

Reparación de broches

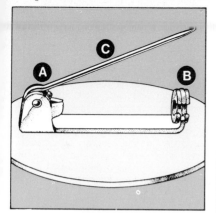

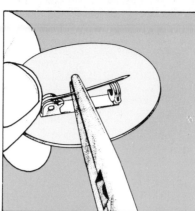

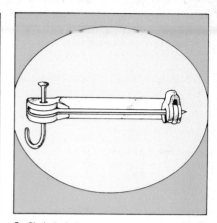

1. Los alfileres tienen tres partes: una unión (A), un gancho (B) y una aguja (C).

2. Frecuentemente las agujas se doblan. Para apretarlas o enderezarlas utilice un par de alicates pequeños o pinzas fuertes que sostengan el alfiler fuertemente por la unión. Doble la aguja muy suavemente con sus dedos de manera que haga muelle justamente en el enganche. Recuerde que el metal puede romperse si se dobla repetidamente en uno y otro sentido.

3. Si el eje de la unión se ha caído es posible hacer una reparación provisional con un alfiler de acero inoxidable. Páselo a través el agujero en la unión y doble el extremo hacia atrás de manera que no se pueda caer.

Reparación de collares

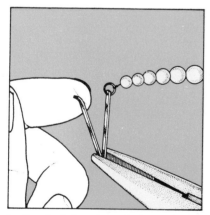

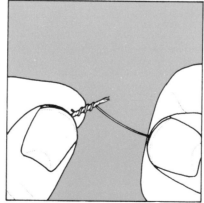

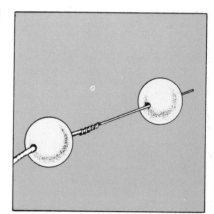

1. Cuando el cierre de muelle de un collar no se sostiene adecuadamente, es corrientemente porque la mitad del muelle se ha doblado. Para apretarlo sostenga el extremo del muelle con un par de alicates y dóblelo ligeramente hacia atrás. No lo haga en exceso pues un muelle que esté demasiado apretado es tan malo como uno demasiado suelto.

2. El mejor material a usar para reensartar las perlas o cuentas es el torcido acordonado de seda para bordar. Elija el color adecuado y sepárelo en hebras. Si la hebra es demasiado gruesa, divida las hebras en hilos más finos. Enrolle apretadamente un alambre fino de fusible alrededor del extremo del hilo para formar una aguja.

3. Luego con unos 15 centímetros de seda colgando libre, según la longitud del collar que se necesita rehenebrar, pase la «aguja» a través de las cuentas.

PAPEL

Es casi imposible establecer la fecha exacta en que se inventó el papel, pero es probable que haya estado en uso durante aproximadamente 2.000 años. Existe evidencia arqueológica de que los chinos hacían papel en el siglo II A.C., pero el secreto de su fabricación no fue conocido en Europa hasta el siglo XI o XII. Los primeros métodos de registrar anotaciones fueron tallarlas en piedras o estamparlas en ladrillos de arcilla; los primeros «libros» que se aproximan de alguna forma al sentido moderno fueron los rollos de papiro de los antiguos egipcios, quienes descubrieron como hacer un material útil para la escritura cortando tiras del tallo de la caña del papiro. Estas se depositaban sobre un tablero con otras tiras cruzadas descansado sobre ellas. Los rollos se empapaban en agua, prensaban entre sí y se secaban al Sol. Cuando la hoja resultante se había pulido bien, proporcionaba una superficie bastante buena para escribir. No podía doblarse bien pero podía enrollarse y había grandes bibliotecas de libros en rollos.

El papiro fue el principal material de escritura utilizado por griegos y romanos pero fue desplazado gradualmente en la Temprana Edad Media por el pergamino, hecho de piel de cordero y vitela, piel de vacuno muy fina. Sin embargo todos estos materiales eran muy costosos y llevaban mucho tiempo el producirlos en comparación con el «verdadero» papel de los chinos, que podía producirse en cantidades relativamente grandes a partir de materiales naturales, trapos o madera, disponibles en un suministro casi ilimitado.

La técnica de hacer papel fue conocida por los árabes alrededor del año 800 D.C. y se extendió a través del norte de Africa a España donde los moros establecieron la primera planta de fabricación de papel en el siglo XI. Desde España el papel se extendió por toda Europa y por el año 1400 era de uso corriente, aunque el pergamino no se había aún reemplazado completamente. La fabricación de papel en Inglaterra data del siglo XV; el colofón al De Propietatibus Rerum de Wynkyn de Worde menciona el molino papelero de John Tate en Stevenage en Hertfordshire. Así, por el tiempo en que comenzó la imprenta con la invención de los tipos movibles por Guttemberg, alrededor de la mitad del siglo XV, el papel pudo fabricarse en cantidades suficientes para satisfacer la demanda repentinamente creciente.

El papel hecho en China era blando y absorbente, adecuado para el trabajo a pincel y la impresión con grabados de madera por una cara solamente. En Europa, en contraste, la demanda era de una superficie menos porosa y más dura que pudiese usarse para el trabajo a pluma por ambas caras.

El antiguo proceso de hacer papel consistía primero en hervir trapos limpios de algodón o lino y machacar la mezcla resultante a pulpa. La pulpa se diluía a consistencia cremosa en grandes tinas en las que se sumergían bandejas de malla de alambre. Un marco de madera alrededor de la bandeja evitaba que la pulpa escapase por los lados. Las bandejas se sacudían de manera que el exceso de agua drenase a través de la malla, dejando un depósito de fibras finas parecido al fieltro que se comprimía para formar una capa lisa y luego se dejaba secar. Después de esto se encolaba con gelatina de buena calidad para proporcionar una superficie lisa y hacer el papel menos absorbente.

En esencia todo el papel se hace aún con este fundamento pero solamente se hacen a mano los papeles para dibujar y escribir de la máxima calidad. La máquina de hacer papel fue inventada por un francés, Louis Robert, en 1798; con algunas mejoras la máquina se introdujo en Inglaterra por Henri Fourdrinier, dando un nuevo impulso a la industria. Poco papel se hace ahora con trapos o lino. Casi todo el papel para uso general desde periódicos a libros y materiales de empaquetado procede de pulpa de madera. La calidad del papel depende del grado de refinamiento químico al que se somete.

Debido a su naturaleza frágil el papel es sensible a distintos tipos de daño que pueden dar lugar a envejecimiento prematuro, fragilidad, decoloración y finalmente desintegración. Por ello es muy importante guardar el papel tanto si son obras de arte como libros en las condiciones adecuadas. La atmósfera debe ser bien ventilada y seca, pues el papel absorbe la humedad muy fácilmente produciendo su hinchazón, promoviendo también el crecimiento de moho. Colgar un trabajo de papel en una pared incluso ligeramente húmeda puede causar serios daños que pueden no advertirse hasta que ya es demasiado tarde para remediarlos. Por el contrario las condiciones excesivamente secas y sobrecalentadas son malas porque producen la contracción y agrietamiento del papel. Los trabajos sobre papel nunca deben colocarse demasiado cerca de los radiadores u otras fuentes de calor ni a la luz directa del Sol, la cual puede acelerar los cambios químicos y contribuir a la decoloración de la imagen. Los marcos deben mantenerse en buenas condiciones con los paneles de respaldo bien sellados de manera que el polvo y la suciedad no puedan acumularse bajo el cristal sobre la superficie de la imagen. Los trabajos no enmarcados es mejor guardarlos en cajones planos, separados por hojas de papel de seda no ácido. Deben manejarse cuidadosamente y la superficie superior tocarse lo menos posible.

Aunque el papel es uno de los materiales más frágiles y fácilmente destructibles, mucha de nuestra historia ha sido registrada sobre él y ha sido el medio para muchas de nuestras más finas obras de arte. Dándole el tratamiento adecuado puede sobrevivir durante siglos, por ello es prudente tratar y asegurar de que a los trabajos sobre papel se les dé el tratamiento que merecen, de manera que puedan continuar proporcionando placer a las generaciones venideras.

Un grabado de Alphonse Legros (1837-1911) feamente manchado, necesitando limpieza y blanqueo (ver dorso de la lámina).

Restauración de trabajos artísticos sobre papel

Reúna los suministros siguientes: un recipiente poco hondo, tal como una cubeta para fotografía, suficientemente grande para contener el impreso descansando plano; un recipiente medidor, papel secante blanco limpio, gomas de borrar blancas o granos de borrar (como los que usan los arquitectos), un escalpelo de filo redondo, pincel de pelo de camello blando, dos láminas de cristal grueso limpias, esponja, pulverizador atomizador, cucharillas de café, palitos de algodón y toallas de papel. Los suministros para especialistas son: hojas de soporte suficientemente grandes para sostener la lámina, hechas de una tela no teñida ni aprestada, tal como poliéster, papel japonés o seda para limpiar lentes, papel suelto de silicona, carbonato magnésico ligero, agua oxigenada, agua carbónica y agua desionizada.

Desmontajes de respaldos de papel

1. Antes de comenzar el proceso de restauración, puede ser necesario quitar una o más hojas de respaldo del trabajo. Sin embargo es importante quitar el papel del trabajo, no el trabajo del papel. Llene una cubeta fotográfica hasta sus tres cuartas partes con agua fría y coloque la hoja de respaldo hacia el fondo. Mantenga flotando el trabajo para arriba en el agua hasta que el adhesivo comience a ablandarse.

2. Agarrando la hoja de soporte por ambos extremos levante la lámina del agua y dele la vuelta junto con la hoja de soporte, dejándola cara abajo sobre una hoja de papel secante blanca limpia.

3. Quite la hoja de soporte levantándola cuidadosamente y quite suavemente el papel de respaldo de la lámina, comenzando por una esquina, utilizando un escalpelo de corte redondeado para separar los puntos rebeldes del papel de respaldo. Cuando se hayan quitado todas las tapas de respaldo debe quitarse cualquier resto de adhesivo con una esponja o palitos de algodón mojados.

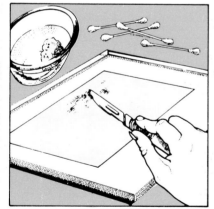

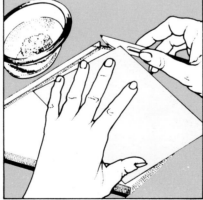

4. Si aún quedan pegados algunos trocitos de papel de respaldo, deposite el trabajo cara abajo sobre una placa de vidrio y con una esponja, moje el dorso del trabajo con agua caliente, dejando penetrar la humedad de modo que el papel pueda ser «arrastrado» o levantado con el escalpelo. Limpie el adhesivo residual con palitos de algodón.

Desmontaje de respaldos de cartón

5. Deposite el trabajo de cara abajo sobre una placa limpia de vidrio y moje con una esponja el respaldo de cartón con agua caliente abundante; déjelo durante unos minutos hasta que el cartón se haya ablandado. Utilice el escalpelo de corte redondeado para quitar el cartón, quitando las capas del cartón una por una introduciendo la hoja del escalpelo entre las capas.

6. Cuando queda solamente una capa delgada de respaldo debe tenerse mucho cuidado de no perforar la lámina; es aconsejable quitar la última capa rascándola con un escalpelo redondeado o frotándola suavemente con un dedo. Por último, la lámina puede sumergirse en una cubeta fotográfica llena hasta sus tres cuartos de agua y cepillarla delicadamente con una brocha de pelo de camello para quitar el adhesivo restante.

El grabado de Alphonse Legros después de limpiado en seco, lavado y blanqueado (ver página anterior).

Limpieza en seco

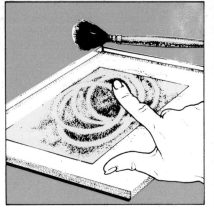

1. Use primero una brocha de pelo de camello suave para desempolvar la lámina con la finalidad de quitar la suciedad suelta y el polvo. Proceda luego al tratamiento siguiente. La limpieza en seco quitará el polvo superficial e incluso los restos polvorientos de depósitos de moho. Es una buena idea ensayarla antes de utilizar el método de inmersión que se indica más abajo. Tenga en cuenta que la limpieza en seco es abrasiva, debe hacerse con gran cuidado, no la intente nunca en papel húmedo o mojado y nunca la use para un dibujo a lápiz.

2. Coloque la lámina de cara hacia abajo sobre una placa de cristal limpia y extienda las partículas de un borrador granular sobre el trabajo, utilizando un dedo para frotar el limpiador suavemente sobre la superficie con un movimiento circular. Luego quite las partículas polvorientas desempolvando con un pincel de pelo de camello blando.

3. Cuando la suciedad está profundamente impregnada se recomienda un segundo frotado con una goma de borrar blanda. Frote también los bordes de la impresión y limpie el frente de ella de la misma manera, asegurándose de no afectar a ninguna firma y/o número de edición.

Método de inmersión para quitar manchas

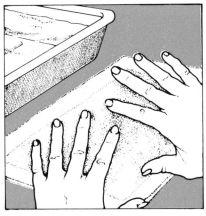

1. Para quitar la mayor parte de las manchas, incluyendo las zonas amarillentas y restos de pegamento, una lámina puede lavarse con agua. Prepare primero un baño poco profundo utilizando una cubeta fotográfica limpia o un recipiente similar suficientemente grande para contener la lámina. Corte una hoja de apoyo ligeramente más grande que la lámina y extienda varias hojas de papel secante blanco sobre una superficie plana cercana. Coloque la hoja de soporte en el fondo de la bandeja y llénela hasta sus tres cuartos con agua desionizada y haga flotar la impresión de cara arriba.

2. Déjela durante aproximadamente dos horas. Luego, utilizando la hoja de soporte, levante la lámina lentamente fuera del agua y deposítela cuidadosamente sobre el papel secante limpio (utilice siempre la hoja de soporte porque el papel húmedo se desgarra muy fácilmente).

3. Seguidamente coloque la lámina en un baño de agua bastante caliente, siguiendo el mismo proceso de antes. Una vez la lámina descansa sobre el papel secante, cúbrala con otra hoja de papel secante y presione ligeramente sobre toda la superficie para quitar el exceso de agua.

Blanqueo

A menudo el papel está amarillento o manchado por el tiempo o cubierto por puntos de óxido marrones, que son debidos probablemente a la presencia de hierro. El método de inmersión reducirá ya la intensidad de la oxidación pero el papel necesitará también blanquearse antes de que desaparezca por completo. Sin embargo el blanqueo del papel implica un cierto riesgo; puede resultar decoloración o daño del papel si se dejan después trazas de la solución blanqueadora.

1. Después de que la impresión se ha lavado de manera que no se desprende del papel más suciedad, debe secarse y examinarse para determinar si necesita blanquearse total o localmente.

2. Pruebe primero la estabilidad de los pigmentos para asegurarse que los colores no se decoloran o atenúan. Moje un palito de algodón en la solución blanqueadora, humedezca una zona pequeña de la lámina donde está teñida y déjala secar. Repita el proceso y decida luego si ha habido cualquier pérdida de color seria. Si no es así puede llevarse a cabo el blanqueo.

3. El impreso debe desacidificarse antes y después del blanqueo para quitar los ácidos que pueden dañarlo. Prepare la solución desacidificante mezclando 30 centímetros cúbicos de carbonato magnésico blanco con un litro de agua carbónica; el carbonato magnésico se transforma en bicarbonato magnésico. Agítelo bien y déjelo reposar unos pocos minutos o hasta que aparezca un polvo blanco en el fondo del recipiente de mezcla.

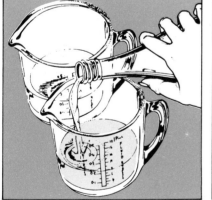

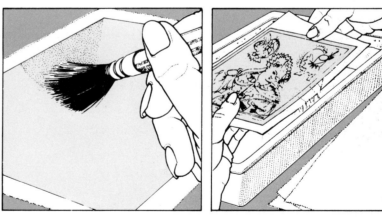

4. Eche cuidadosamente el agua carbonatada en un jarro medidor y luego mézclela con una cantidad igual de agua corriente.

5. Deposite la lámina cara abajo sobre una hoja de papel secante blanco limpio y aplique la solución desacidificante sobre el dorso utilizando un pincel de pelo de camello blando. Deje secar. Como alternativa la solución puede aplicarse por pulverización o incluso utilizando una pistola de aerografía.

6. Haga la solución de blanqueo de dos partes de carbonato magnésico y una parte de agua oxigenada; revuelva bien. Echelo en una cubeta fotográfica y utilizando la hoja soporte baje la lámina en la solución blanqueadora. Téngala sumergida hasta que se obtenga la mejora deseada y solamente hasta que las manchas se debiliten.

Blanqueo. Continuación

7. Levante lentamente la lámina con la hoja soporte fuera de la solución blanqueadora y colóquela sobre una hoja de papel secante blanco limpio. Moje un palito de algodón en la solución desacidificante y humedezca una pequeña zona del papel, cerca de la esquina, para comprobar que el papel no se vuelve ligeramente azul o rosa.

8. Si se produce coloración aclare en seguida la lámina en agua limpia, cambiando el agua tres o cuatro veces si es necesario. Use la hoja de soporte para levantar el impreso metiéndolo y sacándolo del baño. El reaclarado es muy importante para evitar restos de productos químicos que causen el deterioro del papel.

9. Si no se produce decoloración el papel puede desacidificarse como se indicó en el paso 5.

Secado

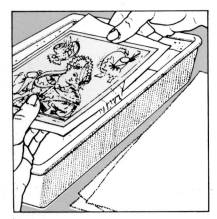

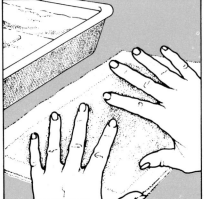

1. Relaje el papel haciéndolo flotar en agua cara arriba durante unos minutos con la hoja de soporte debajo. Coloque cuatro o cinco hojas de papel secante sobre una placa de vidrio y sosteniendo la hoja soporte por las puntas saque la lámina del baño y colóquelo sobre la pila de papel secante cara abajo.

2. Quite la hoja de soporte y cubra la lámina con otra hoja de papel secante por unos momentos, apretando ligeramente para quitar el exceso de agua. Quite esta hoja de papel secante mojada.

3. Cubra la lámina con una placa de vidrio limpia y coloque encima peso tal como libros. Compruebe cada 24 horas la sequedad de la lámina y al mismo tiempo cambie el papel secante para evitar la posible formación de moho. Después de cuatro o cinco días la lámina debe estar completamente seca, pero tenga en cuenta que el tiempo de secado depende de la temperatura y humedad de la habitación.

Reparación de papel

Los trabajos sobre papel tendrán a menudo desgarros, agujeros, arrugas y/o esquinas desaparecidas. La mayoría de estos desperfectos puede repararlos el aficionado utilizando engrudo de harina y un papel fuerte tal como papel de seda de limpiar lentes o papel Japonés. Este último es preferible porque se presenta en una amplia variedad de colores y gruesos. Antes de intentar reparar una lámina límpiela como se ha indicado en la página 178. Reúna luego los suministros siguientes: papel secante, cubeta de laboratorio fotográfico, harina, brocha para pasta, pincel de punta de sable, pulverizador de aerografía, papel fuerte, papel separador de silicona, pinzas finas, plegadera o cucharilla de café, pómez, agua desionizada, dos placas de vidrio grueso.

1. Haga el engrudo mezclando 10 gramos de harina de trigo con 100 c.c. de agua desionizada, cerniendo la harina sobre el agua fría. Remueva, luego lleve a ebullición la harina y el agua, removiendo constantemente. Déjelo cocer a fuego lento durante 15 minutos y luego deje enfriar. La consistencia debe ser cremosa; guárdela en el refrigerador, donde puede guardarse alrededor de una semana. Si se planea hacer gran cantidad de restauración, guarde pequeñas cantidades del engrudo en tarritos para evitar la contaminación.

2. Para quitar arrugas, extienda la lámina sobre una placa de cristal limpia, rocíela con el pulverizador con agua desionizada, luego cúbrala con papel secante. Presione ligeramente el papel secante para quitar el exceso de agua. Déjela secar lentamente sobre el vidrio; la ligera contracción del papel sobre el vidrio eliminará la mayoría de las arrugas y pliegues.

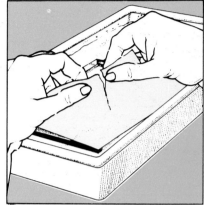

3. Para reparar rasgaduras, sumerja la lámina en agua poco profunda, de cara hacia abajo sobre una placa de vidrio como soporte. Mientras aún está sumergido, alinee cuidadosamente el trozo desgarrado en su posición correcta; luego, muy lentamente, levante y saque la placa de vidrio y la lámina fuera del agua.

4. Quite el exceso de agua apretando una hoja de papel secante sobre la lámina, separe el secante cuando haya absorbido el exceso y luego deje que la lámina se seque un poco. Cuando esté medio seca, golpetee a lo largo de los bordes desgarrados con el dorso de una cucharilla para que las fibras de los dos trozos de papel se «suelden» entre sí.

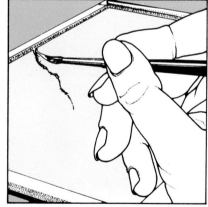

5. Seguidamente aplique un poco de engrudo a lo largo del desgarro con el pincel para engrudo, luego cubra la unión con un trozo o tira de papel separador de silicona rasgado y un trozo de papel secante. Apriete a lo largo de la unión con un dedo, durante unos 15 minutos, ejerciendo una pequeña presión.

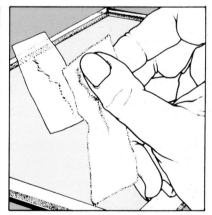

6. Después de que el papel secante haya absorbido algo de la humedad del engrudo, puede quitarse. Deje que se seque la lámina en un lugar bien ventilado.

Reparación de papel. Continuación

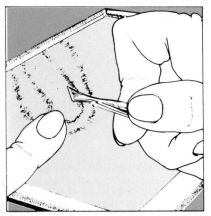

7. Los desgarrones grandes pueden tener tendencia a separarse rompiéndose, y por ello puede necesitarse una capa adicional de refuerzo de papel Japón o papel de seda de limpiar lentes. Haga la capa de fuera mayor y la otra cercana al contorno del desgarrón.

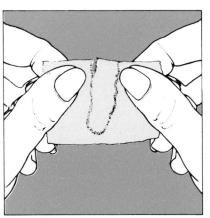

8. Mientras la lámina se está secando, pueden repararse los agujeros y esquinas perdidas con papel Japón, igualando el color y grosor tanto como sea posible. Para hacer el parche que cubra el agujero, marque la forma deseada con un pincel de punta mojado, luego arranque el papel de alrededor dando al parche bordes desgarrados que se confundirán más imperceptiblemente con la superficie original.

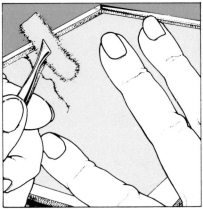

9. Aplique engrudo alrededor del borde del rasgado, luego coloque el parche en su lugar sobre el mismo, utilizando las pinzas. Si es necesario acerque los dos lados del rasgado entre sí con la otra mano.

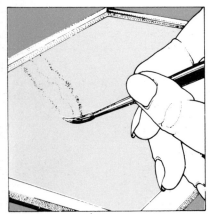

10. Seguidamente aplique engrudo encima del parche y coloque el segundo parche encima del primero. Quite el exceso de engrudo.

11. Por último cubra el parche con papel separador de silicona seguido por una capa de papel secante. Sobre éste coloque una placa de vidrio gruesa cargada uniformemente con libros. Deje secar.

12. Para reparar un agujero o una zona perdida de una lámina use otra vez papel Japón de un color, grosor y textura similares al original. Comience por frotar los bordes del agujero y el papel de reemplazo con un papel abrasivo muy fino. Prepare el parche como antes en el paso 8, presione y aplique engrudo como antes, luego cubra con papel separador de silicona. Seque bajo una placa de vidrio cargada. Cuando esté completamente seca, la zona parcheada puede frotarse suavemente con un trozo de piedra pómez fina o polvo pómez.

Indice

Acabados decorativos
  con esponja, 75
  Dorado, ver Id.
  Eliminación de, 75
  Envejecido, ver Envejecido
  Estarcido, ver Id.
  Estropeado de pintura, 54
  Estropeado físico, 82
  Fileteado, 75
  Imitación de carey, 47
  Imitación de mármol, ver Id.
  Imitación de pórfido, ver Id.
  Laqueado, ver Id.
  Pintura con vinagre, 79
  Protección de, 81
  Recortado, ver Recortado
Acabados opacos
  para madera, 45
  Reparación para, 45
  Preparación rápida de la madera para, 45
Acabados transparentes, protección de,
  ver Protección de acabados transparentes
Aceite
  Dorado al, 65
Aceite natural
  de linaza cocido, 43
  de teca, 43
Acetato de polivinilo (PVA), 8
Agua, dorado al, 61-62
Agua
  Quitado de manchas de, 153
Agua.
  Aplicación de tintes al, 40
Alabastro
  limpieza del, 121
Alfombras de ganchillo, 148, 149
Alfombras
  Almacenamiento, 147
  Cáñamazo dañado en las, 150
  chinas, 145
  de pelo anudado, 145, 152
  Eliminación de manchas en, 148
  Enrollado de, 148
  Historia de las, 145
  Limpieza de, 147-148, 151
  Manejo y cuidado de, 148
  Materiales para, 145
  Producción mecánica de, 145
  Reparación de, 152
  Sacudido de, 147
  Telar para, 145
  Tendido de las, 147
  Ver también esteras
Alfombras de gancho
  Forro nuevo para, 151
  Limpieza de, 151
  Puntos desgastados o dañados en, 151
  Reparación de, 151.
Alfombras de nudos, 148, 149

Alfombras Orientales
  Bordes deshilachados, 152
  Reparación de, 152
Alfombras tejidas
  comprobación de su firmeza, 151
  Limpieza de las, 151
  Nudos básicos de las, 152
  Recosido de las franjas y bordes de, 151
  Retejido de, 151
Almacenaje
  de alfombras, 147
  de textiles, 139-141
  de trajes, 142
Alquitrán
  Quitado de manchas de, 153
Ambar, 122
Asa cableada, 109-110
Asientos de caña
  Dibujo de los, 98
  Modelo normal de seis direcciones de,
98- 99
  Remendado de, 98
  Restauración con plancha de, 100
Asiento de junco
  Angulos agudos en, 104
  Angulos obtusos en, 104
  Angulos rectos, 104
  Diagrama antes de desarmar, 101
  en sillas rústicas, 101
  Enrollado de, 101
  Formas irregulares de, 102
  Método inglés de, 101-102
  Problemas en el enjuncado, 104
  Relleno de, 103
Aventurina, 122
Azabache
  Limpieza del, 121

Bandeado, 75
Barnices
  Aplicación de, 43
  Quitado de, 39
  Lijado entre capas de, 43
Barrenas, 11
Basalto, 122
Bebidas carbónicas
  Quitado de manchas de, 153
Betún para zapatos
  Quitado de manchas de, 153
Bisutería
  Montajes de asiento, 174
  Montajes de garras, 174
  Pegamento de resina, 174
  Pérdida de piedras, 174
  Reparación provisional, 174
Blanqueado
  de la madera, 39
  del papel, 179-180

Bordado
  con lentejuelas o abalorios, 139
  Limpieza de, 139
  plano de alfombras, 150
Brochas
  de artista, 10
  Limpieza de las, 9-10
  Mojado de las, 9
  Partes de las, 9
  Pintura al aceite sobre, 10
  Prueba de las, 9
  Utiles para restaurar, 9
Broche
  Alfileres doblados en, 175
  Partes de alfiler del, 175
  Unión del alfiler en el, 175
Bronce
  Limpieza del, 165

Cacerolas
  Agujeros en las, 169
Cadenas
  anudadas, 173
  Eslabón nuevo para, 173
  Lavado de, 173
  rotas, 173
Café
  Quitado de manchas de, 153
Cajones
  atascados, 25
  Guías atascadas con pintura, 25
  Tiradores de, 24
Caña
  Cestería de, 105, 106
  Trabajo de la, 97
Caoba
  Oscurecimiento de la, 41
  Teñido de la, 41
Carborundum, papel de, 8
Carey
  Corte del, 121
  Limpieza del, 121
  Objetos rotos de, 121
  Trozos perdidos de, 121
Caucho, pegamento de, 8
Cera
  Quitado de manchas de, 153
Cera de abejas, 42
Cera de velas
  Limpieza de manchas de, 153
Cerámica
  Arcillas para, 156
  Blanqueado de piezas de, 158
  Capas de la, 158
  de Delft, 156
  Grietas capilares en la, 160
  Historia de la, 156
  Loza, 156

Limpieza de piezas rotas, 158
Masilla pintada para igualar, 160
Pegado de, 158, 159
Recipientes de barro cocido, 156
Reemplazo de un trozo perdido, 158
Retoque de la decoración pintada, 160
Teñido del pegamento para, 158
Traspaso del dibujo, 160
vidriada al estaño, 156
Vidriados en la, 156
Cestería
    Asa en cable, 109-110
    Base tejida para, 106
    Borde de oruga, 107
    Borde en cable, 107
    de caña, 105, 106
    de junco, ver cestos de junco
    de mimbre, 105, 106
    en la guerra, 97
    Estacas rotas en el borde, 107
    Estacas rotas en la base, 106
    Estacas rotas en los lados, 106
    Herramientas para, 105
    Historia de la, 97
    Materiales para, 105
    partes del cesto, 105
    Preparación de un asa nueva, 108
    Rafía, 105
    Reparación de costados, 107
    Reparación del asa, 108-109
    Reparación del refuerzo, 107
    Uso de la, 97
Cestos de junco
    Bordes dañados en, 110
    Estacas rotas en, 110
    Materiales para, 105
    Ramales rotos en, 110
    Reemplazo del asa de, 111
Cinta adhesiva
    quitado de manchas de, 153
Cobre
    Indentado del, 169
    Historia del, 161
    Laqueado del, 164
    Limpieza del, 164
    Pátina del, 164
    Plancha de, 164
Colas
    ver Pegamentos
Collares
    Cierres de muelle en, 175
    Reensartado de, 175
Coral, 122
Cosméticos
    Eliminación de manchas de, 153
Crema
    Quitado de manchas de, 153
Cromo
    Chapeado con, 166
    Limpieza del, 166
    Rayas sobre el, 166
Cuarzo, 122
Cucharas
    Cuencos de las, 169
    Enderezado de, 170
Cuentas
    Bordados con, 139
    sobre vestidos, 143
Cuerno
    Corte del, 121

Limpieza de, 121
Objetos rotos de, 121
Trozos perdidos de, 121
Cuero
    agrietado, 114
    Ante, 113
    atacado por insectos, 114
    Cosido roto o desgastado, 114
    Cuidado del, 114
    Curtido del, 113
    Historia del, 113
    Encuadernación de libros de, 115
    Manufactura del, 113
    Secado del, 114
    Superficies recubiertas de, 116

Chamuscado
    Quitado de manchas de, 153
Chapeado de madera
    agrietado, 34
    ampollado, 35-36
    arremolinado, 34
    con base cóncava o convexa, 34
    Encolado del, 33
    indentado, 35
    Madera base rajada en el, 35
    Lijado del, 33
    mellado en el borde, 33
    moderno, 33
    perdido, 33-34
    Quitado del, 36
Charol
    Acabado del, 144
    dañado por el calor, 144
    Eliminación de deformaciones del, 144
    Empaquetado con papel de seda, 144
Chicle
    Quitado de manchas de, 153
Chinosería
    Moda de la, 83
Chocolate
    Quitado de manchas de, 153

Decapado con sosa cáustica, 38
Decapado químico, 37-38
Despintado
    a la llama, 37
    con sosa cáustica, 38
    mecánico, 37
    químico, 37-38
Destornilladores, 15
Dorado
    al aceite, 65
    al agua 61-62
    con polvos metálicos, 60-61
    estarcido, 60-61
    Historia del, 47
    pintado, 60
    Restauración de un objeto, 60

Encajes
    Cosido a red de los, 137-138
    descosido de los vestidos, 138
    finos, 137
    Guardado de, 136
    Limpieza de, 136
    montados en otra tela, 136

Prendido para aplanar, 136
    Uso del bastidor de bordar, 137-138
Encerado del mármol, 120
Enmohecido
    de la madera, 32
Enrollado, trabajo, 111
Envejecido
    Aplicación del, 50-51
    Arrastrado del, 50
    Historia del, 47
    Materiales necesarios para el, 50
    Picado del, 51
Esmalte de uñas
    Quitado de manchas de, 153
Esmeril, papel de, 8
Espejos
    Limpieza de, 91
Esponja
    Pintado con, 76
Estaño
    Historia del, 161
    Limpieza del, 163
    Secado del, 163
    Quitado de suciedad suelta en el, 163
Esteatita
    Limpieza de la, 121
Esteras
    Bordado plano en, 150
    de ganchillo, 148, 149
    de punto de media, 148, 149
    Eliminación de manchas en, 148
    Historia de las, 145
    Limpieza de, 151
    Reparación de, 112, 151
    Retrenzado de, 148
    Sacudido de, 147
    trabajadas en un sola pieza, 149
    trenzadas, 148
    Ver también Alfombras
Esteras de hierba
    Desmontaje de, 86
    en muebles de bambú, 85-86
    Limpieza de, 85
    manchadas, 86
    Quitado de la pintura de las, 85
Estropeado
    Trabajo de pintura de, 54
Estropeado físico, 82

Fileteado, 75
Formones, 10
Fundas de cojines, 139

Glaseado
    Color del, 67
    Otras texturas de, 67
Granate, papel de, 8
Grietas capilares, 160
Gubias, 10

Herramientas
    Afilado de, 15
    brochas, ver Brochas
    Cuidado de las, 8-9
    de limar, 14
    de medir, 13
    de rascar, 14

de serrar, 14
Destornilladores, 15
Equipo básico de, 8
martillos, ver Martillos
Orígenes de las, 8
para cestería, 105
para vidrio, 92
Recipientes con tapas, 8
Suministros básicos, 8
Trapos de algodón, 8
Herramientas de agarrar
Tipos, 12
Tornillo de banco, 12
Herramientas de corte
Cortador para vidrio, 11
de hojas cambiables, 11
Tijeras, 11
Tipos de, 11
Herramientas de taladrar
de mano, 11
Taladro eléctrico, 11
Taladro manual, 11
uso de las, 11
Herramientas de tallar
Formones, 10
Gubias, 10
Tipos de, 10
Hematita, 122
Herrumbre
Limpieza de la, 163
Quitado de manchas de, 153
sobre muebles de metal, 171
Hierba
Quitado de manchas de, 153
Hierro
Acabado del, 163
Historia del, 161
Limpieza del, 163
Pintado del, 163
Pulido del, 163
Quitado de la suciedad suelta del, 163
Restregado con cepillo de alambre, 163
Secado del, 163
Hierro forjado
Adornos de, 168
Bloqueo de llaves en la cerradura, 168
Corrosión del, 168
Pinchos de, 168
Producción de, 161
Trabajo sobre pequeños objetos de, 168
Hueso, 122
Huevo
quitado de manchas de, 153

Imitación de carey
Aplicación de la, 78
Historia de la, 47
Modelo de las manchas, 78
Imitación de la madera
Aplicación de la, 56
pintado de veteado más fuerte, 56
Preparación de brochas para, 55
Imitación del mármol
Aplicación de la, 57-58
Herramientas para la, 57-58
Incrustaciones
Limpieza de, 70
semipreciosas, 123
sueltas, 70

Iodo
Quitado de manchas de, 153

Jade
Jadeíta, 121
Limpieza del, 121
Nefrita, 121
Japonesería
Moda de la, 83
Joyería
Broches, 175
Collares, 175
Diseño y producción de, 172
Historia de la, 172
Lavado de la, 173
Limpieza con cepillo, 173

Láminas impresas
Reparación de agujeros o esquinas
perdidas, 182
Lápiz
Quitado de manchas de, 153
Lápiz de cera
Quitado de manchas de, 153
Laqueado
Aplicación de la base, 71
Barnizado, 68
Barnizado Martín
Cobre, 163
Decoración pintada a mano, 74
Goma laca, 68
Historia del, 47
Introducción al, 16
Laca, 68
Laca Coromandel, 72
Laca chinoisería, 72
Laca francesa, 73
Laca italiana, 72-73
Laca negra, 71
Laca oriental, 72
Latón, 165
Limpieza del, 69
Pinturas japonesas para, 71
Restauración, 69
Transporte del dibujo, 68-74
Trazado del motivo, 68
Latón
Corrosión, 164
Incrustaciones de, 168
ingles, 161
Laqueado del, 165
Pulido del, 165
Puntas rotas de, 168
Latón dorado
Aclarado del, 165
Eliminación del barniz o laca viejos del,
165
Rascado con cepillo del, 165
Leche
Quitado de manchas de, 153
Lentejuelas
bordado con, 139
en trajes, 143
Lezna 11
Libros
encuadernados en cuero, 115
Lijado
de la madera, 39
Taco para, 33

Madera
Acabados decorativos, ver Idem
Acabados opacos de la, 45
Acabados sucios en la, 22
Acabado transparente, ver Idem
Agujeros de nudos en la, 21
alabeada, 32
blanda, 19
Blanqueado de la, 39
contrachapada, 19
Chapeado de la, ver Idem
dura, 19
Eliminación de acabados de la, 39
Enmasillado de la, 21
Ensambles de la, ver Uniones o
ensambles
Indentaciones en la, 21
Laqueado de la, ver Laqueado
Lijado de la, 39
Manchas de alcohol en la, 23
Manchas de fruta en la, 23
Manchas de grasa en la, 23
Manchas de perfume en la, 23
Manchas de sangre en la, 24
Manchas de tinta en la, 24
Manchas de vino en la, 23
Papeles abrasivos para, 8
Pinturas opacas para, ver Idem
Puntos negros en la, 22
Puntos o anillos blancos en la, 22
Putrición de la, 23, 32
Rajado de la, 32
Rayas de la, 21
Tablero duro, 19
Tablero laminado, 19
Tableros industriales, 19
Tapado de los poros en la, 40
teñido de la, 40-41
Tintes al aceite para, 23
Tipos de, 19
Tratamiento anticarcoma, 22, 23
Tratamiento de las manchas, 22, 23
Tratamiento de quemaduras, 20
Virutas de, 21
Manchas
eliminación por inmersión, 178
en alfombras, 148
en el mármol, ver Mármol
en esteras, 148
en la madera, ver Madera
Tabla de quitado de, 153
Manchas de aceite
Quitado de, 153
sobre madera, 23
Manchas de alcohol
quitado de, 153
sobre madera, 23
Manchas de grasa
en el mármol, 118
en la madera, 23
Quitado de, 153
Manchas de medicina
en la madera, 23
Manchas de perfume
sobre la madera, 23
Manchas de tinta
en la madera, 24
Quitado de, 153
Manchas metálicas
Quitado de las, 153

Mangos de cuchillo
  semipreciosos, 123
Marfil
  Incrustaciones semipreciosas, 123
  Limpieza del, 122
Mármol
  Blanco, 118
  Encerado del, 120
  Limpieza del, 118
  Manchas de grasa en el, 118-119
  Manchas rebeldes, 119
  Método del cáustico para quitar manchas
del, 119-120
  Usos del, 117
  Veteado, 118
Marquetería
  Introducción de la, 16
Martillo
  Colocación del mango en el, 13
  de bola, 12
  de cabezas blandas, 12
  de garras, 12
  de tapicero, 12
  ligero, 12
  Tipos de, 12
Maza, 12
Mesa
  Reparación de las alas de la, 27
  Tableros curvados, 32
  tambaleante, 25
Metal
  Acero, 161
  Estaño, 161
  Hierro, 161
  Hierro fundido, 161
  Historia, 161
  Oro, 161
  Peltre, 161
  Plata, 161
  Propiedades físicas y químicas, 161
Mimbre
  Cestería de, 105, 106
Mobiliario
  Adam, 16
  Americano, 16
  Art Stil, 16
  Chipendale, 15
  de artesanos ingleses expatriados, 16
  de carpintería, 16
  de Europa Medieval, 16
  de las casas solariegas inglesas, 16
  del siglo XX, 16
  Desarrollo del, 16
  francés, 16
  Motivos del Renacimiento en el, 16
  producido en masa, 16
  provenzal, 16
  Talla de paños plegados en el, 16
  Torneado salomónico en el, 16
  urbano, 16
  Uso de la caoba en el, 16
  Uso del nogal en el, 16
Mobiliario de bambú
  curvado del bambú, 84
  decoración, 83
  historia del, 83
  juntas en mal estado, 84
  métodos de construcción, 84
  moda del, 83
  quemaduras decorativas, 85

reparación, 84
  uniones en diagonal, 84
Mocos
  Quitado de manchas de, 153
Moho
  Quitado de manchas de, 153
  Textiles atacados por, 140
Mostaza
  Quitado de manchas de, 153
Muebles de hierro
  Herrumbre en los, 171
  Piezas a unir, 171
  Pintado de, 171
  Sellado del metal en, 171

Nácar
  Limpieza, 79, 121
  Rayas en el, 121
  Reparación, 121

Objetos de estaño
  Reparación y repintado, 69
Obras de arte
  Separación del cartón de respaldo, 177
  Separación del papel de, 177
Obsidiana, 122
Orina
  Quitado de manchas de, 153
Oro
  Aleación del, 161
  Ensayo del, 161
Oxido de aluminio
  papel de, 8

Paja, trabajo de, 112
Pan de oro
  Aplicación de, 62-64
  Bruñido del, 64
  Gotas atrapadas bajo el, 64
  Licor de dorador para, 63
  Materiales necesarios, 62
  protegido, 65-66
  Pulido del, 64
Paneles de vidrio
  Desmontaje del vidrio roto, 31
  Entonación de la masilla, 31
  Reemplazamiento, 31
Papel
  Agujeros en el, 182
  Arrugas del, 181
  Blanqueo del, 179, 180
  Decoloración durante el blaqueo, 180
  Desacidificación, 179, 180
  Eliminación de manchas por inmersión,
178
  Engrudo para, 181
  Esquinas perdidas, 182
  Fabricación del, 176
  Historia del, 176
  Limpieza en seco, 178
  Naturaleza frágil del, 176
  Obras de arte sobre, 177
  Oxidación del, 179
  Rasgaduras, 181, 182
  Reparación del, 181, 182
  Secado del, 180

Papeles abrasivos
  al agua, 8
  Cuidado de los, 8
  de carborundum, 8
  de granate, 8
  de óxido de aluminio, 8
  de perdernal, 8
  de vidrio, 8
  Tipos de, 8
Papel maché
  desconchado estropeado, 70
  Limpieza del, 70
Pegamentos
  adhesivos de contacto, 8
  de acetato de polivinilo, 8
  de caucho, 8
  de contacto, 8
  de resinas epoxi, 8
  de uso general, 8
  Engrudo, 181
  Quitado de manchas de, 153
  Tipos de, 8
  tradicionales, 8
Peltre
  Indentaciones en el, 169
  Limpieza del, 165
Piedra de aceite, 15
Piedras
  mármol, ver Mármol
  semipreciosas, 121
  semipreciosas en mangos, 123
  semipreciosas incrustadas, 123
  Tipos corrientes de, 117
  varias, 122
  volcánicas, 117
Pinceles, ver brochas
Pintado
  del revés del cristal, 91
  con vinagre, 79
Pintura
  Quitado de manchas de, 153
Pintura de estropeado, 54
Pinturas opacas
  Agrietamiento capilar de las, 80
  Agrietamiento de las, 80
  Ampollado de las, 80
  Aplicación, 46
  Arrugado de las, 81
  Burbujas en las, 80
  Despintado de la madera, 37-38
  Eliminación con sosa, 38
  Eliminación mecánica, 37
  Eliminación por calor, 37
  Eliminación química, 37-38
  Empañado de las, 80
  Mezclado de, 46
  Pelado de las, 81
  Retracción de las, 81
  Sangrado de las, 80
  Tipos, 46
  Veladura de las, 80
Pinturas por el revés del vidrio, 91
Plata
  Aleación de, 161
  Caños y costados abollados en, 169
  Cuencos de cuchara de, 169
  Enderezado de tenedores, 169, 170
  Ensayo, 161
  Hoja de, 66
  Lavado, 166

Martillado de la, 169
Plancha de, 161, 170
Pulido de la, 166

Recubrimiento electrolítico de, 161
Sheffield en plancha, 170
Uso del pincel sobre la, 166
Plásticos
Cuidado y limpieza de, 125
de caseína, 125
de nitrato de celulosa, 125
de urea, 125
fenólicos, 125
Historia de los, 124
Industria de los, 124
Rayas en los, 125
Reparación de los, 126
Polilla
en alfombras no envueltas, 147
Porcelana
de pasta blanda, 156
Historia de la, 156
Reparación de la, 160
Protección de acabados transparentes
Barnizado a muñeca, 44
Cera de abejas, 42
con aceites naturales, 43
con barnices, 43
Puertas
Bisagras de las, 24
que no cierran, 25
Tiradores en las, 24
Vidrios de color en las, 92
Putricción de la madera
Tratamiento de la, 23

Quemaduras
en la madera, 20

Rafia
Cestería de, 105
Recortado
Aplicación del, 52-53
Elección del impreso para, 52
estropeado durante el barnizado, 53
Historia del, 47
Materiales para el, 52
Resinas epoxi, 8
Roble
Ahumado del, 41
Envejecido del, 41
Oscurecido del, 41
Teñido del, 41

Salsas
Quitado de manchas de, 153
Sangre
eliminación de manchas de, 153
sobre la madera, 24
Serpentina, 122
Serruchos, 14
Silla
Balanceo de la, 25
con asiento de caña, ver asientos de caña
con asiento de junco, ver asientos de junco

respaldos independientes en la, 27
Soldadura
Consejos especiales sobre, 167
Realización de la, 167
Uso de fundente en la, 167
Sudor
Eliminación de manchas de, 153

Taladro de mano, 11
Taladro eléctrico, 11
Tapicería
Limpieza de, 139
Tapizado
Ataduras del relleno, 132
Cosido de encima, 134
Cosido del borde, 133
Cubierta de encima, 135
Cubierta vieja, 129
Desmontaje del almohadillado, 129
Historia del, 127
Limpieza, 140
Martillo, 12
Muelles, 130-131
Preparación del armazón, 129
Relleno principal, 131-132
Renovación del encinchado, 129-130
Segundo relleno, 134
Tela de saco, 133
Tratamiento anticarcoma del armazón, 129
Té
Quitado de manchas de, 153
Tejido de mariposa, 111
Tetera
agujero en, 169
Textiles
Almacenaje, 139-140
Atacados por moho, 140
Colgaduras en las paredes, 127
Cortinas de cama, 127
Cortinas para ventanas, 127
Cubiertas de asientos, 139
dañados, 141-142
Doblado de, 141
Enrollado en tubo de cartón, 141
Ensayo de los colores, 139
Forros adherentes por planchado, 142
Fundas de cojines, 139
Historia de los, 127
pequeños, 139-140
Piezas grandes, 140
Refuerzos de zonas dañadas, 142
Tapices, 127
tapizado, ver Tapizado
volver a bordar, 142
Tijeras, 11
Tintes
al aceite, 40
al agua, 40
colorantes de anilina, 41
de caparrosa verde, 41
hechos en casa, 40-41
Trajes y disfraces
Almacenaje, 142
Cintas adicionales en los, 142
con abalorios, 143
Cuidado de los, 142-143
de algodón, 143
de rayón, 143
de seda, 143

doblado de los, 143
Limpieza de los, 143
Planchado de los, 143
Polvos limpiadores para, 143
Sobaqueras en los, 143
Trapos
de algodón limpios, 8

Uniones o ensambles
a inglete, 28
a media madera, 28
de caja y espiga, 28
de caja y espiga enclavijada, 28
de lazos ocultos, 28
de lengüeta y ranura
de ranura sencilla, 28
de tenaza, 29
enclavijado, 30
Encolado del, 29
en rebaje, 29
Espiga, 30
Preparación para reparar, 29

Vómito
Eliminación de manchas de, 153
Ventanas
Vidrio coloreado para, 92
Vidrio
agrietado, 94-95
Cortador de, 11
de colores, ver Vidrios de colores
desportillado, 90
Emplomados rotos, 96
de espejos, 91
Fabricación del, 87
Historia del, 87
Impuesto sobre el, 87
ligero, 87
Limpieza del, 89
Masilla vieja desprendida del, 96
Paneles de, ver Id.
Papel de, 8
pintado por el revés, 91
Pintura desprendida del, 96
Rayas en el, 90
Reemplazo del, 94-95
Reparación de un fuste de, 89-91
roto, 94-95
soplado, 87
Vidrios de colores
agrietados, 93
en las puertas, 92
en las ventanas, 92
Herramientas para trabajar, 92
Limpieza de, 93
Manejo de, 92
rotos, 93
Vinagre, pintado con, 79.

ENCICLOPEDIA DE LAS ARTESANÍAS

Títulos publicados

- Tejido creativo

- Bordado en cañamazo

- Cerámica creativa

- El arte del papel maché

- Talla y dorado de la madera

- Cerámica a mano

- Trabajo del cuero

- Cestería natural

- Arte y técnica del macramé

- Torneado creativo de la madera

- Cómo hacer muñecas

- Práctica de la talla de la madera

- Tapices creativos

- Decoración floral duradera

- Patchwork creativo

- Cómo hacer belenes

- Joyería creativa

- Teñido artesanal

- Terracota

- Decoración de figuras

- Origami

BIBLIOTECA DE LA MADERA Y EL MUEBLE
Títulos publicados

- Cómo construir el mueble moderno

- Cómo construir muebles por elementos

- Muebles tapizados

- Carpintería de taller y de armar

- 175 modelos de Carpintería

- Práctica del chapeado de la madera

- Práctica del tapizado

- Práctica de carpintería y ebanistería

- Restauración de muebles

- Práctica del torneado de la madera

- Uniones y ensambles de la madera

- 200 recursos en el trabajo de la madera

- Acabados de la madera

- 224 modelos de puertas

- 260 modelos de ventanas

- La madera: clases y características